Dordogne Périgord

17, avenue Théophile-Gautier, 75016 Paris
EAN : 978-2-86253-393-3

S. Maury et M. Combet
T. Boisvert, M. Chadeuil et Y. Laborie
J. Roux et B. Lesfargues
M. Genty

Dordogne Périgord

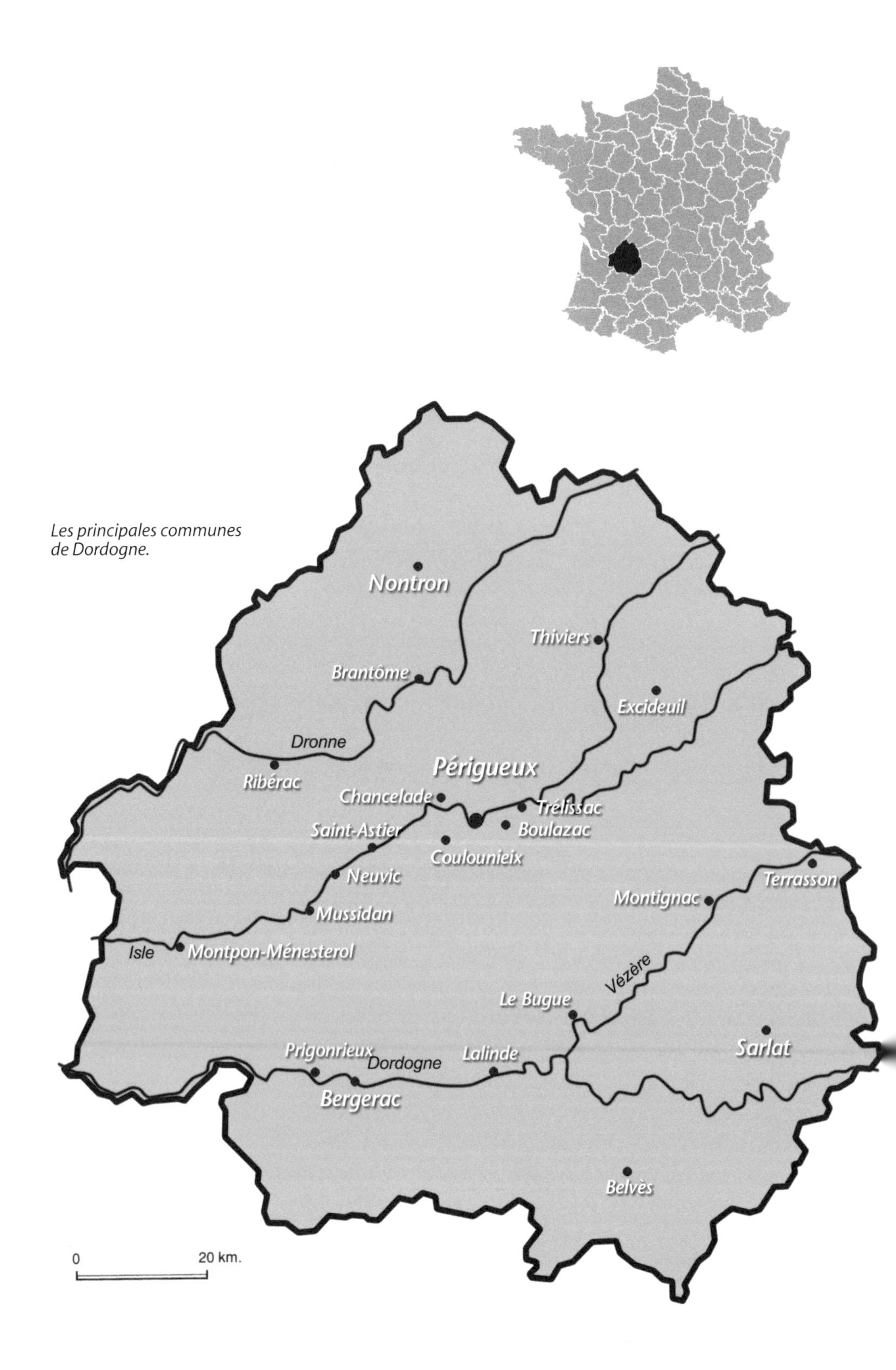

Les principales communes de Dordogne.

Dordogne aux multiples couleurs : camaïeu vert des prairies et des noyers, collines entaillées dans des grès roses et des argiles rouges, larges horizons blanchis du Ribéracois, sombre manteau forestier des chênes truffiers, des châtaigniers et des résineux.
Dordogne dont la langue a façonné pendant des siècles la mémoire collective.
Prestiges du Périgord littéraire : Montaigne et La Boétie, Brantôme, Fénelon, Maine de Biran, Eugène Le Roy, depuis la poésie (et la musique) des troubadours, chaque siècle a ses gloires.
La Dordogne, terre d'accueil depuis 450 000 ans attire toujours autant.
Il est vrai qu'on ne compte plus ses châteaux, musées, églises, grottes ou sites naturels remarquables.
Et le Périgord vous réserve bien d'autres surprises...

Histoire et art

par **Serge Maury** (conservateur départemental du Patrimoine archéologique) et **Michel Combet** (maître de conférences en histoire moderne).

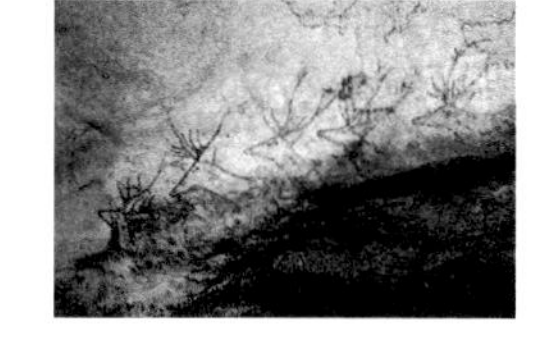

Ethnographie

par **Thierry Boisvert** (chabrettologue, graphiste et imprimeur à Périgueux), **Michel Chadeuil** (écrivain occitan, spécialiste des saveurs oubliées et des anciennes variétés cultivées) et **Yan Laborie** (assistant de conservation du patrimoine).

Langue et littérature

par **Jean Roux** (professeur honoraire de lettres classiques et d'occitan) et **Bernard Lesfargues** (écrivain occitan, fondateur des éditions Fédérop et spécialiste de littérature occitane).

Milieu naturel

par **Michel Genty** (professeur honoraire de géographie à l'Université).

Economie

par **Michel Genty**.

La table des matières est en page 317.

1
Histoire et art

Serge Maury et Michel Combet

Frise de cerfs, nef, grotte de Lascaux.
Cl. CNP Périgueux, N. Aujoulat.

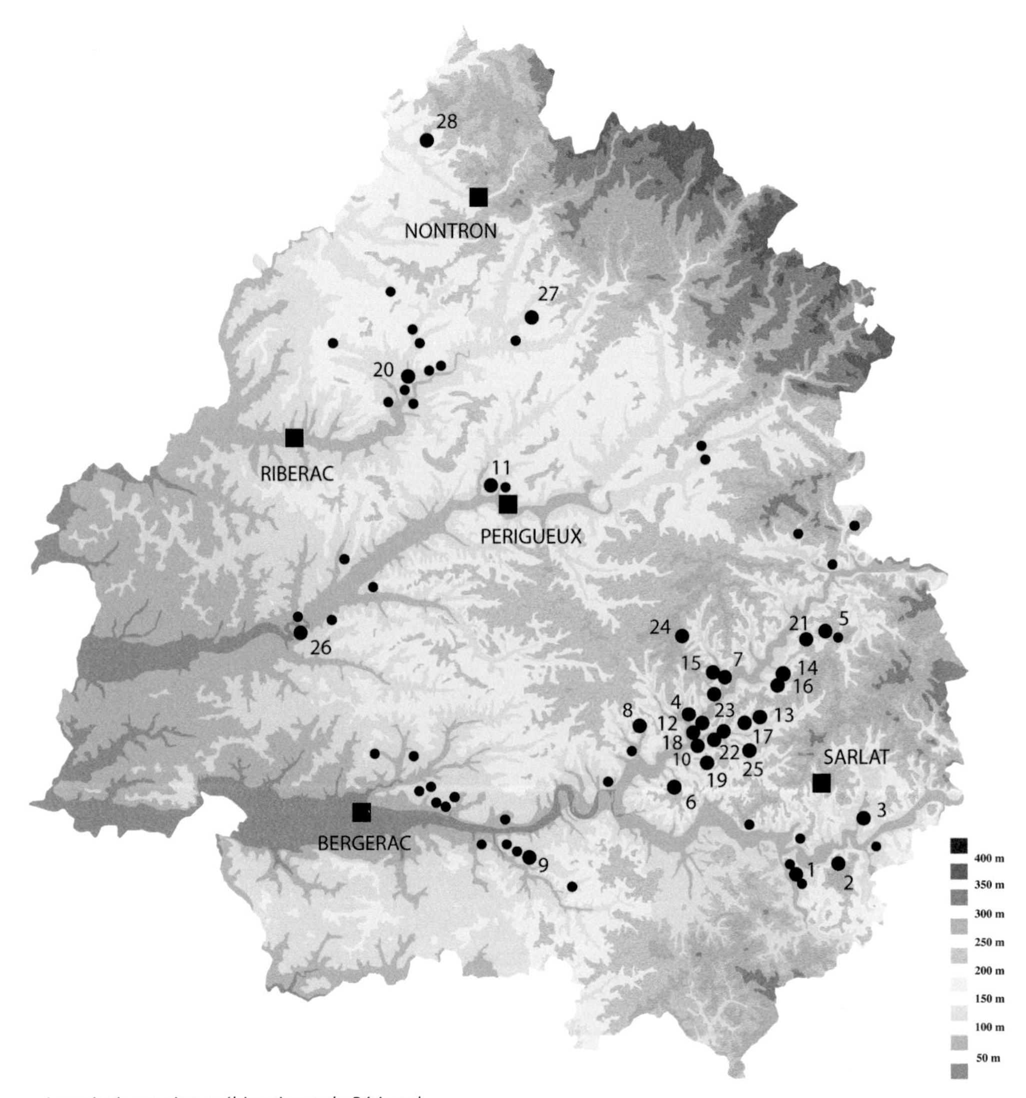

Les principaux sites préhistoriques du Périgord.

1-Grotte Vaufrey.
2-Combe Grenal.
3-Pech de l'Aze.
4-La Micoque.
5-Le Régourdou.
6-Le Roc de Marsal.
7-Les abris du Moustier.
8-La Ferrassie.
9-Combe-Capelle.
10-Cro Magnon.
11-Chancelade.
12-Laugerie Basse et Haute.
13-Cap-Blanc.
14-Castanet.
15-Cellier.
16-Blanchard.
17-La Grèze.
18-Le Poisson.
19-La Mouthe.
20-Le Fourneau du Diable.
21-Lascaux.
22-Font-de-Gaume.
23-Les Combarelles.
24-Rouffignac.
25-Bernifal.
26-Le Gabillou.
27-Villars.
28-Teyjat.

Carte d'après IGN.

Avant l'histoire

Une présence humaine depuis 450 000 ans

L'intérêt majeur du Périgord ne réside pas dans une quelconque relation avec les origines de l'humanité[1] mais dans une exceptionnelle continuité d'occupation de près de 450 000 ans. C'est pendant la période interglaciaire du Mindel-Riss (niveaux les plus anciens de la grotte Vaufrey près de Domme) que les hommes s'installèrent durablement en Périgord. Ce dernier quart de l'histoire humaine y est attesté par une succession de couches archéologiques empilées les unes sur les autres dans plusieurs grands sites de référence particulièrement bien conservés. Cet ensemble de gisements, occupés à des périodes à la fois différentes et pour partie semblables dont les séquences s'additionnent, forme un tout cohérent et continu.

La découverte dans divers habitats anciens d'Asie, du Moyen-Orient et d'Europe de feux domestiques datés du début de cette époque, peut expliquer que les derniers *Homo erectus*, les Néandertaliens et les hommes de Cro-Magnon n'eurent plus à quitter le Périgord lors des deux glaciations successives du Riss et du Wurm qui rythmèrent les derniers 400 000 ans de l'histoire européenne.

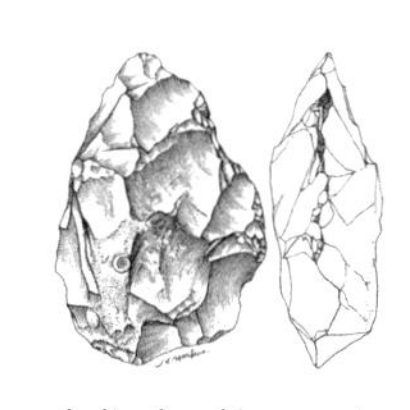

Biface de l'acheuléen ancien, 12 cm de long. Dessin J.-G. Marcillaud.

Les Eyzies de Tayac, vue générale : de l'abri de Cro-Magnon au nouveau Musée national de Préhistoire en passant par l'abri Pataud, un site majeur pour la Préhistoire. Cl. S. Maury.

1. Contrairement à ce que peuvent laisser penser certains slogans, le Périgord n'est pas le « berceau de l'humanité ». Selon les dernières recherches, il se situe en Afrique orientale au-delà de 2,5 millions d'années et se rapporte aux premières variétés considérées comme humaines, dont les *Homo habilis*. Descendants d'Australopithèques, ce sont parmi les premiers à fabriquer des outils. A l'occasion de conditions climatiques favorables les *Homo erectus*, leurs successeurs, ont fait quelques incursions en Asie et en Europe aux alentours du million d'années.

Avec la domestication du feu, les *Homo erectus* se distinguent définitivement des autres groupes d'animaux. L'organisation sociale et la transmission culturelle joueront désormais un rôle majeur.

Ces glaciations transformèrent considérablement le milieu et les conditions de vie. Les groupes humains successifs surent non seulement s'y adapter mais paradoxalement y attacher les bases de progrès décisifs qui les menèrent vers les civilisations modernes.

Une situation géographique favorable

Situé au nord du Bassin aquitain, le Périgord est adossé au Massif central selon un axe nord-est/sud-ouest. La partie nord-est est composée des contreforts de ce même massif d'origine primaire (granites et schistes). Il atteint plus de 400 m d'altitude à la frontière avec le département de la Haute-Vienne pour chuter à moins de 10 m dans les limons quaternaires de la vallée de la Dordogne à sa frontière avec la Gironde. Graduellement, le Périgord passe des terrains primaires aux formations sédimentaires des anciens fonds marins du Secondaire puis du Tertiaire.

Cet ensemble en « marches d'escalier » est découpé par trois complexes de vallées principaux ayant la même orientation générale. Au nord, Dronne-Côle, au centre, Isle-Auvézère, au sud, Dordogne-Vézère. Ce dernier, le plus puissant, entaille profondément les massifs calcaires du Secondaire créant des abrupts de falaise qui bordent quelquefois de façon imposante ces deux vallées notamment, dans les sites de confluence. Les rivières en creusant ce plateau sédimentaire rocheux ont également recoupé les réseaux souterrains ou karst formés dans le calcaire par les apports chimiques des eaux de ruissellement, révélant ainsi de nombreuses grottes et cavités au pied ou à flanc de falaise. Les deux autres bassins, au nord et au centre connaissent les mêmes phénomènes moins étendus et souvent plus discrets.

Ce massif calcaire, surtout crétacé (dépôt supérieur du Secondaire) sera précieux à plus d'un titre pour les hommes préhistoriques mais également pour les préhistoriens.

Site du Moustier en hiver au Paléolithique moyen. Dessin J.-G. Marcillaud.

Troupeau de rennes dans la toundra (Laponie). Cl. ADDC-Archéolud.

Le gîte et le couvert

Les hommes ont découvert très tôt l'intérêt de ces vallées abritées pour se protéger des rigueurs glaciaires.

Le creusement différentiel des abrupts de falaise par la conjugaison de l'eau et du gel a modelé des abris naturels souvent très vastes qui, lorsqu'ils sont bien exposés et tournent le dos aux vents dominants de l'ouest et du nord, créent des conditions microclimatiques appréciables.

L'étude de la répartition de la faune chassée ainsi que les recherches en paléobotanique montrent que de façon générale, au moment des maxima glaciaires, le Périgord bénéficiait d'un climat plutôt favorable comparé aux régions septentrionales de l'hexagone. Il y a 18 000 ans lors du dernier paroxysme glaciaire du Wurm, alors que le nord de la France semble déserté par les animaux et par l'homme, les solutréens et les premiers Magdaléniens, ultime civilisation de chasseurs du Paléolithique supérieur, sont très présents en Périgord et laissent les vestiges d'une civilisation très florissante.

La situation d'ouverture de ce territoire vers la face atlantique, les voies naturelles de circulation entre océan et montagne que sont les vallées précitées, ont vraisemblablement permis, entre été et hiver, des mouvements de troupeaux d'herbivores recherchant de nouveaux pâturages en une sorte de migration saisonnière. L'occupation des confluences et les campements temporaires de plein air sur des passages migratoires obligatoires, comme certains retrouvés dans la vallée de l'Isle, attestent des stratégies de chasse employées par les Paléolithiques. Leurs habitats, quelle que soit la période considérée, révèlent en grande abondance des restes osseux d'animaux sauvages.

Même si l'habitat paléolithique du Périgord ne se limitait pas aux entrées de grottes et aux abris naturels... même si cette région n'était pas la seule à bénéficier de ressources abondantes en nourriture et en matières premières... force est de constater que ce concours d'éléments heureux explique pour grande part cette forte occupation humaine à l'époque paléolithique.

Une nourriture carnée abondante
Au vu des restes trouvés dans les sites, même lors des périodes les plus froides, la nourriture carnée a été constamment abondante en Périgord, témoins des reste de chevaux chez les Néandertaliens, de La Micoque près des Eyzies, ou de rennes chez les hommes de Cro-Magnon de La Madeleine ou de Laugerie (toujours en vallée de Vézère) sans oublier les bovidés : auroch, bison ou bouquetin ; les cervidés : cerf, chevreuil, antilope saïga... et les légendaires mammouths et autres rhinocéros laineux, deux espèces aujourd'hui disparues.

Le silex

Le Paléolithique est, comme son nom l'indique, l'âge de la pierre ancienne. Les activités domestiques, artisanales et de chasse pendant ces 400 000 ans sont dépendantes de la mise au point de procédés techniques d'exploitation directs des matières premières disponibles sans en modifier leur structure, comme cela sera le cas plus tard à l'âge des métaux. Les roches tenaces siliceuses ou à ciment siliceux ont, en effet, la particularité de se fractionner selon une loi physique immuable de la mécanique de ces roches.
Les outils et les armes sont donc fabriqués par façonnage et débitage, principalement à la percussion. Si les matières choisies restent pratiquement les mêmes, ce sont les techniques (percuteurs de pierre puis bois de cervidés ou bois végétal, percussion directe, indirecte ou pression) et surtout les méthodes de débitage (éclats puis lames) qui évolueront considérablement dans le temps.
Parmi les pierres dures, la matière première la plus apte à ce type de transformation, est, à part l'obsidienne, le silex. Les formations calcaires et argileuses du Périgord, à l'exception des terrains primaires de l'extrême nord-est, en recèlent partout en abondance. Les environs de Bergerac, en particulier, en fournirent des blocs très recherchés pour leur volume et leur qualité. Saisissant les opportunités de leur déplacement, les chasseurs préhistoriques vinrent souvent de loin s'approvisionner en bonne matière première.
Les outils retrouvés dans des sites très éloignés attestent de la récolte de ces silex à l'aspect bien défini. Afin d'éviter le transport de blocs bruts, trop coûteux en énergie humaine, les hommes de la fin du Paléolithique, les Cro-Magnon, exécutèrent les activités de débitage sur les gîtes de matières premières, laissant les déchets sur place. Ils emportèrent uniquement les lames de silex pouvant servir de support au façonnage de leurs divers outils et armes.
Cette activité, très développée en Périgord à toutes le périodes de la Préhistoire, a permis de documenter et de mieux comprendre l'occupation des territoires, les déplacements et la socio-économie de ces groupes de chasseurs collecteurs grâce, entre autres, aux liens établis entre gîtes de matières premières et habitats.

Pointes à cran. Solutréen supérieur. Cl. P. Jugie, MNP-Les Eyzies. A droite, les silex du Périgord remarquables par leur variété, quantité et qualité. Cl. J.-G. Marcillaud.

Des vestiges bien conservés

Les conditions d'enfouissement revêtent une importance toute particulière pour la recherche archéologique car quelle que soit la densité de population humaine et de ses productions, les événements naturels, géologiques ou climatiques, peuvent faire varier le taux de conservation des vestiges produits du presque tout au presque rien. C'est un aspect qui ne doit pas être négligé pour évaluer, avec les limites que cela suppose, l'occupation humaine dans un même territoire à différentes périodes.

Si elles constituent des refuges appréciables pour les hommes préhistoriques, les formations calcaires (grottes et abris) sont soumises aux variations du climat. Elles évoluent dans le temps, en se creusant et en se fragmentant sous l'action de l'eau et du gel. Les blocs et plaquettes de roche ajoutés à d'autres apports sédimentaires (ruissellement venant des plateaux, sédiments apportés

Les abris de « la Madeleine » et la rivière Vézère. Cl. J.-G. Marcillaud.

par le vent, limons des rivières, humus, etc.), ont relativement vite recouvert les vestiges et quelquefois même les ont scellés instantanément lors d'effondrement de très gros blocs de l'abri (corniches ou auvents). Cela a été le cas dans le très imposant abri de Laugerie-Haute aux Eyzies où les niveaux ont été protégés des agressions de la rivière proche par des centaines de tonnes de rochers.

Les avantages de ces falaises et entrées de grotte ne s'arrêtent pas là. La très faible acidité et l'apport des minéraux que contient le calcaire, en favorisant la fossilisation de vestiges d'origine biologique, nous ont fait parvenir dans un bon état de conservation, ossements humains, d'animaux consommés ou non, pollens et charbons de bois ; autant de restes indispensables à la connaissance de l'homme et de son environnement.

Le Périgord, une fantastique source de données

La plupart des abris naturels ont été occupés dans la mesure où leur transformation ne s'est pas opposée à une présence humaine : on imagine alors la fantastique source de données de connaissance que recèlent les couches archéologiques interstratifiées accumulées durant des dizaines de millénaires. C'est cet ensemble de conjonctures favorables qui font du Périgord une des bases principales de la chronologie du Paléolithique moyen et supérieur de l'Europe occidentale. Uniquement dans une portion du bassin de la Vézère sur 20 km, 5 grands sites (La Micoque, Le Moustier, La Ferrassie, Laugerie, La Madeleine) permettent, en y ajoutant le site du Pech de l'Aze tout proche mais dans le bassin de la Dordogne, de suivre couche par couche les vestiges bien conservés de 400 000 ans de civilisations humaines.

De la taille de la pierre à la fonte des métaux

Les Acheuléens

Les civilisations acheuléennes (de Saint-Acheul, Somme) sont bien implantées en Périgord de - 400000 à - 125000. Si nous connaissons assez bien leurs industries et la faune consommée grâce à plusieurs grands sites comme Combe-Grenal, Le Pech de l'Aze, La Micoque..., aucun reste humain retrouvé ne permet d'en attribuer la responsabilité à un type bien défini... S'agit-il des derniers *Homo erectus* ? C'est possible... La logique pencherait plutôt pour les ancêtres directs des Néandertaliens à l'origine de ces populations spécifiquement européennes.

S'ils sont classiquement les auteurs des très connus bifaces, leurs habitats périgourdins révèlent des industries dont la base est déjà une production systématisée de débitages d'éclats pour la réalisation de leurs outils. L'industrie micoquienne (La Micoque aux Eyzies) composée à la fois d'outils sur éclats et de bifaces très particuliers à la pointe très effilée en constitue les témoignages les plus marquants.

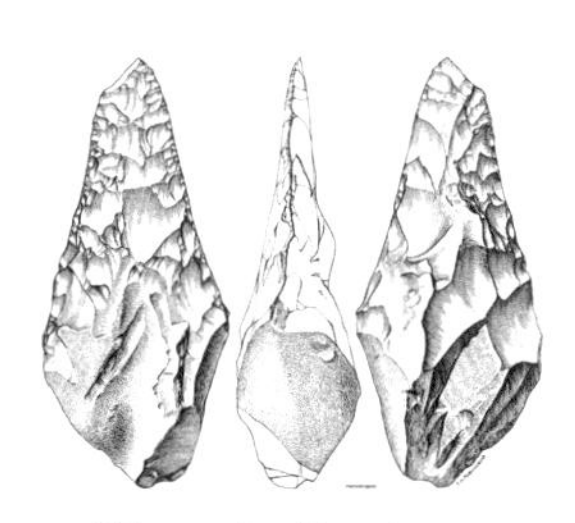

Biface acheuléen de type micoquien, longueur 18 cm. Dessin J.-G. Marcillaud.

Les Moustériens

Parmi les civilisations les plus anciennement présentes en Dordogne, celles dont on possède les vestiges les plus abondants ont pour auteurs des Néandertaliens de la période dite classique (- 90000 à - 40000) : on les connaît sous le nom de civilisations moustériennes (du site du Moustier dans la vallée de la Vézère). Pas moins de onze squelettes ont été découverts.

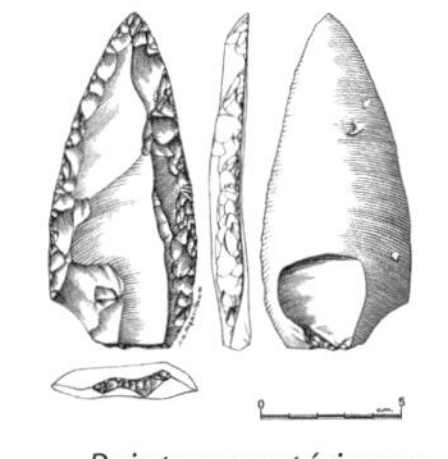

Pointe moustérienne, longueur 12 cm. Dessin J.-G. Marcillaud. A droite, nucléus Levallois avec négatif de l'éclat. Cl. P. Jugie, MNP-Les Eyzies.

Ces sépultures du complexe Vézère/Dordogne composent l'une des concentrations les plus importantes d'Europe. Les faits nouveaux que sont les inhumations intentionnelles témoignent, pour les hommes de Néandertal, de pratiques rituelles liées à une spiritualité éveillée.

La façon dont ces Moustériens travaillent la pierre en fragmentant les blocs afin d'en obtenir une série d'éclats dont la morphologie est prédéterminée est un véritable procédé industriel (dit méthode Levallois). Méthode et systématisation révèlent des capacités de conceptualisation certaines. Si les témoignages artistiques manquent, à part quelques ossements incisés pouvant être interprétés comme tels et l'abondance des colorants dans les sites qu'ils occupaient, il n'est plus possible de cantonner ces populations, morphologiquement différentes de nous, comme primitives. Les connaissances nouvelles même si elles n'ont pas encore permis d'en affiner les différents courants, autorisent à considérer cet ensemble moustérien comme un complexe culturel riche avec une organisation sociale évoluée qui permet d'intégrer sans problème leurs auteurs dans l'ensemble *Homo sapiens*.

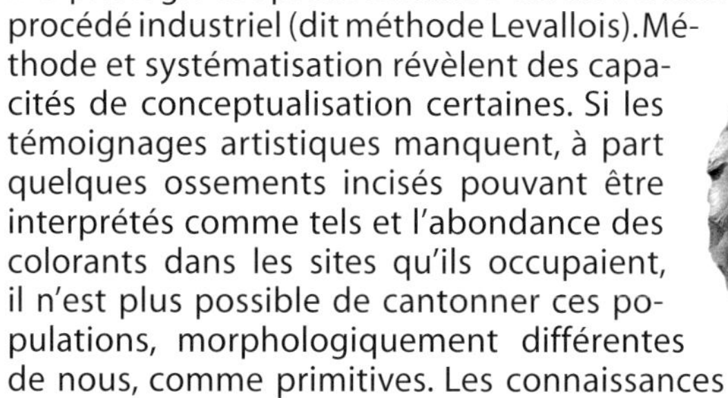

Les Châtelperroniens, hommes de Neandertal ou hommes de Cro-Magnon ?

A la transition entre 38 000 et 33 000 avant le présent, s'observe une culture matérielle contemporaine des Aurignaciens les plus anciens. Elle se caractérise par une industrie sur lames avec des pointes à dos retouchées (pointe de Châtelperron) qui la relierait aux industries du Paléolithique supérieur mais qui aurait conservé des outils du Moustérien. Attribuées, tout d'abord, au nouveau venu Cro-Magnon, les découvertes, entre autres, du squelette de Saint-Césaire dans des couches renfermant cette industrie la fit attribuer aux derniers hommes de Neandertal.
La question n'est pas tranchée et toujours discutée.
Cela semble normal si l'on considère la fragilité des couches pouvant comporter des mélanges de niveaux archéologiques très proches les uns des autres et le fait que ces deux populations se sont côtoyées pendant au moins 3 millénaires sur les mêmes territoires.
Plusieurs sites du Périgord renferment les vestiges de cette période de transition qui n'a pas encore livré tous ses secrets.
« La Ferrassie » dans le bassin de la Vézère, « Combe-Capelle » dans celui de la Dordogne, le « Trou de la Chèvre » dans celui de la Dronne.

Aurignaciens, Gravettiens, Solutréens et Magdaléniens

Les populations néandertaliennes, après des dizaines de millénaires d'hégémonie, ont été supplantées par de nouveaux arrivants venus du Moyen-Orient. Pour des raisons non encore élucidées, ces *Homo sapiens*, qui portent déjà toutes les caractéristiques des hommes modernes, ont totalement fait disparaître leurs prédécesseurs dont l'un des vestiges les plus récents a été découvert, très près du Périgord, à Saint-Césaire en Charente. Ce squelette incomplet, daté d'environ 34 à 35 000 ans avant le présent, témoigne d'une disparition plus progressive des Néandertaliens que ce qui était admis jusque-là.

Un certain nombre de sites de Dordogne ont livré des restes de ces nouvelles populations[2] qui nous font entrer dans le Paléolithique dit supérieur. En dehors de l'homme de Combe-Capelle dans la vallée de la Couze, à Saint-Avit-Sénieur, dont l'authenticité est toujours discutée, les restes les plus anciens de cet ensemble, et aussi les plus célèbres, ont été mis au jour en 1868 aux Eyzies sous le petit abri de Cro-Magnon. Cinq individus, trois hommes, une femme et un enfant furent exhumés. C'est à partir de l'étude de ces squelettes que fut définie la « race de Cro-Magnon » dont la présence se généralise dans toute l'Europe aux alentours de - 30000 ans. De grande taille (1,80 m), élancé et robuste à la fois, au crâne cérébral très volumineux, on a retrouvé ce type, également de culture aurignacienne (- 27000), en Italie, à Grimaldi, près de la frontière française. Leur évolution se traduira par une perte de taille et une gracilisation vers la fin du Paléolithique. L'Homme de Chancelade, squelette du Magdalénien récent (13000 avant le présent), trouvé près de Périgueux en 1888, est un exemple local parmi d'autres, comme ceux de Laugerie-Basse et de Cap-Blanc, de cette évolution des populations.

Onze squelettes de Néandertaliens

Le plus ancien daterait du début de la glaciation du Wurm (- 80000). Il a été exhumé au Regourdou près de Montignac. Même s'il n'est pas complet, les parties osseuses restantes sont étonnamment bien conservées et visibles au Musée d'art et d'archéologie du Périgord. Un enfant de 2 ans et demi au Pech de l'Aze, un enfant de 3 ans au Roc de Marsal, un adulte au Moustier et surtout les 7 squelettes à La Ferrassie, datés de - 40000, déposés intentionnellement dans des fosses, un homme d'une quarantaine d'années, une femme d'une trentaine d'années et 5 enfants entre 2 et 10 ans complètent cet ensemble exceptionnel.

2. Aurignaciens (d'Aurignac, Haute-Garonne), Gravettiens (de La Gravette, Dordogne), Solutréens (de Solutré, Saône-et-Loire) et Magdaléniens (de La Madeleine, Dordogne).

Deux silhouettes humaines très frustes profondément gravées sur une petite plaque de calcaire. Termo Pialat, Saint-Avit-Sénieur, fouilles Delugin et Tarel, 1913. Coll. et cl. Musée d'art et d'archéologie du Périgord.

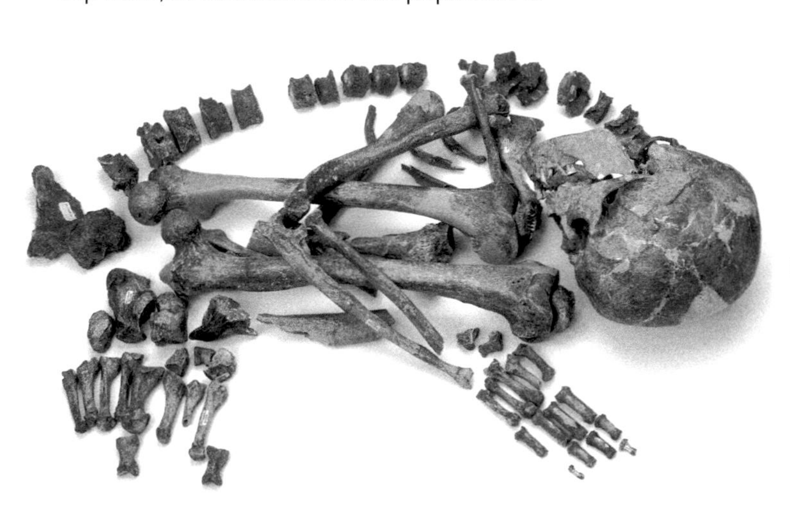

Sépulture de l'Homme de Chancelade, Magdalénien. Cl. MAAP-Ville de Périgueux, B. Dupuy.

Les origines de l'art

Grands techniciens, grands artistes

Le Périgord a tout particulièrement été marqué par la présence des hommes de Cro-Magnon. Ils y ont laissé l'empreinte de leur génie inventif et créateur. Ce qui frappe lorsqu'on examine le contenu des sites qu'ils ont occupés, c'est tout d'abord une véritable organisation de leur espace de vie et une grande qualité dans la gestion des ressources naturelles à leur disposition. C'est ensuite la richesse et la diversité de leurs objets mobiliers qui ne sont plus seulement outils et armes, mais à la fois, instruments et objets d'art ou simples parures, bijoux et statuettes. Ils ne se sont pas contentés de pousser à leur maximum, jusqu'à la sophistication, les possibilités d'utilisation de la pierre dure en développant les méthodes de débitages laminaires mais ont enrichi leur vie quotidienne de chasseurs habiles et performants par une expression artistique riche et foisonnante. Les traces les plus spectaculaires sont pariétales. Elles sont encore visibles en Périgord sur un ensemble d'une cinquantaine d'abris et surtout de grottes recensés à ce jour. Tous les sites n'ont pas encore été trouvés et certainement beaucoup de représentations trop exposées au jour ou à l'érosion de parois fragiles n'ont pu nous parvenir. Cela nous rend d'autant plus précieuses ces œuvres qu'il faut absolument conserver.

Gravures, sculptures et peintures pariétales

Les vestiges les plus anciens retrouvés sont des gravures peu élaborées. Elles ont été réalisées sur des blocs calcaires, rarement sur des parois. Elles représentent principalement des sexes féminins mais aussi quelques figurations animales assez maladroites. Ces gravures sont parmi les œuvres d'art les plus anciennes du Paléolithique d'Europe occidentale (environ 30 000 ans avant le présent). Elles ont été exhumées principalement des sites de la Vézère : Castanet, Cellier, Blanchard, La Ferrassie... mais également de Termo Pialat dans la vallée de la Couze. Elles sont habituellement attribuées à l'Aurignacien.

Bison se léchant le flanc, objet en bois de renne de 10,5 cm de long, La Madeleine, Magdalénien. Cl. MNP-Les Eyzies, P. Jugie.

Une petite grotte, « La Grèze », domine la Beune, petit affluent de la Vézère. Sa figure la plus connue est un bison aux traits profonds. Elle est comme « l'abri du Poisson » quelques kilomètres plus bas aux Eyzies avec son bas-relief au saumon, datée du Gravettien (25 000-23 000 avant le présent). Ces vingt dernières années, plusieurs sites ornés sont venus compléter les témoignages de cette période. La découverte la plus récente, exceptionnelle, a eu lieu à la fin de l'an 2000. Il s'agit de la grotte de Cussac près de Cadouin sur la rive gauche de la Dordogne juste après sa confluence avec la Vézère.

Grâce à l'attitude diligente et respectueuse du spéléologue « inventeur », elle a été livrée dans un état de préservation optimale. Les sols intacts portent traces de la fréquentation des hommes. Les squelettes de sept individus ont pu être identifiés et datés de -25 000 ans, ce qui correspond assez bien au style des spectaculaires parois gravées d'animaux de très grandes dimensions comme le bison dépassant les 4,5 m de long. Cette grotte, en cours d'équipement de passerelles pour ne pas porter atteinte au sol, constituera, dans les années à venir, une référence pour l'étude du comportement des hommes de cette culture à l'intérieur des cavités.

La grotte de La Mouthe a une place particulière dans l'histoire de l'archéologie en raison de son implication dans l'évolution de la pensée du milieu scientifique sur la primitivité de l'homme paléolithique. Découverte en 1895, alors que la polémique sur l'authenticité de la grotte cantabrique d'Altamira faisait rage, elle apporta des éléments décisifs sur l'origine de ces représentations pariétales : similarité des sujets traités comme les bisons, outillages paléolithiques présents, obstruction ancienne de la cavité, découverte d'une lampe à graisse, dans les niveaux archéologiques, décorée d'un bouquetin semblable à ceux représentés sur les parois. Sa visite le 14 août 1902 par les principaux représentants de la communauté scientifique est retenue comme marquant la reconnaissance officielle de l'art pariétal préhistorique. Les gravures et peintures de cette cavité, du « Bison de la découverte » à la célèbre « Hutte » ont la particularité de couvrir une période de fréquentation très longue : 6 000 ans séparent les premières figures gravettiennes des dernières, magdaléniennes.

C'est dans la vallée de la Dronne au « Fourneau du diable » près de Bourdeilles que D. Peyrony découvrit une frise d'animaux (bovidés et équidés) sculptés en demi-relief dont certains portaient encore des traces de coloration. Ce mode de représentation caractérise l'art des Solutréens (20000-18000 avant le présent).

Renne gravé sur plaque de calcaire, Limeuil. Magdalénien.
Cl. Ville de Périgueux-MAAP, J.-G. Marcillaud.

C'est entre 18000 et 11000 avant le présent, enfin, que les civilisations magdaléniennes ont œuvré en Périgord. On leur doit les sanctuaires majeurs de l'art pariétal préhistorique. Nous ne citerons que les principaux : tout d'abord Lascaux, œuvre majeure, construite, où tous les modes d'expression (gravures, dessins, peintures, figuratifs, non figuratifs) s'entrecroisent, où méthodes et modes d'exécution techniques (crayons, pinceaux, projections soufflées, réserves, estompes...) se déclinent et s'enrichissent mutuellement, pour en faire la référence mondiale d'un art paléolithique accompli ;

La Mouthe, Lascaux, Cap-Blanc, trois exemples de sites ornés qui recouvrent 10 000 ans du Paléolithique supérieur, du Gravettien au Magdalénien, en passant par le Solutréen. Ils montrent la richesse expressive de cet art préhistorique par la variété des techniques employées : peintures, peintures et gravures mêlées, dessins, gravures et sculptures.

Bovidé, gravure, grotte de La Mouthe, Les Eyzies, Gravettien.
Cl. J.-G. Marcillaud.

Tête de cheval, gravure, grotte de La Mouthe,
Les Eyzies, agdalénien.
Cl. J.-G. Marcillaud.

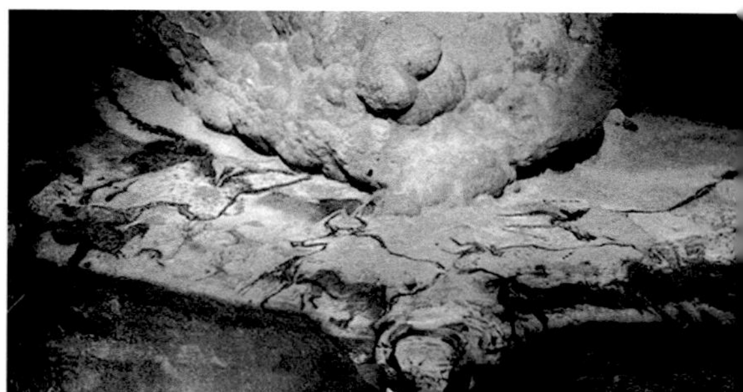

Taureaux peints, rotonde, grotte de Lascaux,
Montignac, Solutréen, Magdalénien.
Cl. CNP Périgueux, N. Aujoulat.

Chevaux sculptés, abri du Cap-Blanc, Marquay, Magdalénien.
Cl. J.-G. Marcillaud.

Bison, gravure, grotte de La Mouthe, Les Eyzies, Gravettien.
Cl. J.-G. Marcillaud.

Cheval gravé vu de face, grotte de Lascaux, Montignac, Solutréen, Magdalénien.
Cl. CNP Périgueux, N. Aujoulat.

Auroch, gravure, grotte de La Mouthe, Les Eyzies, Gravettien.
Cl J.-G. Marcillaud.

Tête de bouquetin, gravure, grotte de La Mouthe, Les Eyzies, Magdalénien.
Cl. J.-G. Marcillaud.

Hutte, peinture et gravure, grotte de La Mouthe, Les Eyzies, Magdalénien.
Cl. J.-G. Marcillaud.

Font de Gaume et ses magnifiques polychromes ; Les Combarelles et ses gravures fines et expressives comme la lionne ; Rouffignac la grotte aux cent mammouths ; Bernifal son signe tectiforme et ses manifestations rituelles ; Cap-Blanc et ses parois sculptées ; Saint-Cirq et sa représentation humaine ; Gabillou dans la vallée de l'Isle, Villars, Teyjat dans le nord du département. Leurs représentations sont majoritairement figuratives et animalières. Même si les espèces représentées n'ont rien de proportionnel avec celles qui étaient consommées (les rennes dominent très largement dans les vestiges osseux de leurs repas, ils sont minoritaires dans les figurations), elles attestent de la fréquentation d'une multiplicité d'espèces animales. Certains de ces animaux existent encore aujourd'hui mais se sont déplacés : rennes, bouquetins, et ovibos. D'autres ont disparu : mammouths, rhinocéros laineux, bien représentés à Rouffignac, aurochs, ours des cavernes peints à Lascaux ou lion des cavernes gravé aux Combarelles.

S'il témoigne de son temps, l'art paléolithique ne peut pas être résumé à de simples reproductions d'un environnement ou d'une magie de chasse. De nombreux signes, points, quadrillages, tectiformes, mains, etc., témoignent d'un contenu beaucoup plus riche avec une nette tendance à la symbolisation. La compréhension de ces signes nous échappe totalement parce que liés à un système de représentations propres à des cultures qui ne nous ont pas livré leur système de décodage.

Avec prudence et rigueur, le professeur Leroi-Gourhan, dans une étude globale des grands ensembles pariétaux a constaté une organisation des œuvres paléolithiques à la fois dans leur répartition spatiale et dans leurs associations thématiques... Cela lui a permis de conclure à la probabilité d'une signification précise de cet art et de son intégration forte dans la vie sociale des hommes de Cro-Magnon. Les moyens techniques mis en œuvre à Lascaux, par exemple : échafaudages, éclairage, préparation des colorants ; la cohérence des ensembles figurés, incite à penser à un investissement collectif important et coordonné.

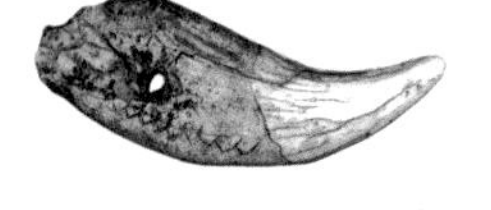

Cette canine d'ours perforée est peut-être un élément de collier ou un objet utilisé comme amulette, La Souquette, Castelmerle, Sergeac. Coll. Musée d'art et d'archéologie du Périgord (MAAP)-Ville de Périgueux. Cl. B. Dupuy.

Bovidés, sculpture sur bloc calcaire, Le Fourneau du Diable, Bourdeilles, Solutréen. Cl. MNP-Les Eyzies, P. Jugie.

Certains spécialistes donnent d'autres points de vues qui s'appuient sur le constat de la faible fréquentation des cavités ornées, la plupart récemment découvertes et dont les sols ont été bien préservés. Ces représentations pourraient être le fait d'un petit nombre exécutant une œuvre dont le résultat devait être caché bien que le sens social et culturel put en être connu de tous. Ces « artistes » rempliraient une fonction particulière au sein du groupe.

N'allant pas plus en avant dans l'inventaire et l'investigation de ce monde fantastique de l'art paléolithique périgourdin traité dans de nombreux ouvrages spécialisés, nous conclurons sur ces ultimes remarques qui confirment s'il en était besoin le niveau culturel très élevé des civilisations qui recouvrent les 35 000 dernières années de ce Paléolithique dit supérieur.

Des prédateurs aux producteurs

A la fin de la dernière glaciation, la culture magdalénienne est à son apogée. Les nombreux sites la concernant traduisent une expansion démographique certaine dans un environnement favorable à la prédation. Chasseurs performants et adaptés, ils donnent l'image d'une civilisation qui a trouvé son équilibre. Le changement climatique assez rapide qui s'amorce aux environs de 10 000 ans avant nous va remettre en question cet équilibre.

Les plateaux et les parties de vallées jusque-là exposés aux grands froids se sont peu à peu recouverts d'une végétation nouvelle qui prend la forme d'une forêt continue. Les chasseurs des espaces découverts parcourus par de grands troupeaux de rennes, de chevaux ou de bisons furent privés de leurs moyens traditionnels de subsistance. Les rennes qui assuraient la quasi-totalité de leur nourriture ont peu à peu migré vers le nord laissant la place aux animaux habituels des forêts tempérées : cerfs, chevreuils, sangliers... Ces derniers vivent en groupes restreints, leurs déplacements obéissent à des mœurs et déplacements territoriaux différents. Ajoutés aux difficultés d'un couvert forestier généralisé, ces changements ont nécessité la mise en place de nouvelles stratégies de chasse.

Une adaptation nécessaire
Contrairement aux périodes interglaciaires précédentes, les hommes du Mésolithique, puis du Néolithique durent prendre en compte l'augmentation sensible de la population et de ses besoins en nourriture. Le bouleversement très important du milieu obligea les groupes occupant ces territoires à des innovations dans leurs rapports avec l'environnement. La maturation sociale et culturelle, non atteinte jusque-là, et les premières influences d'un Moyen-Orient plus avancé dans ses adaptations, ont dû en favoriser l'émergence, somme toute assez rapide, au vu du bouleversement des modes de vie que cela provoqua..

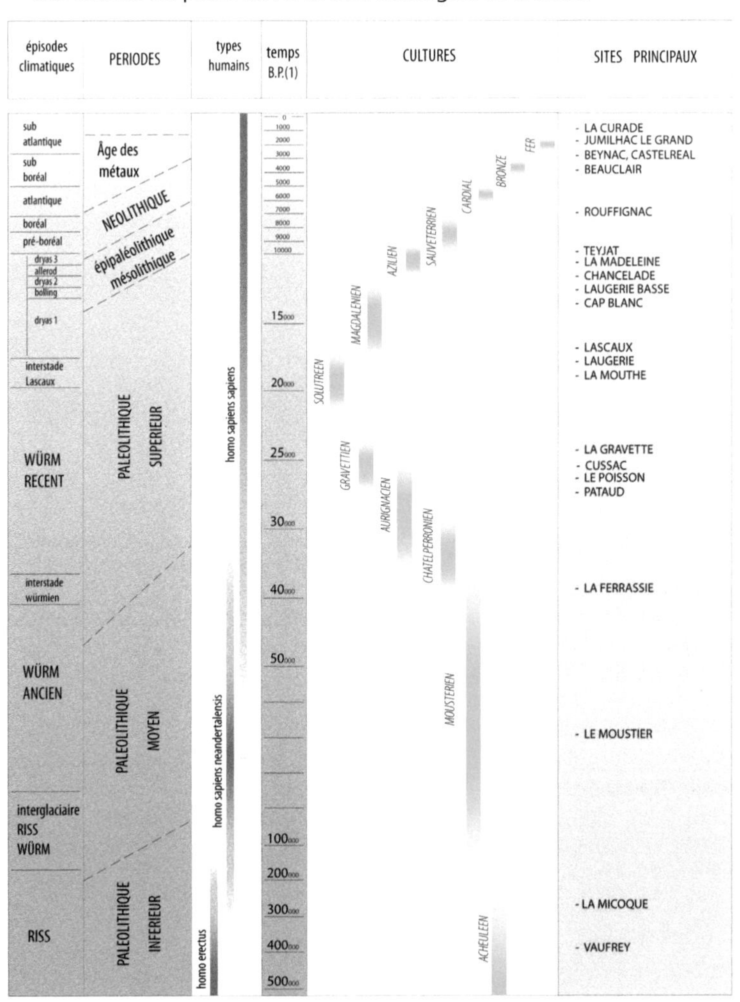

Tableau chronologique de la Préhistoire en Périgord. Les dates sont données en B.P. : before present (avant aujourd'hui) alors que celles du texte, pour les périodes récentes, sont en B.C. : before Christ (avant J.-C.). Tableau de B. Ducourneau.

Le Mésolithique : Aziliens et Sauveterriens

Une période mal connue
A l'exception des premières civilisations dites aziliennes (encore assez proches des derniers chasseurs magdaléniens), le Mésolithique est assez mal connu en Périgord comme d'ailleurs la majeure partie du Néolithique qui lui succède, et cela pour de nombreuses raisons. La grande richesse des sites paléolithiques a très tôt attiré prioritairement l'attention des premiers chercheurs qui trop souvent ont détruit dans les sites fouillés les couches archéologiques plus récentes. Ces restes fragiles proches de la surface ont également été atteints par des travaux d'aménagements divers de plus en plus nombreux. Enfin l'acculturation due à cette transition s'est traduite par un appauvrissement des vestiges mobiliers spectaculaires, les outils de pierre devenant eux-mêmes microlithiques. Cet état de fait se traduit par de grandes difficultés pour apprécier l'occupation humaine durant cette période et faire la part des choses entre non conservation et non occupation.

L'Azilien[1], qui s'inscrit encore dans les traditions techniques du paléolithique supérieur est la culture la mieux connue en Dordogne pour cette période grâce aux fouilles des sites de la région Vézère et Dronne. Ce sont encore des chasseurs et pêcheurs qui consomment la faune du milieu boisé : cerf, sanglier, chevreuil...

L'intensification de la pêche des poissons de rivière non migrateurs, l'apparition en force dans les restes osseux trouvés dans les habitats d'animaux de petite taille comme le castor et surtout le lapin, font penser à une systématisation possible du piégeage. La cueillette doit représenter un élément d'appoint non négligeable grâce à l'éclosion d'une végétation nouvelle plus riche en baies, racines et fruits sauvages.

L'ensemble des outils ou armes, toujours en silex, est caractérisé par des grattoirs courts sur éclat et des petites pointes à dos courbe vraisemblablement liées à la chasse. Les harpons en bois de cerf sont plats à deux rangs de barbelures percés à leur base d'un trou rond, ou en forme de boutonnière, assez proches dans leur conception de ceux qu'utilisaient les esquimaux encore à la fin du siècle dernier.

Leurs manifestations artistiques ont laissé peu de traces en dehors d'une expression non figurative sur galets peints ou gravés. Bien qu'ils occupent encore les abris et les entrées de grottes, leurs parois ne sont plus choisies pour être le support de leur art.

Nous ne possédons pas d'éléments datés qui permettent de caractériser les industries et en particulier la transition au début du 8e millénaire entre l'Azilien et le Sauveterrien[2].

Il faut attendre le 7e millénaire pour avoir, à Rouffignac, des témoignages d'occupation du Sauveterrien, qui se caractérise par un outillage en silex microlithique : lamelles à dos ou tronquées, pièces géométriques de très petites dimensions (certaines égales ou inférieures au centimètre). L'abondance de ces microlithes traduit vraisemblablement l'utilisation de produits composites dans lesquels le silex est utilisé comme élément d'un ensemble, associé à un complément en matériau périssable. C'est une relation nouvelle à la matière première lithique, moins dispendieuse, significative d'une réponse à un nouvel écosystème. La présence des pointes microlithiques est souvent associée à la généralisation de l'usage de l'arc.

A cette période, dès la fin du 8e millénaire, à Rouffignac, apparaissent des indices de récolte de graminées par la présence de couteaux-faucilles à « lustré de céréales ». Cela ne prouve en rien la nature réellement agricole de ce témoignage très précoce, qui demeure isolé. Des indices de présence de céréales dans des séquences sédimentaires de fond de vallée sans site archéologique associé font également débat pour cette période.

Le mode de vie mésolithique se prolonge sans doute encore plus tardivement et le passage à l'économie agricole reste très difficile à appréhender en Dordogne, comme dans d'autres régions.

1. Du Mas d'Azil, Ariège.
2. De Sauveterre, Lot-et-Garonne.

De la pierre polie à l'outil de métal

La présence des premiers paysans en Aquitaine paraît un fait acquis dès la fin du 6e millénaire. Pour la première fois, l'Homme n'est plus prédateur de son environnement mais découvre la domestication du monde animal et végétal. Ce changement radical du mode de vie, qui implique la sédentarisation, s'accompagne d'innovations au niveau des objets de la vie quotidienne : la céramique et de nouveaux outils de pierre, dont le plus emblématique est la hache polie. Malheureusement peu de gisements aquitains illustrent les premières phases de ce bouleversement économique, les quelques occupations reconnues sur la façade atlantique ou dans de rares grottes apportant encore une documentation succincte.

Trois haches polies, Augignac (Dordogne nord), Néolithique. Cl. MAAP-Ville de Périgueux, J.-G. Marcillaud.

Pour cette raison, les mécanismes de la néolithisation de l'Aquitaine, pourtant idéalement placée à la convergence des principaux courants reconnus pour l'Europe occidentale, sont encore sujets à discussion. Certains auteurs voient les prémices d'une agriculture et d'un élevage indigènes dès le 7e millénaire, sur la base des séries de Roucadour dans le Lot par exemple ou des stratigraphies contestées de Sauveterre-la-Lémance en Lot-et-Garonne. D'autres prônent une origine méditerranéenne cardiale[3] à partir de rares sites repérés sur le littoral atlantique jusque dans la vallée de la Loire.

Le Périgord, territoire de contact des cultures néolithiques
La Dordogne se situe géographiquement à la convergence des principaux courants connus en Europe occidentale. La production céramique traduit ces différentes influences tantôt du sud, tantôt du nord, tantôt de l'ouest et cela au-delà même des deux millénaires qui recouvrent cette mise en place du monde paysan.

Pour la Dordogne, c'est encore à Rouffignac, dans les couches postmésolithiques que les premières espèces animales domestiquées (bœuf, mouton) apparaissent. Une petite série d'armatures y a été retrouvée en place, principalement trois flèches tranchantes à retouche abrupte, datées de la deuxième moitié du 6e millénaire. Il semble qu'il y ait alors rupture complète avec le Sauveterrien final.

A partir de 4500 jusque vers 3700 avant. J.-C., la phase moyenne du Néolithique n'est pas beaucoup mieux connue en Aquitaine, les sites d'habitat fouillés restant encore exceptionnels. Les implantations apparaissent pourtant diversifiées. Les travaux préventifs le long de l'autoroute A89 ont permis de découvrir les traces d'une occupation sur un petit relief à Saint-Rabier, en Dordogne associée à un atelier de façonnage de perles en lignite. Quelques cavités ou abris-sous-roche anciennement fouillés ont livré quelques témoignages de cette période, telle la grotte de Campniac près de Périgueux, probablement utilisée comme lieu sépulcral, ou l'abri de Laugerie-Basse aux Eyzies.

3. De *cardium*, coquillage utilisé pour décorer les céramiques, caractéristiques des premiers paysans méditerranéens.

Dolmen de Peyrelevade, Paussac et Saint-Vivien, Néolithique. Cl. P. Fouéré.

C'est également à cette époque que l'on doit attribuer la construction de la plupart des dolmens à couloir, tombes monumentales au contenu malheureusement pillé depuis longtemps par des « antiquaires » peu scrupuleux.

Les styles céramiques associés présentent une assez forte diversité, dans un ensemble stylistique généralement dénommé Néolithique moyen de « l'Ouest » ou « Atlantique » ou encore Chasséen de l'Ouest. Les comparaisons avec les régions limitrophes mieux documentées (Midi-Pyrénées et Poitou) laissent entrevoir tantôt des influences méridionales chasséennes, tantôt des apports plus septentrionaux.

Un Néolithique moyen spécifiquement centré sur la Gironde et la Dordogne et plus ou moins démarqué de ces influences, le groupe de Roquefort, a été proposé à partir de la fouille du site éponyme et des quelques ensembles périgourdins : la poterie, peu ou pas décorée, privilégie les formes globuleuses, les fonds ronds exclusifs, les ouvertures rétrécies, les bords ourlés. Les moyens de préhension les plus caractéristiques sont des petites anses en bobines horizontales. Les décors se résument à des petits cordons en « moustache » partant des anses ou à de rares incisions ou cordons horizontaux. L'outillage lithique, principalement sur éclat, comprend des grattoirs, des perçoirs, quelques lames et couteaux au lustré caractéristique des faucilles. Les armatures sont exclusivement des flèches tranchantes à retouche abrupte des bords. C'est probablement au cours du Néolithique moyen que se développent les grands ateliers de taille de haches en roches cristallines ou en silex et leur réseau d'échange, à l'image de ceux du Bergeracois dont les productions se retrouvent dans tout le Bassin aquitain. L'élevage est pratiqué (bœufs, porcs, moutons et chèvres), la déforestation attestée dans quelques diagrammes polliniques. Les meules, molettes, faucilles témoignent d'une agriculture effective, mais encore peu documentée par les restes de céréales.

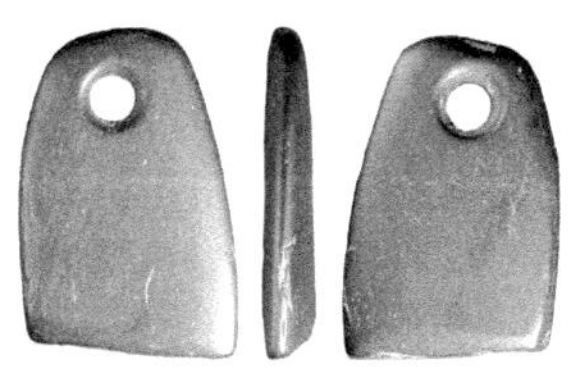

Pendentif poli en roche noire, 35 mm de long, Villetoureix, Néolithique final. Cl. J.-G. Marcillaud.

Le milieu du 4e millénaire voit de nouveaux changements, caractérisant le Néolithique récent. Les mêmes types de sites que pour le Néolithique moyen sont occupés, voire réoccupés (Roquefort, Campniac...). De grandes enceintes délimitées par des fossés et remparts sont construites, connues surtout dans la vallée de la Charente mais aussi dans le nord de la Dordogne, à Festalemps, Bertric-Burée ou Bouteilles-Saint-Sébastien mais aussi en Gironde au Pétreau à Abzac. Les rites funéraires sont assez mal connus, on réutilise probablement les grottes (Campniac) et les dolmens, mais des restes humains sont fréquemment découverts dans le comblement des fossés, parfois en sépulture primaire.

De nouvelles formes de céramiques permettent de définir les cultures originales dites des « Matignons » pour les phases les plus anciennes, de « Peu-Richard »[4] ou du groupe « Isle-Dordogne » pour les plus récentes. Accompagnant les vases à fond rond, on voit apparaître désormais les céramiques à fond plat, certains portant des empreintes de vanneries pour les vases matignons. A l'exception du Peu-Richard, qui concerne surtout le bassin de la Charente et une partie de la Gironde, les vases restent peu décorés, les vases épais en forme de « pot de fleurs ».

4. Du nom de sites fouillés dans la vallée de la Charente : les Matignons à Juillac-le-Coq (16) et Peu-Richard à Thénac (17).

Les industries lithiques voient quelques innovations au niveau du mode de façonnage des couteaux-faucilles. Les armatures sont toujours exclusivement tranchantes, mais façonnées par retouche bifaciale.

L'élevage est toujours dominé par le bœuf, suivit du porc et des caprinés. L'agriculture, surtout documentée par quelques sites charentais, est attestée par la présence de graines carbonisées d'orge nue ou d'amidonnier.

Hache polie, 10 cm de long, Saint-Antoine-de-Breuilh, Dordogne sud, Néolithique final. Cl. J.-G. Marcillaud.

Les Artenaciens

Avec le troisième millénaire débute une nouvelle phase de transition marquant la fin du Néolithique et l'apparition des premiers métaux. L'abondance et la richesse des sites attribués à cette période signent probablement une période faste dominée par la culture artenacienne[5], qui couvre une large aire géographique, depuis l'Aquitaine jusqu'au sud du Bassin parisien.

Tous les types de milieux sont occupés : les implantations concernent aussi bien les plateaux que les plaines alluviales, le littoral et les bords de marais. On connaît de grandes enceintes aux fossés complexes, parfois encore fortifiées de remparts, des constructions domestiques monumentales, mais également des sites d'habitat aux dimensions plus modestes, le tout attestant d'une société sans doute fortement structurée et hiérarchisée. Les rites funéraires semblent tout aussi diversifiés, les dolmens sont fréquemment réutilisés en tombes collectives, de même que les grottes. Il existe quelques tombes individuelles et il n'est pas rare de trouver des restes humains plus ou moins dispersés dans le comblement des fossés.

Des réalisations démesurées

En Dordogne, plusieurs sites appartiennent à la culture artenacienne. Les deux grands bâtiments de Beauclair, sur la commune de Douchapt suffisent à illustrer la démesure de certaines réalisations : ils atteignent 70 m de longueur pour près de 20 m de large. Les poteaux centraux porteurs de la faîtière, d'un mètre de diamètre et probablement de près de 15 m de longueur. Les espaces clos à l'extérieur des bâtiments et l'ampleur des édifices suggèrent une fonction type ferme collective.

Ces constructions ne sont cependant pas uniques : on connaît des exemples parfaitement semblables en Poitou, jusque dans le sud du Bassin parisien, certains dépassant 100 m de longueur (les Vaux à Moulins-sur-Céphons, Indre).

A un kilomètre en amont de Douchapt, la commune de Saint-Méard-de-Dronne conserve partiellement sur près de 3 m de hauteur un des rares remparts artenaciens préservé, qui devait ceinturer une enceinte d'une quinzaine d'hectares dominant la vallée de la Dronne. Un site comparable a été fouillé non loin de là dans le sud de la Charente sur la commune de Challignac. La fonction de ces enceintes reste encore sujette à discussion : certains y voient des habitats défensifs, ce que ne contredirait pas le fort taux de pointes de flèches que livrent souvent ces sites, d'autres un moyen de préserver des prédateurs des aires de culture ou d'élevage, ou encore des lieux de rencontres particuliers, rituels, marchés... Les témoignages plus ou moins importants de la présence artenacienne sont nombreux en Dordogne, révélés par un mobilier céramique ou lithique caractéristique et souvent abondant. Citons encore la Fontaine de la Demoiselle à Saint-Léon-sur-l'Isle, dont la stratigraphie a longtemps été la principale référence locale.

La céramique présente de nombreuses formes singulières : à coté des vases tronconiques ou galbés à paroi épaisse, parfois de

5. De la grotte d'Artenac à Saint-Mary, Charente.

très grandes dimensions mais assez courants depuis le Néolithique récent, il existe une céramique à paroi fine soigneusement polie, souvent noire et à fond rond et aux formes diversifiées. Les anses nasiformes apparaissent comme caractéristiques de cette période.

L'industrie lithique est plus soignée, avec une grande diversité des outils, souvent de très bonne facture, suggérant un savoir faire digne d'artisans spécialisés. Les types d'armatures de flèches sont particulièrement variés, alors que les activités cynégétiques apparaissent anecdotiques... A coté des tranchantes qui existaient déjà auparavant apparaissent des flèches foliacées de toutes formes et des armatures à ailerons et pédoncule. La production de haches, essentiellement en silex pour la Dordogne, connaît sans doute un essor en relation avec les grands travaux consommateurs de bois, mais aussi avec les exportations. Une autre illustration de ces échanges commerciaux est donnée avec les grandes lames, utilisées en poignards, dont les productions massives de la région du Grand-Pressigny en Touraine atteignent largement le Périgord. Une petite production locale plus modeste à partir des nucléus spécifiques dits « livre-de-beurre » a été signalée dans le Bergeracois. D'autres outils caractéristiques de cette période ont été façonnés, tels que des grandes pièces foliacées, des couteaux au tranchant à retouche rasante du tranchant ou des scies à encoches.

Site de Beauclair, Douchapt, vestiges de grandes maisons en bois, Néolithique final. Cl. P. Fouéré.

L'élevage est toujours dominé par le bœuf, mais le porc semble connaître un essor particulier, devançant souvent les ovicaprinés. L'agriculture est bien attestée par la présence de céréales dans les diagrammes polliniques, qui signalent en outre un déboisement important, et les quelques carporestes conservés dans les sites montrent la présence de l'épeautre, de l'amidonnier, du froment et de l'orge.

Pointes de flèche en silex, 22 mm et 25 mm de long, Villetoureix, Néolithique final. Cl. J.-G. Marcillaud.

De rares sites artenaciens livrent les premiers objets en cuivre, réduits à quelques perles en en tôle de cuivre roulée ou épingles mais aucun témoignage de métallurgie n'est connu pour l'instant, ce qui suggère que ces objets sont plutôt issus d'échanges, les premiers métallurgistes du cuivre étant déjà bien établis dans le midi languedocien.

Le Chalcolithique ou Âge du cuivre

Dans le contexte du groupe d'Artenac, les premiers instruments de métal font leur apparition sans qu'il soit prouvé que les Artenaciens puissent être assimilés aux premiers fondeurs. De petits objets de parure en cuivre natif martelé (perles, épingles, alênes), puis les premiers outils fondus participent de la métallurgie naissante. Les cuivres riches en impuretés d'arsenic, sont ceux utilisés sur toute la façade atlantique. Leur origine est ibérique ou languedocienne.

L'Âge du bronze

Au Bronze ancien, les vrais bronzes apparaissent dans le Bergeracois où l'influence est rhodanienne. Les haches plates présentent de légers rebords (Saint-Crépin-de-Richemont, Coursac, Saint-Méard-de-Dronne). Les premiers poignards à manches métalliques sont présents (dragage de la Dordogne à Port-Sainte-Foy). Dès lors, les analyses de ces objets démontrent les relations intenses avec le Midi languedocien. C'est aussi l'abandon des sépultures mégalithiques au profit de l'inhumation individuelle. La société se hiérarchise par l'existence de petits chefs à la tête de communautés agraires et villageoises installées en bordure de vallée (Dronne).

De véritables ateliers périgourdins naissent à la fin du Bronze moyen, entre 1400 et 1200 avant notre ère. Ils produisent des haches originales à forts rebords et décoration en cannelure sur la lame. Les innovations technologiques, telle l'invention de la hache à talon, celle des épées et des pointes de lance, le nombre de cachettes et de dépôts de fondeurs, qui peuvent contenir jusqu'à 43 haches à Vanxains à l'ouest du département, caractérisent cette période. On distingue deux types différents inspirés des modèles de la production armoricaine et de l'ouest du Massif central.

La céramique témoigne également des relations avec le Languedoc. Vases grossiers d'inspiration rhodanienne, céramique fine qui se rattache au groupe du Noyer des Causses se retrouvent dans l'ensemble de la région : vase polypode de la grotte du Jubilé à Domme (Dordogne), céramique à décor de chevrons des sites de la falaise du Conte (Cénac et Saint-Julien, Dordogne).

Au Bronze final, le Périgord s'inscrit dans les grands courants d'échanges européens. Deux périodes principales le composent : la première se caractérise par l'existence du groupe Vézère-Dordogne, entre 1100 et 850 avant notre ère ; la seconde, appartient au groupe de Vénat du Centre-Ouest, jusqu'à 700 avant notre ère.

Dépôt de bracelets ouverts décorés, « Grotte de la Calévie » à Meyrals, Bronze moyen. Cl. C. Chevillot, MAAP-Ville de Périgueux.

Du cuivre au fer

Les premiers outils en métal en Périgord
La grotte funéraire de La Fontanguillère à Rouffignac-de-Sigoulès, dans le Bergeracois, livre les premiers outils métalliques connus en Périgord, vers 2000-1800 avant notre ère : haches plates et poignards. D'autres sont attestés à Saint-Martial-d'Artenset, à Boulazac, à Montcaret, à Périgueux ou encore à Marquay.

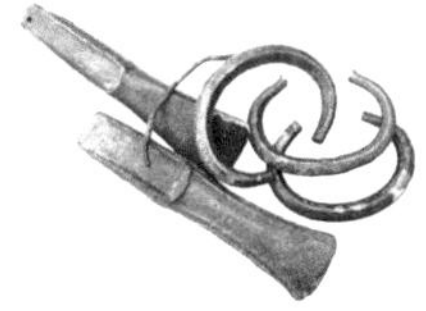

Dépôt de haches à talon et s ouverts décorés, « Le Canaval », Fleurac et dépôt de haches à rebords et à talon, « Tornepige », Vanxains (en bas), Âge du bronze moyen. Cl. MNP-Les Eyzies, C. Chevillot. A gauche, pichet polypode à une anse, Âge du bronze moyen, grotte des Rougies à Saint-Pompon. Coll. particulière. Cl. M. Olive.

Des influences de l'est et de l'ouest
Les céramiques du groupe Vézère-Dordogne se distinguent par leur forme carénée, leur décoration à base de cannelures, ou d'incisions géométriques, inspirées des modèles de l'est de la France. Le monde atlantique se traduit également par la présence d'épées « pistilliformes ».

Vers - 1100, la production de céramiques est importante, de belle qualité, en rupture totale avec la précédente.

Peu d'habitats ont pu être fouillés, aussi leur connaissance est-elle loin d'être à jour. Pourtant le Périgord est largement colonisé ; Castel Real et Beynac (vallée de Dordogne) attestent d'une forte implantation. Aucun habitat du Chalcolithique ou du Bronze ancien n'est connu.

L'habitat troglodytique, en grotte ou abri sous roche, est un peu mieux reconnu. Les vallées de la Vézère et de la Dordogne livrent de nombreux témoins : La Roque-Saint-Christophe, abri Vaufrey par exemple. En revanche, dans les vallées de la Dronne et de l'Isle, les sites de hauteurs et de plaine semblent davantage la règle : Écornebœuf par exemple.

Il est également fort difficile d'émettre quelque hypothèse sur les structures agraires en Périgord. Des vestiges peu abondants de graines carbonisées sont constatés. La présence de grands récipients laisse penser qu'ils servaient de réserve à céréales. Les indices restent très ténus dans ce domaine.

Chasse, pêche et cueillette demeurent des activités complémentaires. Les rivières ont notamment livré hameçons, vestiges de pêche au filet (poids ou pesons par exemple). Les cervidés restent les plus couramment chassés, auxquels s'ajoutent le sanglier, le grand bœuf sauvage et le petit gibier.

L'Âge du fer et les Gaulois

En Périgord, la transition entre l'Âge du bronze et l'Âge du fer est assez mal connue par manque de documentation fiable ; il semble cependant que cela se soit passé lentement avec des apports extérieurs limités venant principalement du nord.

Peu de choses sur les modes de vie sinon que l'on assiste à la généralisation de l'incinération sous tumulus comme à Jumilhac-le-Grand dans le nord du département ou à Coursac près de Périgueux. La céramique de Jumilhac est caractéristique de cette période avec de beaux décors peints au graphite. Les objets en fer trouvés sont très peu nombreux et souvent en très mauvais état.

Ce vase à pied creux élevé et à décor peint au graphite est caractéristique des premières populations celtiques de la bordure sud du Limousin et du nord Périgord. Il est orné d'un exceptionnel et riche décor peint de type géométrique, très classique des productions de la bordure ouest du Massif central au cours des VIe-IVe siècles avant J.-C. Les thèmes sont les triangles, les chevrons, les lignes obliques à inclinaison alternée et des motifs en labyrinthe. Ce vase a été trouvé en 1972 à La Lande du Prunou, Jumilhac-le-Grand, lors la destruction d'un tumulus à incinération du 1er Âge du fer (vers 550-500 avant J.-C.) après des défrichages. Ce tertre n'était pas isolé et s'inscrivait au contraire dans un ensemble tumulaire disposé en nécropole le long de l'ancienne voie reliant encore au Moyen Âge La Rochelle à la Méditerranée. Coll. MAAP-Ville de Périgueux. Cl. B. Dupuy.

Cette tête en bronze, découverte en 1887 aux Morelloux, Tocane-Saint-Âpre, est l'une des très rares manifestations artistiques d'origine celtique connues en Périgord, avec l'épée de Corgnac. Elle date du 2e Âge du fer (IIe-Ier siècles avant J.-C.). Coll. MAAP-Ville de Périgueux. Cl. B. Dupuy.

Amphore vinaire italique, rempart septentrional de l'oppidum des Pétrocores, « La Curade » à Coulounieix-Chamiers, première moitié du Ier siècle avant J.-C., 2e Âge du fer. Coll. Musée Protohistoire de Beynac. Cl. C. Chevillot.

Contrairement à la période du cuivre et du bronze où le métal devait être importé, le Périgord est riche en minerai de fer ce qui a dû favoriser le développement d'exploitations et de transformations locales. Toujours dans le nord du département, l'exploitation de l'or a fait l'objet d'une véritable exploitation minière, poursuivie à l'époque antique. La fin de l'Âge du fer est marquée par l'émergence de l'urbanisation sur des sites de hauteur fortifiés, les oppida, dont celui de La Curade à Coulounieix-Chamiers, dominant l'actuelle ville de Périgueux. La Dordogne correspond alors à la majeure partie du territoire du peuple gaulois des Petrocores.

Les influences celtes sont alors connues dans le monde gaulois grâce à l'impression et à l'usage de monnaies d'or et d'argent comme celles trouvées à Belvès, à Rouffignac, ou à Antonne.

Il faudra attendre la conquête romaine pour que le Périgord se structure réellement autour de la fondation du Périgueux antique après la participation des Pétrucores à la guerre des Gaules en 52 avant notre ère.

Serge Maury
avec la collaboration pour le Néolithique et la Protohistoire de Jacqueline Le Carduner, Pierre Fouéré et Olivier Agogué

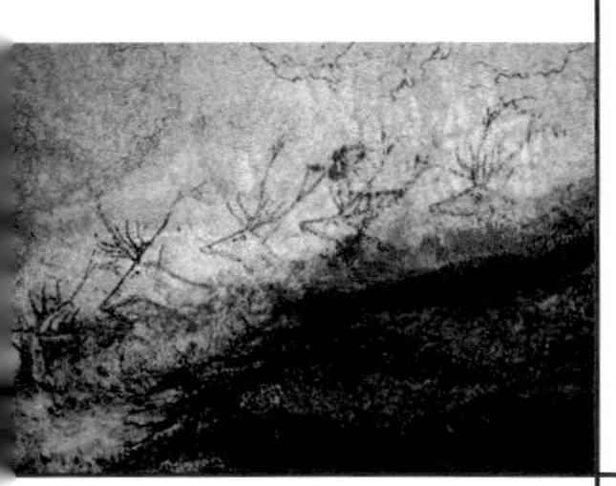

Les grandes dates qui ont marqué l'histoire du Périgord[1]

De Vésone à Périgueux

52 avant J.-C. : les Pétrocores entrent dans l'Histoire

Tandis que l'étau romain se resserre autour d'Alésia et de Vercingétorix, l'assemblée des chefs gaulois décide d'envoyer des contingents limités au secours des assiégés. C'est ce qu'indique César, dans ses *Commentaires de la Guerre des Gaules* (Livre VII), qui précise l'importance de chacun des corps d'armée demandés : cinq mille hommes pour les Pétrocores (ou Pétrucores).

Cette première mention dans les sources écrites apporte bien peu pour la connaissance des populations gauloises du Périgord mieux connues grâce à la recherche archéologique. Celle-ci a montré que l'occupation particulièrement dense des sites d'Écorneboeuf et de La Curade, au Ier siècle avant J.-C., juste au sud du méandre de l'Isle où naîtra Vésone, devait en faire le noyau politique, économique et culturel. Quant à leur territoire, la toponymie permet d'en établir très approximativement les contours, sans doute assez proches du département actuel, excepté au nord, où s'étendaient les peuples du Limousin (les Lémovices).

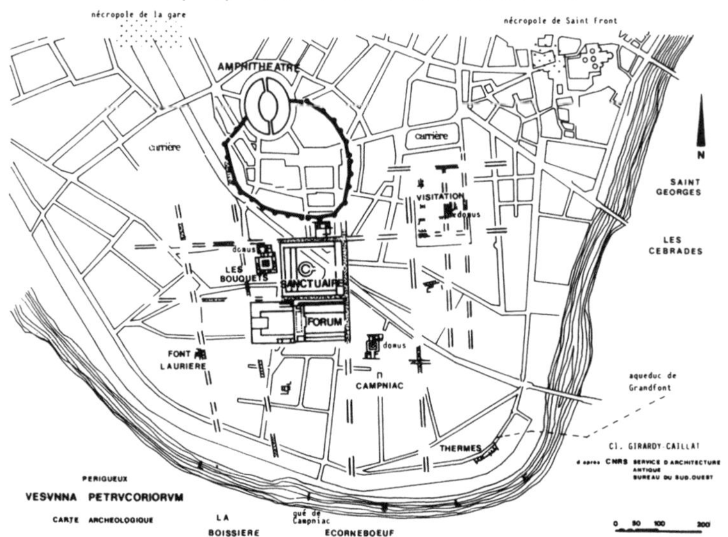

Carte archéologique de Vesunna Petrocoriorum. *Cl. Girardy-Caillat.*

1. Des histoires du Périgord existent, il ne s'agissait pas, en quelques pages d'en écrire une nouvelle. C'est pourquoi nous avons isolé une quarantaine de moments, longs ou courts, anecdotiques ou essentiels ; ils nous ont semblé pouvoir constituer des jalons de l'histoire régionale.

Vers 16 avant J.-C. : la création de la province d'Aquitaine

Créée par Auguste, la province d'Aquitaine groupe vingt et une circonscriptions, parmi lesquelles la Civitas Petrocoriorum correspond probablement à l'ancien territoire des Pétrocores ; *Vesunna* est son chef-lieu. Installée au pied des anciennes implantations gauloises, dans la partie convexe du méandre de l'Isle, Vésone qui tire son nom de sa divinité tutélaire, s'épanouit au Ier siècle de notre ère. Capitale politique, elle est aussi un centre économique important. Grâce à la batellerie, elle peut recevoir les vins de Campanie ou de Tarraconaise, l'huile d'Espagne, les céramiques sigillées d'Arezzo ou celles de Montans (département du Tarn). Elle est aussi au carrefour de voies qui la mettent en relation avec Mediolanum Santonum (Saintes), Burdigala (Bordeaux), Aginnum (Agen) et Augustoritum (Limoges).

C'est vraisemblablement dans le deuxième tiers du Ier siècle que la ville connaît son premier urbanisme, intégrant les monuments publics tel l'amphithéâtre. Mesurant 140 m sur 116, il pouvait accueillir jusqu'à 20 000 spectateurs et devait être le plus grand d'Aquitaine. Il fut longtemps utilisé comme une carrière ; il n'en reste aujourd'hui que quelques vestiges qui ornent le jardin des Arènes, et qui n'ont jamais été entièrement dégagés...

Ce chapiteau corinthien de colonne en calcaire de Périgueux fut trouvé en remploi sous les marches de l'escalier du perron qui descendait dans le jardin du grand péristyle de la domus de Vésone. Le décor à deux rangs de feuilles d'acanthes symétriques permet de classer ces blocs dans la série des chapiteaux corinthiens. C'est le modèle le plus ancien conservé à Périgueux. Domus de Vésone, Périgueux, début du Ier siècle.
À gauche, fresque de la maison Pinel, rue Maurice Féaux, Périgueux, premier tiers du Ier siècle. Le décor de cette pièce est caractéristique du 3e style pompéien. Sur la prédelle, rouge, alternent des motifs géométriques, des vases, des griffons, des félins et des cerfs. Coll. MAAP-Ville de Périgueux. Cl. B. Dupuy.

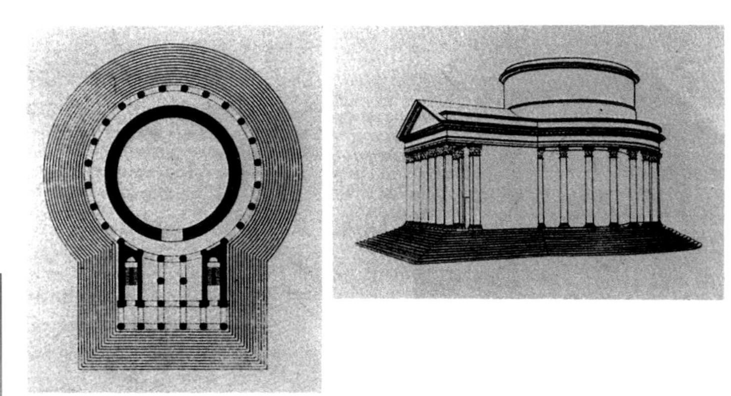

La tour porte des traces visibles de remaniements des parties hautes dont témoignent l'emploi de la brique.
La position du temple, associé au forum donne une image symbolique de l'importance de la divinité qui abritait ce lieu. Elle invite à y placer le siège de la Tutèle des Pétrucores, celle dont la cité portait le nom : Vesunna. On sait par l'épigraphie qu'un temple lui était consacré. Deux inscriptions mentionnent qu'il fut l'objet de divers travaux d'aménagement et décorations financés par des notables.
Cl. OT Périgueux.

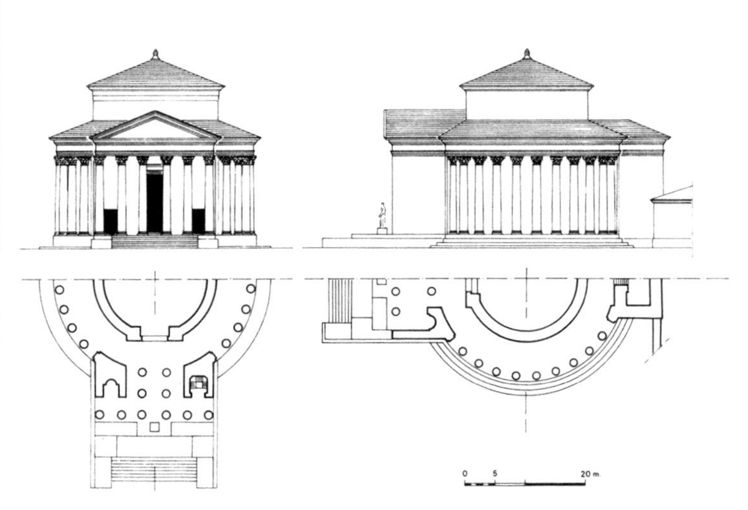

Propositions de restitution des élévations, selon J. de Moucin et J. Lauffray (en bas). À gauche, hexastyle, à droite, tétrastyle, in antis.

Au IIe siècle : la construction de la « tour de Vésone »

Le monument le mieux conservé et le plus célèbre de Périgueux s'élève au centre d'un jardin public jouxtant les vestiges de la villa des Bouquets et bordé à l'est par la tranchée de la voie ferrée. Cet illustre monument, écrêté et éventré, apparaît comme un exemple spectaculaire de sanctuaire à *cella* ronde.
La tour, d'un diamètre intérieur de 17 m, pour une hauteur de 24 m, était entourée d'une colonnade d'une largeur de 4,15 m. Le péristyle se composait de 30 colonnes supportant une toiture. La brèche à l'est marque l'emplacement de la porte et de son encadrement monumental.
La cella a aujourd'hui perdu toute sa décoration de marbre.
Le temple s'inscrivait dans un vaste péribole aux dimensions considérables (141 m sur 122 m). Des galeries de 8,40 m de largeur s'adossaient à son enceinte sur trois côtés. À l'est, dans l'axe du perron du temple, se trouvait l'entrée. Elle donnait sur un important avant-corps, encadré par

des portiques ouvrant sur la cour intérieure. À l'ouest, se développait un vaste corps de bâtiment composant les annexes du temple. Des rues longeaient le péribole au nord et à l'est devant l'entrée.
Ce temple apparaît comme une réalisation originale dans le monde romain. Par son plan, il se range dans le type de temples qualifiés de romano-celtiques. Le sanctuaire de tradition indigène comprend une cella enveloppée d'une galerie de circulation de même forme. L'ensemble détermine un espace sacré, délimité par un péribole. Selon la disposition habituelle de ce type de sanctuaire, l'entrée monumentale s'ouvre à l'est, ici sur le cardo maximus.
Les fouilles récentes ont montré que la tour fut élevée sur les restes d'une maison à péristyle du Ier siècle. Sa construction survient au IIe siècle, au moment de la réurbanisation de tout le centre, avec le réaménagement du forum (basilique et place publique) complété par une cour sanctuaire le transformant ainsi en forum à deux places alignées selon le schéma inspiré du forum de Trajan à Rome. Par la suite, ont dû s'opérer des transformations dans le grand temple.

De nombreux petits monuments funéraires des IIe et IIIe siècles de notre ère sont parvenus jusqu'à nous grâce à leur remploi dans le rempart, à la fin du IIIe siècle. Un modèle à plusieurs variantes est caractéristique de la production de Périgueux : le dé est surmonté d'une toiture à double pente et d'acrotères.
Cette stèle est atypique, par rapport au reste de la collection. Elle ne porte pas trace d'un couronnement qui aurait pu disparaître lors du remploi. Sa face antérieure est divisée en deux parties. En haut, une niche cintrée en creux est occupée par un buste de femme aux cheveux ondulés. Le nez et la bouche ont été mutilés. Sur la partie basse figure un cartouche rectangulaire en creux, encadré de moulures et de deux queues d'aronde. Ce cartouche aurait dû porter l'épitaphe du défunt. L'exceptionnelle épaisseur de ce bloc et l'absence d'inscription laissent penser qu'il s'agit d'un travail inachevé, en attente d'un acquéreur.
Coll. MAAP-Ville de Périgueux. Cl. B. Dupuy.

Fin du IIIe siècle : construction de l'enceinte de Vésone

Alors que l'Empire romain commence à chanceler et que les invasions se répètent, Vésone connaît un réaménagement complet qui redessine une nouvelle ville, sur le site de l'ancienne, mais plus petite (5,5 ha) et entourée d'énormes remparts, prenant appui sur l'amphithéâtre.

Édifiés, pour leur soubassement, à partir de matériaux arrachés à d'anciens monuments de la ville du Haut Empire, mais sans doute démontés avec soin, et construits moins hâtivement qu'on l'a pensé longtemps, ces murs étaient rythmés de tours et percés de trois portes : la porte Romaine, la porte Normande et celle de Mars. La ville actuelle en conserve quelques traces, impressionnantes (les deux dernières portes citées par exemple), souvent enchâssées dans des bâtiments postérieurs ou enfouies dans les jardins. D'autres éléments, colonnes, chapiteaux, corniches, dédicaces, ont rejoint d'autres vestiges de l'antique Vésone, au musée Vésunna.

À partir de cette époque, *Vesunna* s'efface progressivement au profit de *Civitas Petrocoriorum*, le Moyen Âge s'installe...

Mosaïque de Gaubert, lieu-dit Gaubert, Terrasson-la-Villedieu,
IVe siècle, restauré durant le haut Moyen Age.
*Ce tapis rectangulaire polychrome, délimité par une tresse à deux brins, se détachait à l'origine sur un fond blanc. La périphérie est bordée de 24 compartiments carrés. Une composition géométrique aux formes variées entoure le tableau central (*emblema*). Il représente trois cervidés autour d'une nappe d'eau dans laquelle un des animaux s'abreuve.*

Page de gauche, mosaïque dite « à la tête de Flore », La Boissière d'Ans,
IIe ou début du IIIe siècle.
La composition générale et les ornements décoratifs de cette mosaïque permettent de la rapprocher des productions des ateliers de la vallée du Rhône.
Le tableau central, d'une facture beaucoup plus fine, est orné d'une tête, probablement Flore, coiffée d'une couronne de fleurs et de feuilles.

Coll. MAAP-Ville de Périgueux. Cl. B. Dupuy.

VIIe siècle : première mention du culte de saint Front

L'une des nombreuses *Vies* de saint Front, sans doute façonnée vers le IXe siècle, nous apprend que le premier évêque de Périgueux aurait appartenu à une famille patricienne de l'Empire romain, originaire du Périgord, près de Lalinde[2].

Après un voyage en Palestine, il est l'un des 72 disciples, sacré évêque par saint Pierre et envoyé par lui en Gaule. Son arrivée à Périgueux est entourée de miracles : il sauve un paralytique, rend la vue à un aveugle, redonne la santé à un personnage important, en ressuscite un autre...

Outre les conversions (plus de 7 000), il chasse les idoles du temple de Mars, les livre aux flammes malgré leurs cris et gémissements puis aurait consacré le temple au culte de saint Étienne (saint patronymique de l'église de La Cité). Un autre épisode raconte comment, jetant à bas, par un signe de croix, une statue de

2. Une autre *Vie* le fait naître en Judée.

Manuscrit de Donfront, XVIe siècle.
Protecteur du Périgord, saint Front y est le patron de nombreuses églises, tandis que cinq communes portent son nom.
Cl. Archives départementales de la Dordogne (ADD).

Vénus, il rend la vie à sept païens emportés par le souffle infernal du dragon qui en jaillit...

Si quatre de ses compagnons, Frontasius, Severianus, Severinus et Silanus, connaissent le martyre, saint Front, peut-être protégé par ses origines, y échappe.

Les débuts du christianisme en Périgord sont, comme c'est souvent le cas, assez obscurs, il est pourtant certain que l'évêque Chronope (506-533) y joua un rôle de tout premier plan. C'est lui, ou l'un de ses successeurs, qui édifia la première cathédrale de La Cité, et il pourrait être un des inventeurs de la légende de saint Front. À la fin du Xe siècle, l'évêque Frotaire aurait commencé, sur la colline de Puy-Saint-Front, l'édification du monastère consacré au saint. La dépouille y fut transférée dans la deuxième moitié du XIe siècle, attirant de nombreux pèlerins (elle fut détruite pendant les guerres de Religion).

866 : Vulgrin devient comte du Périgord

La désagrégation progressive du royaume d'Aquitaine, les invasions normandes amènent le roi Charles le Chauve à placer son parent Vulgrin à la tête de l'Angoumois et du Périgord. Profitant du désordre des temps, celui-ci va s'approprier la charge confiée par le roi, et fonder une dynastie héréditaire qui va contrôler le comté pendant plus de cinq siècles. À sa mort, en 886, tandis que l'Angoumois revient à son fils, Alduin, Guillaume, son autre fils, hérite du Périgord.

Il faut attendre le XIe siècle, pour que les sources permettent d'approcher les limites de cette entité essentiellement comprise entre Vézère, Dronne et Dordogne, même si les seigneurs de Castelnaud (au sud de la Dordogne) se déclarent, après 1273, vassaux du comte. Tandis que des fluctuations affectent la géographie de l'ensemble, se tissent les bases d'une société féodale, dont les troubadours[3] chantent les faits d'armes. Tardifs et longtemps remaniés, les nombreux châteaux, symboles de la féodalité, en conservent les marques, omniprésentes, dans le paysage périgourdin.

Donjon du château d'Eymet. Cl. OT Eymet, G. Lallemant.

Les péripéties de la guerre de Cent Ans, les volte-face des deux derniers comtes et les exactions commises, leurs démêlés avec les bourgeois de Périgueux, placés depuis 1204 sous la protection du roi de France, amènent la chute de la dynastie.

Banni par le Parlement de Paris le 19 juillet 1399, privé de ses biens, Archambaud VI se réfugie en Angleterre, tandis que le frère du roi, Louis d'Orléans, est investi du comté du Périgord.

Vers 1050-1150 : la conquête du sol

Un vaste mouvement de conquête et de colonisation du sol entame fortement la forêt périgourdine, dont les surfaces se réduisent dans des limites qui ne seront sans doute plus jamais dépassées. Comme ailleurs, seigneurs laïques et ecclésiastiques, abbayes en particulier, font entreprendre des défrichements. Le massif forestier recule sous la hache de paysans conquérants tandis que de nouvelles paroisses voient le jour et que naissent petits hameaux et habitats dispersés. Ils sont à l'origine de toponymes fréquemment rencontrés entre Isle et Dordogne : Les Artigues, Labatut, Les Essarts, Les Novales, Les Ages... L'exemple de la châtellenie d'Ans, étudiée par G. Legay illustre ce mouvement. Située entre Auvézère et Blâme, dans une région assez médiocre, elle connut la création de cinq nouvelles paroisses : La Boissière-d'Ans, Granges-d'Ans, Saint-Pantaly, Sainte-Orse et Brouchaud, venant s'ajouter aux deux préexistantes (Sainte-Eulalie et Chourgnac) et significatives d'une poussée démographique.

Cette prospérité générale commença à s'émousser après 1154, avec les premiers conflits opposant Plantagenêt et Capétiens. Entrecoupés de périodes de trêves et d'accalmies plus ou moins longues, ils vont s'étirer jusqu'en plein XIVe siècle, laissant les campagnes périgourdines exsangues et ruinées.

3. En particulier Bertran de Born, seigneur de Hautefort.

Le triomphe de l'art roman au XIIe siècle

Terre d'élection et quasi-exclusive de l'art roman, le Périgord compte aujourd'hui plus de cent édifices religieux construits selon ses règles, sur lesquels Saint-Front de Périgueux, trop rebâtie mais aussi trop imposante, jette, peut-être, une ombre excessive.
Même si quelques-unes d'entre elles, et parmi les plus belles (Saint-Étienne de La Cité, église abbatiale de Boschaud...), sont aujourd'hui en partie détruites, nombre d'églises romanes, souvent modestes, restent debout et comptent parmi les joyaux du patrimoine périgourdin.
Plus dépouillé qu'ailleurs, l'art roman local utilise la pierre seule, tant dans le gros œuvre que dans l'ornementation des sanctuaires.
Il trouve sa plus grande originalité dans l'utilisation fréquente, dans le quart nord-ouest du département surtout, entre Isle et Charente, de la technique de la file de coupole, utilisée y compris dans des édifices de taille tout à fait modeste.
Excepté Saint-Front de Périgueux, ces édifices présentent une nef unique, avec ou sans transept, et couverte d'une succession de coupoles (2 à 4).
Cette technique, utilisée aussi en Saintonge et en Agenais, plus rarement en Quercy, oblige à la construction de grosses piles parfois percées de passages, de colonnes engagées ou de murs très épais renforcés de contreforts plats, qui garantissent la solidité de l'ensemble.
Elle donne souvent à ces églises l'allure de forteresses, ce qu'elles furent à l'occasion. D'une complexité réelle, elle suppose la présence de maîtres d'œuvre habiles et rompus à cette pratique.
Plus facile à maîtriser dans les petits sanctuaires, elle pouvait contraindre les bâtisseurs d'édifices plus importants, tels ceux de l'église abbatiale de Saint-Avit-Sénieur, d'achever leur construction en suivant d'autres chemins...

Réemploi d'un chapiteau à Saint-Amand-de-Coly. Ci-dessous, église romane de Saint-Léon-sur-Vézère. Cl. M. Genty.

1115 : la fondation de l'abbaye de Cadouin

À partir du IXe siècle, le monachisme se développe en Périgord où naissent les premières abbayes bénédictines de Brantôme, Paunat, Sarlat, qui subissent les assauts des invasions scandinaves. Autour de l'an Mil, tandis que les anciennes fondations sont restaurées, un nouvel élan est donné par les chanoines réguliers de Saint-Augustin, qui fondent plusieurs maisons dont Saint-Front de Périgueux et Chancelade.

C'est de leur sein que vient Géraud de Sales, réformateur original. Inspiré par un idéal de pauvreté, il crée des ermitages collectifs au milieu de régions hostiles : ainsi naissent en 1114 en pleine forêt limousine, l'abbaye du Dalon, et l'année suivante, sous l'impulsion de Robert d'Arbrissel, dans un étroit vallon au sud de la Dordogne, l'abbaye de Cadouin. L'une et l'autre rejoindront Citeaux à laquelle elles se rattachent en 1162 et 1119. Deux autres abbayes cisterciennes, celle de Peyrouse (1153) et celle de Boschaud (1154) seront directement fondées par Clairvaux et Les Châteliers.

Très vite, Cadouin devient la plus prestigieuse abbaye périgourdine et essaime à son tour. Mutilée quelque peu par les guerres de Religion puis la Révolution, l'abbaye conserve aujourd'hui outre l'austère abbatiale romane, la salle capitulaire du XIIe siècle et un superbe cloître construit aux XVe et XVIe siècles, mêlant éléments du gothique et de la Renaissance.

Le trésor de Cadouin

Le prestige de l'abbaye est étroitement lié au trésor qu'elle conserve depuis la fin de la première croisade : une pièce de tissu de lin, ornée de bandes brodées longtemps considérée comme le Saint-Suaire. Autour de celui-ci se développa un pèlerinage qui enrichit l'abbaye, attirant gens du peuple et puissants seigneurs, et peut-être aussi rois. Mis en sécurité chez les chanoines du Taur de Toulouse, pendant la guerre de Cent Ans, il ne fut récupéré par l'abbaye qu'à la fin du XVe siècle, après des péripéties assez rocambolesques...

Cloître de l'abbaye de Cadouin, classée UNESCO.
Cl. M. Genty et association Au Fil du Temps (à gauche).
Page de gauche, clocher de l'église abbatiale de Cadouin.
Cl. OT Eymet, G. Lallemant.

1240 : la naissance de Périgueux

Au côté de l'antique Vésone, toujours serrée dans ses remparts du IIIe siècle, le Moyen Âge a vu l'éclosion d'une seconde ville, Puy-Saint-Front, à peine distante de quelques centaines de mètres ; elle s'est développée sur une colline située à l'est et dans la même boucle de l'Isle, autour du pèlerinage de Saint-Front.

L'acte d'union de 1240 marque le triomphe de la ville médiévale et marchande sur la ville gallo-romaine et aristocratique, moins étendue : Puy-Saint-Front sera représentée par huit consuls, La Cité n'en comptera que deux. Cette suprématie affirmée symboliquement (le sceau de la nouvelle communauté sera celui de Puy-Saint-Front), s'inscrit aussi dans l'urbanisme médiéval car la Maison des Consuls, le marché s'installent à Puy-Saint-Front, mais Saint-Étienne de La Cité demeure église cathédrale jusqu'au XVIIe siècle.

Parallèlement, se mettent en place, dans un espace urbain déjà suroccupé et quasiment dépourvu d'espaces verts, les quartiers qui serviront de base administrative pour la répartition des impôts, les fonctions vitales (fours, pressoirs, moulins) et l'implantation géographique des métiers d'une ville en plein essor...

Bergerac et Sarlat, avec des histoires différentes, connaissent un développement comparable. Il s'accompagne d'un accès progressif des bourgeoisies à l'administration de leurs villes.

Plan de Belleforest, XVIe siècle. On y voit les deux villes formant Périgueux : La Cité à l'est et Puy-Saint-Front triomphant... Coll. Archives départementales de la Dordogne (ADD).

1261-1316 : l'éclosion des bastides

En 1261, Guillaume de Bagneux, sénéchal d'Agenais, fonde, pour Alphonse de Poitiers, la première bastide périgourdine, celle de Villefranche-du-Périgord. Quarante-cinq ans plus tard, la fondation de Saint-Barthélemy-de-Goyran clôt un processus qui avait donné naissance à quelque vingt-cinq bastides.

Fondées par le roi de France ou celui d'Angleterre, ou par leurs officiers, par le comte de Périgord, les bastides périgourdines tissent un réseau de petits bourgs particulièrement dense dans la partie méridionale de la région, entre Dordogne et Agenais.

Les historiens s'interrogent encore sur les raisons de ces fondations, que les textes trop explicites sur certains aspects et silencieux sur d'autres n'éclairent qu'imparfaitement : colonisation du sol, restructuration de l'habitat et concentration de populations, implantations frontalières dans des zones sensibles et souvent disputées... ? Les bastides périgourdines, moins nombreuses et plus tardives que leurs voisines agenaises sont, sans doute, tout cela à la fois.

Quelques-unes ont connu l'échec, au point que l'on débat encore de leur implantation. C'est le cas de celle de Saint-Barthélemy-de-Goyran (bastide anglaise fondée en 1316), longtemps confondue avec Saint-Barthélemy-de-Bellegarde dont l'existence remonterait en fait au XIIe siècle. Des travaux, permettant de loca-

Village médiéval d'Issigeac.
Cl. OT Issigeac.

liser cette fondation, ont été menés par B. Fournioux. Située dans une zone de carrefour, entre Périgueux et Bergerac, proche de Villamblard, elle devait sans doute jouer un rôle important dans la stratégie mise en place par les Plantagenêt.

D'autres ont été couronnées de succès. En 1365, soit trois ou quatre générations après leur fondation, le dénombrement à l'initiative du prince Noir, attribue 282 feux à Eymet, 230 à Beaumont, 205 à Domme. Monpazier enfin, avec 315 feux, serait alors devenue, en moins de quatre-vingts ans d'existence, la sixième entité urbaine du Périgord.

Les unes et les autres restent parmi les témoignages les plus pittoresques du Périgord médiéval ; leur plan régulier, articulé autour d'une place le plus souvent entourée d'arcades relève de conceptions urbanistiques, nées sans doute de l'esprit de véritables spécialistes.

Porte de Luzier, Beaumont.
Cl. OT Pays Beaumontois.

Place de la bastide et vue sur l'église de Monpazier (page de gauche).
Cl. M. Genty et OT Eymet, G. Lallemant.
À droite, porte des Tours, Domme.
Cl. CDT.

Début du XIVe siècle : premier apogée du vignoble de Bergerac

L'agriculture conquérante des XIe et XIIe siècles a favorisé le développement de la vigne, en particulier dans la moyenne vallée de la Dordogne. Largement encouragée par les seigneurs, laïcs et ecclésiastiques, elle tend même à la monoculture dans quelques paroisses comme celles de Montravel ou de Montcaret. Son essor, s'il repose sur les qualités d'un terroir, est indissociable des facilités de transport offertes par la rivière Dordogne.

Bergerac, qui sut tirer profit de la domination anglaise pour faire de l'Angleterre son principal client, s'impose comme la véritable capitale de ce vignoble. Tandis que l'exportation en favorise le développement, l'arme du vin pèse de tout son poids dans les négociations entre le pouvoir ducal (le roi d'Angleterre est duc d'Aquitaine) et la ville, et fait l'objet de négociations serrées : faveurs et menaces d'embargo alternent pour plier les Bergeracois à l'allégeance. Ainsi, tandis qu'ils obtiennent d'Henri III Plantagenêt, le 16 janvier 1255, l'octroi d'une charte de libertés encourageant le commerce du vin, ils se voient frappés de taxations durant la période 1288-1294, taxations imposées par son fils et successeur, Édouard 1er, qui veut fléchir des marchands qui osent entraver sa volonté.

Au début du XIVe siècle, l'exportation atteint son premier apogée et les vins bergeracois dominent les marchés de Libourne et de Bristol : en 1308-1309, 10 670 tonneaux de vin de la vallée de la Dordogne sont chargés dans le premier port, à destination du second. Après les crises des XIVe et XVe siècles, le Bergeracois connut dès la fin de ce siècle une embellie qui culmina entre 1650 et 1750. Cette nouvelle fortune, liée cette fois à la demande hollandaise, fut marquée par la définition de nouveaux produits, en particulier les vins blancs liquoreux obtenus grâce à des vendanges tardives. Elle fut largement favorisée par l'émigration protestante...

De la guerre de Cent Ans à la Révolution : splendeurs et misères du Périgord

1337-1453 : la guerre de Cent Ans

Pendant plus d'un siècle, le Périgord fut l'un des lieux privilégiés des affrontements entre les monarchies française et anglaise. Les problèmes avaient commencé dès 1154 : Henri Plantagenêt, second époux depuis 1152 d'Aliénor d'Aquitaine, devenait roi d'Angleterre. Le Périgord, zone charnière entre le duché d'Aquitaine et la France royale se trouva dès lors plongé dans la bataille.

Qu'il s'agisse d'opérations ponctuelles ou de vastes campagnes telles celles menées par Du Guesclin (1377) ou le maréchal de Boucicaut, d'exactions commises par des compagnies de routiers ou des violences des comtes Archambaud V et VI, les populations subissent de plein fouet les conséquences de ces affrontements, que les périodes de trêves et d'accalmies, même longues, ont du mal à panser.

Le Livre de Vie

Les jurats de Bergerac en ont recueilli le témoignage de février 1379 à juin 1382.

« Ceci est le livre de vie[1], c'est-à-dire la remembrance des grands maux et dommages faits et infligés aux habitants de la ville et de la châtellenie de Bergerac par les personnes et les malfaiteurs ci-dessous nommés. Il indique les jours et les ans pendant lesquels ces dommages ont été faits, donnés et perpétrés, et la nature de ces dommages. Ils ont été inscrits afin que l'on se souvienne et pour que, plus tard, quand le temps sera venu, ces malfaiteurs puissent être punis par bonne justice et n'emportent pas ces péchés en enfer. Ainsi ils serviront d'exemple à tous ceux qui voudraient nous causer de semblables dommages.

(1) Premièrement, le vingtième jour de février, l'an de notre seigneur 1379, deux pillards qui habitaient à Montferrand en Périgord, lesquels se nommaient l'un Antoine et l'autre Jean, avec d'autres compagnons s'emparèrent dans la juridiction de Bergerac de deux chevaux de bât et d'une jument...

(7) Item, le 28 juin, le bâtard de Borromas et Merigo et Perrot de Marmande et d'autres compagnons prirent cinq hommes de Prigonrieux et les emmenèrent près de Puy-de-Chalup et ils volèrent le linge et tout le petit bétail des dits pauvres gens, et ils emmenèrent tout à Puy-de-Chalup et ils rançonnèrent les hommes avec de grands coups...

(10) Item, le samedi jour de la fête de Saint-Martial, Merigo et Jacques avec d'autres compagnons du Puy-de-Chalup prirent sept hommes du pouvoir de Maurenx et ils s'emparèrent en plus d'une femme de La Vayssière et ils la violèrent sur le chemin en présence des dits hommes... »

Château de Beynac. Au cours de la guerre de Cent Ans, la Dordogne marque la limite des influences anglaise et française : Beynac passe aux mains des Anglais en 1360 puis, des Français en 1368.
Cl. M. Genty.

1481 : peste et famine

Depuis la Peste Noire de 1348 et jusqu'à la fin du XVIe siècle, il n'est pas une décennie qui n'ait vu s'abattre ce fléau sur une région déjà meurtrie par la guerre, touchant indistinctement riches et pauvres, jeunes et moins jeunes. Après cette date, les attaques s'espacent mais demeurent aussi meurtrières.

La peste de 1481 frappa le pays autour de la fête de Pâques, elle n'épargna ni les villes ni les campagnes. Elle fut suivie d'une grande famine qui attira à Périgueux de nombreux pauvres à la recherche de secours ; la mortalité fut si élevée que le *Livre Mémorial* de la ville en garde le souvenir. Comme il conserve celui d'autres épidémies, celle de 1527 par exemple où le mal chaud comme on l'appelle, contraint les habitants à « demeurer sept ou huit mois aux champs sans oser retourner en icelle ville pour habiter ».

1. Bordeaux-Paris, 1891, nouvelle édition Fédérop (Gardonne), 2003.

Renaissance de l'architecture civile, vers 1460-1550

Le renouveau démographique qui s'est amorcé au lendemain de la guerre de Cent Ans, le développement des échanges, tempérés par la permanence des crises agricoles et des épidémies, sont à l'origine d'un nouvel essor des villes. Il a laissé son empreinte, superbe, dans le paysage urbain de Sarlat, Périgueux, et à un degré moindre Bergerac.

Après la restauration du bâti ancien, du XIIIe siècle surtout, qui utilisait les ressources de l'art roman, les maîtres d'œuvre périgourdins vont pouvoir exprimer tous leurs talents dans la réalisation de magnifiques hôtels pour lesquels ils vont mobiliser longtemps des éléments gothiques. Ce style se rencontre notamment dans des éléments de façades mais, surtout, dans les escaliers typiques des maisons de Périgueux construits en plein XVIe siècle. Il se mêle bientôt aux éléments Renaissance qui font la splendeur de Sarlat : la ville connaît alors une période faste qui se clôt précocement avec le XVIIe siècle, lequel la fixe pour l'éternité dans ce qui fut son âge d'or.

Les châteaux périgourdins, nombreux autant que différents par leur dimension et leur implantation, connaissent un semblable mouvement, de Bourdeilles à Biron, de celui des Bories (Antonne) à celui de Castelnaud-Fayrac...

Des constructions plus modestes, que le voyageur a l'heureuse surprise de découvrir au hasard de ses pérégrinations, n'échappent pas à la mode. Beaucoup, y compris parmi les créations nouvelles, conservèrent longtemps leurs caractères médiévaux, symboles d'une puissance féodale revendiquée. C'est le cas de celui de Caussade (Trélissac) ou encore de celui de Jumilhac-le-Grand pourtant édifié à la fin du XVIe siècle. Peu atteignent l'élégance de celui de Puyguilhem (Villars), dont on a pu dire qu'il était un « château de la Loire », en Périgord.

Deux sommets de la sculpture Renaissance

Le maître de Biron, peut-être élève du sculpteur bourbonnais Jean de Chartres, a réalisé vers 1510, pour la chapelle du château de Biron, un ensemble d'une qualité remarquable, significative de l'évolution artistique du temps.

La Pietà, entourée des deux frères Biron agenouillés, a la grâce sévère des sculptures gothiques. La Mise au Tombeau, sans doute légèrement postérieure, est quand à elle, tout à fait caractéristique de l'art de la première Renaissance auquel elle emprunte rinceaux, coquilles, et autres éléments de son répertoire ornemental. Si la composition est admirablement équilibrée, l'œuvre se signale plus encore par la qualité des visages. Les deux ensembles font aujourd'hui partie des collections du Metropolitan Muséum de New York.

L'influence italienne s'affirme encore plus nettement dans les Tombeaux quelque peu plus tardifs de Pons et d'Armand de Gontaut qui, bien que très mutilés, expriment avec force, noblesse et gravité. Les bas-reliefs qui ornent celui de Pons, illustrent la résurrection de Lazare et mettent en scène des personnages tout en grâce et en finesse qu'on a pu comparer à certains Donatello.

Hôtel Vassal, Sarlat. Cl. M. Genty. Page de droite, hôtel Gamenson, Périgueux. Cl. OT Périgueux.

Châteaux Renaissance de Biron, proche de la bastide de Monpazier,
de Bannes (page de droite en haut).
Cl. OT Eymet, G. Lallemant.
Page de droite en bas, château de Losse, près de Montignac.
Cl. M. Genty.

Octobre 1562 : la bataille de Vergt

1554-1557 : la cour des Aides de Périgueux
Créée par le roi Henri II, cette juridiction avait à connaître des affaires relatives à la levée des impôts et autres problèmes fiscaux. Concurrencée dès sa création (en 1554) par ses équivalents provinciaux et parisiens, déjà anciens et prestigieux, elle ne connût que trois années d'existence mais accueillit dans son sein un tout jeune conseiller promis à la postérité : Michel Eyquem de Montaigne. Comme ses collègues, il quitta en 1557 Périgueux pour Bordeaux où il devait rencontrer un autre Périgourdin, le Sarladais Étienne de La Boëtie. Mais il passa sur ses terres une partie importante de son existence, partagée entre l'administration de son domaine, la chasse, la réflexion et l'écriture. Là, dans sa tour demeure pour toujours sa « librairie » (voir chapitre « Littérature »). C'est dans son château périgourdin qu'il reçut, à deux reprises, en 1584 et 1587, Henri de Navarre (le futur Henri IV), chef du parti protestant auquel il prodigua ses conseils éclairés. C'est aussi là qu'il s'éteignit, au milieu des siens, en 1592.

Les troupes catholiques commandées par Blaise de Monluc écrasent celles des protestants sous les ordres de Duras, lors de la bataille de Vergt, en octobre 1562.

La paix aura duré à peine plus d'un siècle : avec les guerres de Religion, le Périgord se trouve une nouvelle fois au cœur des conflits et ses campagnes dévastées et exsangues. Des huit guerres qui ensanglantent le royaume de 1562 à 1598, la région n'est en effet jamais véritablement absente, n'échappant ni au excès des uns, ni aux atrocités des autres !

En 1568, le terrible Monluc fait passer par les armes les défenseurs de La Roche-Chalais qui s'étaient rendus en échange de la vie sauve. En octobre 1569, les troupes protestantes de Gaspard de Coligny massacrent sans discernement les paysans de La Chapelle-Faucher, pour l'exemple !...

La Chronique de l'humaniste Jean Tarde, chanoine et vicaire général de Sarlat, mieux encore que les témoignages de Brantôme, sans fanatisme mais engagé dans l'action, permettent de saisir toute l'étendue du drame de cette terre.

Au-delà des meurtrissures, cet épisode accentue une nouvelle fois la coupure entre Périgueux et Bergerac. La première reste fidèle à sa foi catholique et est l'une des dernières villes à se soumettre à Henri IV. La seconde, au contraire, s'affirme pendant le même temps véritable capitale d'un calvinisme dont la greffe a pris, autour de la rivière Dordogne et jusqu'à Sainte-Foy. Les faveurs qu'elle reçoit d'Henri de Navarre n'irritent pas seulement les Périgourdins. Bergerac restera, à travers les vicissitudes de l'histoire la ville protestante du Périgord.

PETRUS. 189

ſonné par les ſiens ; ce qui obligea les officiers de le faire ouurir, & ne trouuans rien de venin : car il l'auoit tout vomy par ſa bouche durant pluſieurs ans ; tout diſtillé par ſa plume en ſes eſcrits, on fit enſeuelir ceſte charongne au cemetiere des pendus, où du depuis par perpetuel anatheme les paſſans iettent vne pierre ſur ſon ſepulchre.

1562 Ceſte notable deſroute de Duras auoit abatu le ſourcil de l'huguenot dans la Guyenne, meſmement dans ceſte prouince : mais en ſuitte de la guerre, la cherté des viures & la contagion mirent dans ce pays à meſme temps les trois fleaux de l'ire de Dieu. Iettons-nous derechef dans la meſlée des armes, pour voir dans ceſte prouince la plus ſanglante perſecution de l'Egliſe qui ſoit eſté par le paſſé. C'eſt eſtrange combien le ſeul nom de Catholique eſtoit odieux aux nouueaux venus ! en voicy vn exemple bien funeſte. Dieu auoit encore conſerué

Ma. Sc. do com.

Fleaux de Dieu.

Extrait de Estat de l'église du Périgord depuis le christianisme *de J. Dupuy, Périgueux. Dalvy, 1629. Coll. Archives départementales de la Dordogne.*

Le château de Hautefort, XVIIe siècle, rappelle par sa fière silhouette les demeures royales du Val de Loire. Cl. CDT.

1637-1642 : la révolte des Croquants

Lorsque éclate ce mouvement antifiscal, le souvenir des révoltés de 1593-1595 est sans aucun doute toujours vivant dans la tradition orale locale.

Ils avaient pris les armes dès l'automne de l'année 1593 dans la vicomté de Turenne (Quercy), puis dans la moyenne vallée de la Dordogne, le Périgord central, l'Angoumois et l'Agenais enfin, du printemps à l'été 1594. Leur cible : les gens de guerre, les officiers de justice ou les collecteurs d'impôts, jugés responsables de la dureté et des malheurs du temps. Organisés militairement ils avaient su aussi rédiger des doléances et dépêcher des députés auprès du roi ou des États du Périgord encore existants. Écrasés par les armées du sénéchal de Bourdeille, ils avaient cependant obtenu quelques concessions fiscales.

En 1635 c'est pourtant encore l'oppression fiscale sous la forme d'une taxe extraordinaire qui donne le signal de la révolte, dans les villes d'abord puis, à partir de 1637, dans les paroisses rurales comprises entre Isle et Dordogne et formant le Paréage, coseigneurie des comtes de Périgord et du chapitre de Saint-Front de Périgueux. Comme à la fin du XVIe siècle, on agit tant sur le terrain militaire que sur celui de l'écrit.

Une armée de huit mille hommes, commandée par un noble, La Mothe La Forêt, réussit même à contrôler Bergerac pendant 20 jours au mois de mai 1637. Cependant, quelques semaines plus tard, à La Sauvetat (sur le Dropt), les troupes royales écrasent sans pitié celles des Croquants. Ceux-ci, repliés sur la forêt de Vergt poursuivent néanmoins leur combat, en forme de guérilla, jusqu'en 1642.

Ancien consulat de Périgueux. Coll. ADD.

Lauris Iunguntur
Fortitudo mea Ciuiū fides
P. Dureclus. Maire.
AV. NOM. DE. DIEV. PERE. FILS. ET. SAINCT. esprit, de la Glorieuse Vierge Marie, Monsr Sainct Front, et Madame Saincte Anne, nos Patrons Amen.
I. De Montozon
I. Ferrand
I. Brolyodre
F. Banaston
I. Demarsons
I. Dularrie
HÆC IVBET. ILLA COGIT.

En 1707, une nouvelle poussée de révolte, cette fois encore brisée par la force, embrase la région : celle des Tards Avisés, commune au Périgord et au Quercy. Comme les précédentes, elle montre une organisation remarquable sur la base de la communauté villageoise et qui n'est pas le fait que de simples paysans. Comme les fois précédentes, les révoltés se proclament aussi les agents d'une justice trop longtemps bafouée par ceux-là mêmes chargés de l'exercer.

Ce ne sont pas là les seuls traits communs à tous ces mouvements : il faut aussi évoquer le rôle omniprésent des massifs forestiers, véritables lieux matriciels des révoltes, qui en permettent la naissance, le développement, la survie enfin...

Ces jacqueries ne s'éteignent pas totalement avec le règne de Louis XIV ; elles trouvent un écho dans les mouvements paysans du printemps 1790 avant de renaître une dernière fois au XIXe siècle, en 1830 d'abord, en 1848-1849 et, peut-être, enfin à Hautefaye en 1870... Entretenu par la littérature régionaliste, le mythe de Jacquou le Croquant est toujours présent en Périgord ; vient-il parfois encore hanter l'âme du monde paysan ?

Allégorie de la reprise de la ville de Périgueux le 16 septembre 1653 sur les troupes du prince de Condé, huile sur toile, XVIIe siècle. Ainsi, ce tableau célèbre la victoire du parti du Roi sur celui des Princes lors de la Fronde. Bodin tua Chanlost du parti des frondeurs et fut anobli par le roi.
Au centre de la composition, placées sur un piédestal, sont représentées les armes de Bodin et de son épouse. L'ensemble est surmonté d'un heaume coiffé de magnifiques plumes symbolisant la force d'esprit et de corps.
À gauche, une jeune femme, yeux baissés, tenant en sa main droite un sabre, ayant à son poignet un serpent et habillée d'une robe rouge représente la concorde militaire, honnête et prudente.
À sa gauche, un ange de Renommée porte trois couronnes de lauriers. Elle lui désigne le piédestal afin qu'il y dépose son offrande.
À droite, un homme enchaîné représentant la Royauté est libéré par la Renommée, jeune femme ailée portant une trompette aux armes de Bodin. L'ensemble est entouré de trophées.
Coll. MAAP-Ville de Périgueux. Cl. B. Dupuy.

Page de gauche, livre mémorial de la Ville de Périgueux, 1618-1716.
Coll. ADD.

L'art de la Contre-Réforme

Au XVIIe siècle, les églises du Périgord se parent de retables : ils expriment, d'une certaine façon, la volonté didactique d'une Église engagée dans la Contre-Réforme.
Bien sûr, tous les retables périgourdins ne sont pas baroques, mais le XVIIe siècle a produit peut-être les plus forts. Ainsi, celui de l'église des Jésuites de Périgueux dû au frère Charles de Belleville est aussi exceptionnel par ses dimensions que par sa force. Il orne aujourd'hui l'une des chapelles de Saint-Front. La scène représentée, l'Assomption, occupe trois panneaux d'où se détachent des personnages sculptés en haut-relief encadrés d'imposantes colonnes torses.
Plus modestes, les retables d'Excideuil, de Saint-Romain ou encore de Nantheuil sont d'influence franciscaine. D'autres, trouvent ailleurs leur inspiration…
L'église Saint-Pierre-ès-Liens de Jumilhac-le-Grand, hier encore modeste chapelle de l'imposant château, derrière lequel elle se blottit, abrite quant à elle, une œuvre plus simple et plus naïve où la peinture autant que la sculpture expriment la piété populaire.
Encadrant un tabernacle à ailes, les deux panneaux du retable s'ornent de statues de saints, en bois polychrome : Saint François d'Assise et Saint Aubin à gauche, Saint Paul et Saint Pierre à droite, portés par des consoles ornées d'angelots et encadrés de colonnes torses dans la partie supérieure, corinthiennes dans la partie basse.
La restauration intelligente qui a été réalisée, respectueuse de l'histoire du sanctuaire et des approches ornementales successives, valorise ce petit chef-d'œuvre d'art naïf.

Litre mortuaire et retable (à droite), église de Jumilhac-le-Grand. Cl. S. Michaut.

Page de gauche, Monseigneur Machéco de Prémeaux *(1697-1771) par A. Gautier, 1745, huile sur toile.*
Jean Baptiste Chrétien de Machéco de Prémeaux fut évêque de Périgueux de 1732 à 1771. Il avait refusé l'épiscopat de Bordeaux en 1743 pour se consacrer entièrement à son diocèse. Il participa à la formation et au recrutement du clergé. Il fut aussi amateur d'archéologie et un des premiers à se préoccuper de la sauvegarde des vestiges gallo-romains de la Ville de Périgueux. Le peintre l'a représenté en grand apparat dans son habit d'évêque, la mitre et la crosse disposées sur le gauche du tableau, un peu en arrière. À droite, une très intéressante vue de Périgueux au XVIIIe siècle nous rappelle que la ville était encore entourée de remparts et que les coupoles de Saint-Front, église devenue siège de l'épiscopat en 1669, étaient apparentes.
Coll. MAAP-Ville de Périgueux. Cl. B. Dupuy.

1625-1632 : la réforme de l'abbaye de Chancelade

L'un des multiples aspects de la politique de Contre-Réforme mise en chantier au lendemain du concile de Trente, se concrétise dans la réformation des couvents. Tâche difficile à mener qui se heurte à de multiples résistances, en particulier, en raison de la pratique courante de la commende.
Rien ne pouvait laisser supposer qu'Alain de Solminihac, né en 1593 près de Saint-Astier, dans une famille de la bonne noblesse, en serait un agent zélé : en effet, c'est d'un oncle, soucieux de voir conserver ce patrimoine dans la famille, qu'il reçoit l'abbaye augustinienne de Chancelade le 15 juin 1615.
Austère et très rigoureux, le jeune abbé, entré en religion, fait en quelques années de son abbaye un centre de spiritualité et de grand rayonnement, imité ailleurs… Devenu, contre son gré, évêque de Cahors, il conserve l'âme du chanoine régulier de saint Augustin et sera l'un des fers de lance de la Contre-Réforme, non seulement dans son diocèse, mais dans tout le Sud-Ouest.
Son action, appuyée par celle des évêques de Sarlat et Périgueux, débouche sur une véritable reconquête des âmes dans les villes catholiques du Périgord, où s'implante efficacement l'œuvre pie et charitable de la Compagnie du Saint-Sacrement.
Alain de Solminihac a été béatifié le 4 octobre 1981.

Les faïenceries du Périgord

Petit plat « au perroquet », faïencerie Bonnet, Bergerac, XVIIIe siècle
Les décors de faïence de Bergerac présentent de multiples compositions florales très élégantes à base de tulipes et d'œillets, de « chinois » ou d'oiseaux. Le modèle « au perroquet » présenté ici montre l'extrême qualité des teintes, en particulier le mauve, de ces faïences « de petit feu » (cuisson des couleurs l'une après l'autre sur la céramique déjà cuite, à une température peu élevée).

Bergerac

Vers le milieu du XVIIIe siècle, dans la cité la plus dynamique du Périgord sur le plan économique, tournée, grâce à la rivière Dordogne, vers Bordeaux et le commerce international, éclot une industrie des faïenceries. Les premiers ateliers sont créés à l'initiative de Jean Babut vers 1741. Ils sont bientôt rejoints par les entreprises de Charles Banes Calley (vers 1757) puis de Tite Bonnet et de Jean Perchain (toutes les deux vers 1759). Leur prospérité est de courte durée : les deux premières maisons cessent leur activité vers 1789, la troisième, ralentie par les dégâts causés par la grande crue de 1783 qui détruit en partie ses installations, survit jusqu'en 1792. Toutes ces manufactures ont dû s'arrêter en raison des troubles révolutionnaires et du traité de commerce avec l'Angleterre, qui introduit en France les faïences fines à bon marché.

Les pièces de Bergerac de petit feu aujourd'hui connues peuvent être admirées dans les musées du département (Bergerac, Périgueux), au Musée des arts décoratifs de Bordeaux, au Musée national de la céramique à Sèvres, et chez quelques rares collectionneurs. Elles témoignent d'une circulation des artistes et des thèmes décoratifs. Les décors floraux à la tulipe, à l'œillet ou à la rose, les décors animaliers au perroquet, au coq, au passereau ou à la huppe, les décors au Chinois, caractérisent ainsi la production des ateliers de Tite Bonnet dont les formes restent très influencées par celles de la vaisselle d'argent ou d'étain de l'époque.

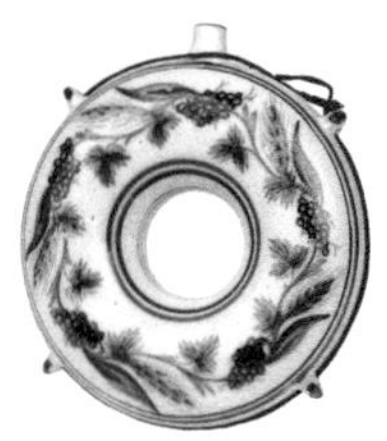

Thiviers

La présence de faïenceries dans une petite ville du Périgord vert pendant plus de cent soixante dix ans peut s'expliquer par les particularités de son sous-sol. Dès le XVIe siècle, Bernard Palissy parle des pierres du Périgord, différents oxydes de fer utilisés comme colorant et qui feront la renommée du « rouge de Thiviers ».

Gourde, faïence de petit feu, faïencerie Champeaux, Périgueux, XIXe siècle. Le décor très original fait de grappes de raisin et d'épis de blé est complété à l'arrière par un cartouche entourant le mot Oxilus.
À droite, chevrettes, faïence de Thiviers. Les trois chevrettes présentées illustrent différentes techniques de décor : au pinceau, au pochoir (ou poncif) dans un quadrillage à l'éponge. Ces pièces de formes sont tardives, l'une d'elles est datée et porte l'inscription suivante : « souvenir du 27e d'art à Thiviers 1914-1915 ».

Coll. MAAP-Ville de Périgueux. Cl. B. Dupuy.

Vers 1755, Nicolas Dubourdieu, ancien ouvrier de Nevers, fonde la première faïencerie. Cet établissement fonctionna jusqu'en 1907, date de sa fusion avec la manufacture Demarthon, créée en 1853 et fermée définitivement en 1929.

Les artistes de Thiviers se sont beaucoup inspirés des fleurs des champs pour des compositions qui utilisent souvent toutes les couleurs du grand feu (cuisson, en même temps et à haute température, de la céramique, de l'émail et des couleurs).

De 1759 à 1763, H. Bertin est contrôleur général des Finances

Né en mars 1720, à Périgueux, Henri-Léonard-Jean-Baptiste Bertin de Bourdeille est le plus illustre rejeton d'une lignée de bourgeois qui, fortune faite dans le commerce et l'industrie, a rejoint les rangs de la noblesse de robe. Son père, Jean, ayant acquis la seigneurie de Bourdeilles peut se parer du titre prestigieux de « seigneur de Bourdeille, premier baron du Périgord ».

Henri commence en 1741 une brillante carrière au service de la monarchie, poussé par un père qui choisit de faire de ce cadet son héritier. Intendant du Roussillon puis de Lyon, il accède au sommet de l'État, grâce aux faveurs de la Pompadour. D'abord lieutenant général de Police, il est pendant cinq ans l'un des personnages clef du régime puisque, contrôleur général des Finances, il a en charge l'administration financière et l'économie du pays. Écarté de la fonction en 1763, il demeure pourtant ministre jusqu'en 1780. À cette date, il s'installe dans une semi-retraite, dans son domaine de Chatou. Arrive la Révolution. Parti pour son habituelle cure à Spa, après avoir liquidé tous ses biens..., Henri Bertin s'établit à Aix-la-Chapelle où il décède à la fin de l'année 1792.

L'homme est un esprit curieux et éclairé. Préoccupé d'économie, il œuvre, à sa place, pour le progrès, contre les archaïsmes de l'ancien régime économique : travaux routiers dans le Lyonnais, construction du canal de Givors, fondation (en 1762) de la première école vétérinaire puis encouragement des sociétés d'agriculture, etc. C'est aussi à son initiative qu'une enquête agricole est réalisée en 1760. Le Périgord n'est pas oublié : vers 1763 il tente, sans grand succès, de développer la sériciculture à Bourdeilles.

Après qu'il a quitté le contrôle général des Finances, ministre d'État, il décide de la création d'un cabinet d'histoire qui sera l'embryon du département des manuscrits de la Bibliothèque nationale. Dans le même temps, il manifeste un intérêt particulier pour la civilisation chinoise à travers les missions des jésuites rattachées à son ministère[1] : ceux-ci, dans la tourmente en Europe mènent, là-bas, une œuvre d'intelligence et d'ouverture.

On ne peut abandonner le personnage sans évoquer le destin tragique de son aîné, Louis-Mathieu Bertin, marquis de Fratteaux. Écarté de l'héritage, persécuté par un père hostile qui le fit enlever en Angleterre où il avait trouvé refuge, il termina sa vie le 3 mars 1779, à la Bastille sous la garde d'un gouverneur qui n'était autre que son beau-frère (Antoine-Joseph-Marie Maçon Chapelle de Jumilhac-Cubjac) !

1. Les relations épistolaires entre le père Amiot et Bertin poussent le jésuite à exposer avec précision, à éclairer les questions nombreuses du ministre, à répondre à ses doutes. Si le style, celui d'une correspondance très libre, est inégal, l'ensemble représente un fonds documentaire unique qui n'occupe pas moins de seize volumes (*Mémoires sur la Chine*, recueil dit du P. Amiot).

Au XVIIIe siècle, une région qui s'appauvrit

Excepté le Bergeracois qui connaît jusqu'en 1750 une période florissante, le Périgord s'épuise et s'appauvrit : son économie archaïque et sans dynamique se dégrade sous l'augmentation de la pression démographique. « Si nous jetons un coup d'œil sur ce pays, nous n'apercevons plus qu'un immense groupe de montagnes hachées, dépouillées presque partout de leur terre végétale, des rochers nus, des coteaux surchargés d'une incroyable quantité de cailloux brûlés, de pierres desséchées, de sables arides couvrant un sol d'une extrême stérilité, de vastes landes presque entièrement inhabitées, des plaines étroites, périodiquement ravagées par les torrents, des chemins impraticables interrompant le commerce, les vestiges des ponts anciens et nombreux qui avaient ouvert la communication avec les provinces voisines, la Dordogne à peine navigable, ses autres rivières privées de cet avantage par l'impéritie des entrepreneurs, quoiqu'il en ait coûté des sommes considérables, enfin, partout et toujours la disette, quelquefois la famine, qu'en ce moment même nous sommes sur le point d'éprouver... » Délibération des trois ordres de la ville de Mussidan et des paroisses circonvoisines.

REQUÊTE ADRESSÉE AU ROY;

POUR la Défense de Messire Loüis-Mathieu Bertin, Marquis de Frateaux, Ancien Capitaine de Cavalerie dans le Regiment de St Jal, Pensionnaire de Sa Majesté & Chevalier de l'Ordre de S. Loüis.

IRE,

LES Parens soussignés du Sr. de Frateaux tant paternels que maternels représentent très-humblement à Vôtre Majesté, qu'ayant en mains des preuves plus que suffisantes pour manifester l'innocence de leur Parent, & convaincre son Dénonciateur de fausseté & de calomnie, il est bien malheureux pour les supplians que le Sr. Bertin si long-temps prévenu contre son Fils, au lieu d'ouvrir les yeux à la verité, ait répandu son signalement dans toute la France, avec ordre de l'y faire arrêter en quelque lieu qu'il s'y trouvât : & qu'il poursuive jusqu'à cet excès une accusation, qui, sous quelque aspect qu'elle se présente, ne peut être qu'humiliante pour la Famille.

C'est pourquoi les Supplians ont recours à vôtre Justice Royalle, pour la supplier très-humblement de vouloir bien nommer tels Commissaires qu'il lui plaira, pour informer sur les faits imputés au Sr. de Frateaux, conformément à la Requête qui Vous a été déja présentée par la Dame Marquise de Cugnac, sa Cousine germaine.

Et en cas que Vôtre Majesté ne juge pas à propos, de retenir plus long-temps à son Conseil une Cause qui peut être jugée sur les Lieux avec plus de diligence & moins de frais, par rapport au grand nombre de Témoins qu'on est en état d'administrer à la Justice, Elle est très-humblement priée par les Parens soussignés.

De renvoyer au Parlement de Bordeaux où sont les Juges naturels du Sr. Frateaux, & dans le Ressort duquel existent les preuves de son innocence, le Jugement d'une affaire qui a fait trop de bruit dans toute l'Europe, pour ne pas engager la Religion de Vôtre Majesté à en vouloir connoitre la verité par des preuves plus régulieres & moins suspectes que celles dont on s'est servi jusqu'à présent contre un sujet

HENRI-LEONARD JEAN-B^te BERTIN
MINISTRE ET SECRETAIRE D'ETAT,
Commandeur des Ordres du Roi.
Roslin pinx
Dupin fil. sculp.
A Paris chez Esnauts et Rapilly rue S.t Jacques a la Ville de

Pages précédentes, coll. ADD.

En 1790, la naissance du département de la Dordogne

Dès l'automne 1789, la nécessité de substituer de nouvelles entités territoriales aux cadres d'Ancien Régime, multiples et obsolètes autant que porteurs des traces d'un passé que l'on veut faire oublier, s'impose à l'Assemblée Constituante. Après discussions, elle décrète, dès le 15 janvier 1790, la division de la France en 83 départements. Sous l'autorité d'un comité de Constitution, les députés de chaque province se mettent au travail et définissent les limites des nouveaux territoires.

Le 26 février, le département de la Dordogne voit le jour, l'ancienne province du Périgord n'a plus d'existence légale.

À quelques paroisses près, la Dordogne ressemble beaucoup au Périgord. C'est le produit d'un savant découpage négocié avec les départements limitrophes. Les protestations et démarches des populations de trois communes du nord-est : Sainte-Trie, Payzac et Savignac-Lédrier, rattachées contre leurs vœux à la Corrèze, isolées de leur chef-lieu par des « sentiers que la majeure partie de l'année il est impossible de suivre à cause des grandes boues et bourbiers », finirent par être entendues et amenèrent une ultime modification en 1793.

Des districts aux arrondissements

Neuf districts furent créés autour de Périgueux, Bergerac, Sarlat qui se disputèrent le titre de chef-lieu du département ; Excideuil, Nontron, Montignac, Belvès, Mussidan ou Montpon, Ribérac. Supprimés en l'an III, ils réapparaissent avec le Consulat sous le terme d'arrondissement mais limités à cinq (Périgueux, Bergerac, Sarlat, Nontron et Ribérac), puis à quatre en 1926 (suppression de l'arrondissement de Ribérac).

FRATERNITÉ
OU LA MORT.

LAKANAL
A ses Frères du Département de la Dordogne.

RÉPUBLICAINS,

Le cri perçant du malheur retentit chaque jour à mon oreille, et déchire mon ame sensible; des hommes, qui ne voient jamais du superflu dans leur opulence, poursuivent infatigablement devant les tribunaux des familles qui tirent à peine le nécessaire d'un travail pénible; ils éternisent des procès dont elles ne peuvent supporter les frais dévorans;

30 octobre 1794 : Pipaud des Granges est guillotiné

À l'écart des grands mouvements révolutionnaires, le Périgord ne connaît, de 1789 à 1799, aucun événement de portée nationale. Il est épargné par les excès de la Terreur alors même que l'importance de son émigration (entre 1 000 et 2 000 personnes) aurait pu en faire un terrain privilégié de la chasse aux suspects.

Seule figure saillante, le conventionnel Lakanal n'est pas un enfant du pays ; il y exerça ses talents de représentant en mission, laissant à Bergerac un souvenir partagé...

Comment les Périgourdins plus souvent spectateurs qu'acteurs d'un drame qui se jouait ailleurs vécurent-ils les bouleversements engendrés par la Révolution ?

Coll. ADD.

Page de droite, carte extraite de La France et ses colonies, *par Vuillemin et Poirée. Coll. particulière.*

DORDOGNE
FÉNELON
Myriametres
5 Kilomètres
Armes de Périgueux
HAUTE VIENNE
CORRÈZE
LOT
LOT ET GARONNE
CHARENTE INFRE
DÉPT DU LOT
ARROND DE NONTRON
ARROND DE PÉRIGUEUX
ARROND DE RIBERAC
ARROND DE BERGERAC
ARROND DE SARLAT
NONTRON
PÉRIGUEUX
RIBERAC
BERGERAC
SARLAT
Bussière Badil
Thiviers
Excideuil
Lanouaille
Jumillac le Gd
Brantôme
Champagnac de Belair
Mareuil
Verteillac
Montagrier
Hautefort
Thenon
Terrasson
Montignac
Salignac
S. Cyprien
Carlux
Domme
Belves
Villefranche de Belves
Monpazier
Beaumont
Cadouin
Le Bugue
Vergt
Villamblard
Mussidan
Monpont
S. Aulaye
Lalinde
Issigeac
Eymet
Sigoulès
La Force
Vélines
S. Alvère
S. Astier
Savignac les Églises
Neuvic
Château de Bannes

Après une adhésion assez générale, les prélèvements en espèces et en hommes, les mesures de la Convention montagnarde puis, après 1794, l'instabilité politique, aggravés par la dérive économique amènent une lassitude et un désenchantement, voire une opposition passive (déserteurs et réfractaires) ou non...

Les élites bourgeoises quant à elles, trouvèrent là, des terrains favorables à l'expression de leurs désirs d'action politique. Elles en payèrent le prix fort : la moitié des condamnés à mort du tribunal révolutionnaire de Périgueux (21 seulement) sort de ses rangs, comme Pierre-Éléonor Pipaud des Granges, jugé et guillotiné à Paris, en place de Grève, avec deux autres Périgourdins.

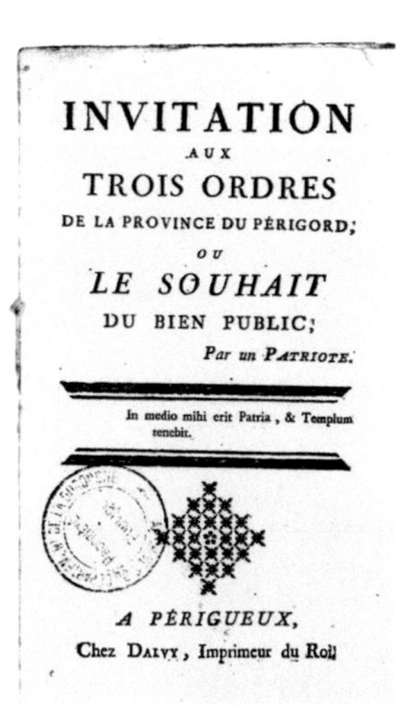
INVITATION
AUX
TROIS ORDRES
DE LA PROVINCE DU PÉRIGORD;
OU
LE SOUHAIT
DU BIEN PUBLIC;
Par un PATRIOTE.

In medio mihi erit Patria, & Templum tenebit.

A PÉRIGUEUX,
Chez DALVY, Imprimeur du Roi.

Cet avocat charentais s'était installé à Périgueux quelques années avant que n'éclate la Révolution : il devait y jouer un rôle de tout premier plan en tant qu'administrateur et animateur de la vie politique locale jusqu'en 1793.

L'élimination des Girondins met un terme à cette carrière : arrêté en juillet 1793 puis libéré, il n'est jugé qu'après le 9 thermidor ! Ses écrits révèlent une pensée politique fluctuante, modérée, influencée par les idées du moment mais dont le patriotisme et la sincérité ne peuvent être mis en doute. Ses sympathies girondines, et les inimitiés qu'il avait suscitées dans la classe politique périgourdine, tant chez les tièdes que chez les extrémistes, lui furent fatales.

Coll. ADD.

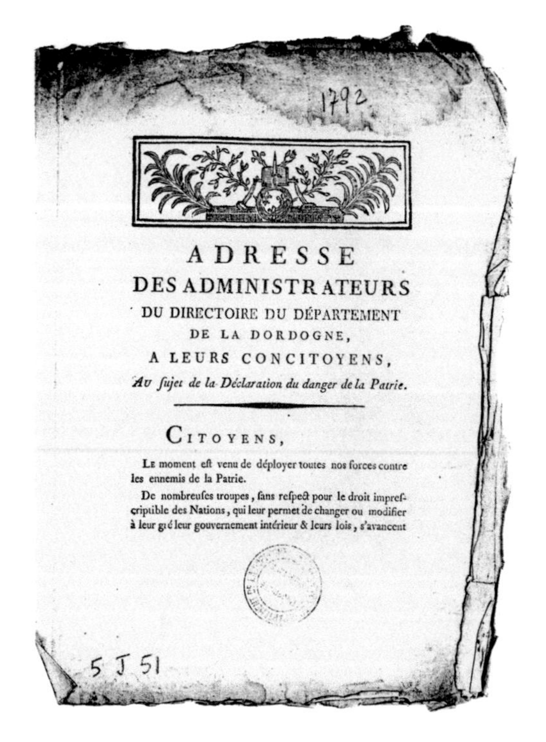
1792

ADRESSE
DES ADMINISTRATEURS
DU DIRECTOIRE DU DÉPARTEMENT
DE LA DORDOGNE,
A LEURS CONCITOYENS,
Au sujet de la Déclaration du danger de la Patrie.

CITOYENS,

LE moment est venu de déployer toutes nos forces contre les ennemis de la Patrie.

De nombreuses troupes, sans respect pour le droit imprescriptible des Nations, qui leur permet de changer ou modifier à leur gré leur gouvernement intérieur & leurs lois, s'avancent

ÉPITRE
AUX SANS-CULOTTES
PAR GABRIEL BOUQUIER,
DÉPUTÉ DU DÉPARTEMENT DE LA DORDOGNE
A LA CONVENTION NATIONALE.

Ne cede malis : sed contrà audentior ito.
VIRG.

PARIS,
DE L'IMPRIMERIE DU RÉPUBLICAIN,
An 2eme de la République française.

1806 : Maine de Biran, sous-préfet de Bergerac

Le 31 janvier, François-Pierre Gontier de Biran devient sous-préfet de Bergerac, poste qu'il occupera jusqu'en 1811.

Mieux connu sous le nom de Maine de Biran, il appartient à une puissante famille de la bourgeoisie bergeracoise qui, excepté lors de l'intermède révolutionnaire, contrôle la vie politique locale depuis la fin du XVIIe siècle jusqu'au milieu du XIXe siècle, servant des régimes divers au mieux de ses intérêts.

Durant les cinq années où il resta en fonction (1806-1811), le sous-préfet se montra un excellent administrateur, préoccupé du bien public. On lui doit en particulier, la création de la Société médicale de Bergerac et celle de l'école secondaire, une politique d'encouragement des prairies artificielles et du reboisement.

Sous son autorité, s'effectua, à la demande du préfet, une statistique de l'arrondissement, qui permit au philosophe d'exprimer, dans des commentaires qui vont bien au-delà de la littérature administrative, son point de vue sur l'état de la région.

« Tout est dit sur le commerce de cet arrondissement lorsqu'on rappelle une vérité triste et trop connue, c'est que nous sommes obligés d'aller chercher dehors tout ce dont nous ne pouvons nous passer (jusqu'au blé nécessaire pour nous nourrir et qui heureusement encore, nous vient en suffisante quantité par le commerce de la Bretagne), sans que nous puissions rien fournir en échange puisqu'il est vrai que le seul produit exportable de notre sol (le vin) est tombé dans un discrédit complet. Or, le commerce est un échange et le pays qui reçoit toujours après avoir cessé de donner, a réellement cessé aussi d'être commerçant. »

Maine de Biran.

Août 1824 : le 1er comice agricole

Thomas-Robert Bugeaud de la Piconnerie crée le premier comice agricole périgourdin, celui du canton de Lanouaille.

Conscients d'un monde agricole englué dans ses archaïsmes et ses moyens souvent très limités, des notables saisis d'agromanie tentent depuis le XVIIIe siècle de se faire les porte-parole zélés du progrès agricole. Leur méthode : favoriser le prosélytisme par l'exemple et par la formation ; encourager les mutations par l'accord de récompenses et l'obtention d'une législation favorable.

Dans cette dynamique, les comices agricoles tiennent une place particulière car ils sont l'occasion privilégiée de contacts avec le monde paysan. On en compte dix-neuf en 1837, nés essentiellement après 1830 de la convergence surprenante entre la volonté politique de la Monarchie de Juillet, et les initiatives locales le plus souvent impulsées par l'ancienne noblesse qui s'est repliée sur ses terres.

À côté du marquis de Fayolle, vice-président de la Société d'Agriculture, Thomas-Robert Bugeaud joue le rôle essentiel dans la mise en place de cette politique, tant au plan local, qu'au plan national, où, comme député de la Dordogne, il est à l'origine de textes législatifs.

PROGRAMME

des primes à distribuer au mois d'octobre 183
par le Comice Agricole de Ribérac.

Il sera distribué aux propriétaires faisant partie du Comice *cinq primes*

Une pour celui qui présentera au Comice le plus beau Taureau de l'âge de dix-huit mois au moins, vierge autant que possible et qui prendra l'engagement de le consacrer pendant une année au moins à la reproduction de l'espèce dans le canton, sauf tous les cas de force majeure.

Quatre primes pour ceux qui auront les plus beaux carrés de betteraves champêtres d'une étendue de sept brasses et demie au moins, avec la faculté de la composer de plusieurs parcelles pourvu que chacune d'elle présente au moins le tiers de cette même étendue.

Douze primes seront accordées aux colons des membres du comice, savoir

Quatre primes pour ceux qui présenteront au Comice les plus belles Génisses de l'âge d'un an à 18 mois, avec la condition qu'elles soient nées et qu'elles aient été élevées dans les étables des concurrens.

Huit primes pour ceux qui auront les plus beaux carrés de betteraves champêtres d'une étendue de sept brasses et demie au moins avec la facultés de la composer de plusieurs parcelles, pourvu que chacune d'elle présente au moins le tiers de cette même étendue.

Quatre primes seront accordées à ceux des petits propriétaires ne faisant pas partie du Comice et payant moins de trente francs d'impôts dans le canton ou ailleurs qui pourront présenter au Comice les plus beaux carrés de Betteraves d'une étendue de cinq brasses au moins avec la facilit de la composer de plusieurs parcelles, ayant au moins un tiers de cett même étendue.

Pour copie conforme au registre des délibérations du Comice

LE PRÉSIDENT

LÉONARDON.

NOTA : Ceux qui voudront concourir pour les primes devront faire le déclaration, dans le courant du mois de septembre, au président ou au secrétaire du Comice.

A RIBÉRAC, IMPRIMERIE DE BOUNET.

Si leurs résultats restent inégaux et souvent limités ou éphémères, les comices favorisés par la loi de 1851, contribueront activement jusqu'à la guerre de 1914, à la diffusion du progrès dans le monde rural.

Le maréchal Bugeaud, happé par un autre destin, glorieux mais aussi contesté, reste pour le Périgord le « soldat laboureur » ; un souvenir en nuance, où celui de l'homme autoritaire cède le pas à celui qui, le premier, implanta les prairies artificielles dans son domaine de La Durantie (Lanouaille).

20 juillet 1857 : les débuts du chemin de fer

Le 20 juillet 1857 à 5 heures 55 minutes le premier train de voyageurs quitte Périgueux en direction de Coutras (Gironde). Quelques kilomètres plus loin, le journaliste Eugène Massoubre, de *l'Écho de Vésone*, note pour ses lecteurs : la locomotive file un kilomètre à la minute !

Dès 1845, le tout jeune député périgourdin Pierre Magne avait entrepris auprès des Travaux Publics une démarche pour la construction d'une voie ferrée Périgueux-Libourne tandis qu'une enquête préalable commençait localement. De fait, un projet ne prit corps qu'en 1852-1853 alors que l'homme, devenu lui-même ministre des Travaux Publics pouvait appuyer efficacement les vœux de ses concitoyens les plus progressistes.

Le chantier entrepris, concédé à la Compagnie du Grand Central du duc de Morny, amena la construction d'un premier tronçon, de Périgueux à Coutras, inauguré le dimanche 26 juillet 1857. Il mettait Périgueux à moins de quatre heures de Bordeaux par le train express, pour la coquette somme de 6 francs 93 centimes, en troisième classe (à la même date, la miche de pain fin vaut à Périgueux 50 centimes le kilo). D'autres lignes suivirent mettant Périgueux en réseau avec Brive (1860), puis Limoges (1861) et au-delà Lyon, Paris, etc. En 1862 est décidée l'installation d'ateliers de la Compagnie d'Orléans. Cette société avait dès 1856 commencé à racheter les concessions des lignes périgourdines. La création des ateliers du P.O. (Paris-Orléans) dans le quartier du Toulon devait, après l'ouverture du quartier de la gare, donner un coup de fouet au développement urbain.

Maquette de locomotive « 120 » Polonceau, fabriquée en 1896 par un groupe d'ouvriers de la Compagnie d'Orléans, type « Long Boiler » modèle 1848. Coll. MAAP-Ville de Périgueux. Cl. B. Dupuy.

AGRANDISSEMENT DES ATELIERS

DE LA GARE DE PÉRIGUEUX

ACQUISITION DES TERRAINS NÉCESSAIRES

Le PRÉFET de la Dordogne à l'honneur d'informer le public qu'en exécution d'un arrêté pris par lui, à la date du 7 décembre 1887, le plan parcellaire des terrains dont l'occupation est jugée nécessaire pour l'agrandissement des Ateliers de la gare de Périgueux, sera soumis à une enquête de 8 jours, dans les formes déterminées par le titre II de la loi du 3 mai 1841.

A cet effet, ledit plan sera déposé au secrétariat de la mairie de Périgueux, à partir du ~~mardi~~ mercredi 14, jusqu'au jeudi 22 décembre 1887 inclusivement, et y sera tenu, de 9 heures à 11 heures du matin et de 2 heures à 4 heures du soir, à la disposition de toute personne qui désirerait en prendre connaissance.

Pendant le même temps, un registre d'enquête sera ouvert à la mairie pour recevoir les observations des intéressés.

A l'expiration du délai ci-dessus fixé, une commission se réunira à la Préfecture, recevra pendant huit jours les observations des propriétaires, et donnera ensuite son avis.

Périgueux, le 7 décembre 1887.

Pour le Préfet :

Le Secrétaire général, ALAPETITE.

Coll. ADD.

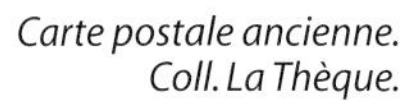

Carte postale ancienne.
Coll. La Thèque.

En quelques années, les routes royales puis le chemin de fer ont désenclavé la capitale périgourdine. Elle connaît sa période de plus forte croissance démographique, tandis que sa rivale bergeracoise, qui ne parvient pas à s'insérer dans un réseau moderne de communications, ne décolle pas. C'est seulement dans le dernier quart du siècle que les quatre sous-préfectures sont desservies par le rail.

	Périgueux	Bergerac
1846	12 187 habitants	10 102 habitants
1856	14 778	11 313
1866	20 401	12 224
1876	24 169	13 120

Dans le même temps se développe un réseau de voies secondaires, les *tacots,* construites par la Société Anonyme des Chemins de Fer du Périgord. Ces lignes relient les petits bourgs aux centres principaux, favorisant les échanges longtemps limités au marché le plus proche[1].

1. En 1926, le département qui a pris le contrôle de cet ensemble le donne en exploitation à la Compagnie des Chemins de fer départementaux (CFD). Celle-ci ferme certaines lignes, remplacées par des autobus, moins onéreux. Leurs successeurs sillonnent toujours le département sous les couleurs du CFTA (Compagnie ferroviaire de transport automobile). Aujourd'hui le réseau ferré périgourdin est en grande partie caduc. Restent les infrastructures : ponts, tunnels, bâtiments désaffectés, témoins endormis d'une activité réelle. À jamais disparue ? Désormais, le Périgord mise sur l'autoroute : l'ouverture de l'A89 permet, en effet, son intégration au réseau autoroutier européen.

Antoine de Tounens (1825-1878) par Baptiste Baujault (1828-1899), plâtre teinté. Coll. MAAP-Ville de Périgueux. Cl. B. Dupuy.

17 septembre 1878 : fin d'une aventure

Orélie-Antoine Ier, roi de Patagonie et d'Araucanie autrement dit Antoine de Tounens, s'éteint dans son village natal de Tourtoirac, dans l'indifférence de ses concitoyens... Aventurier moderne, cet avoué périgourdin était parti à la conquête d'un royaume dans les terres de l'Amérique australe. En 1860 il s'était proclamé roi, et avait rédigé les lois organiques de son domaine, choisi une monnaie et un étendard...
Expulsé à différentes reprises par le tout jeune état du Chili (1821), sans appui politique majeur ni soutien logistique, ses tentatives étaient vouées à l'échec. Restent un héros de légende, une aventure un peu folle où la part du rêve et de la démesure l'emportent sur les mesquineries de la réalité... un souvenir encore vivant dans la mémoire chilienne.

L'art du XIXe siècle

Une floraison de châteaux

Le XIXe siècle périgourdin est marqué par une extraordinaire floraison de nouveaux châteaux à l'initiative de l'ancienne aristocratie ou de la grande bourgeoisie qui trouve là un procédé évident d'identification à la noblesse. Ce phénomène assez répandu est ici d'une intensité sans précédent depuis le premier XVIe siècle (avant 1540) qui fut celui de « la fureur de bâtir » (Anne-Marie Cocula).

C'est surtout entre 1860 et 1890, dans un âge d'or châtelain assez semblable à celui que connaît le Limousin voisin que ce vaste mouvement s'accomplit. Localement, son intensité est assez surprenante : ainsi, dans le canton de Nontron où l'on dénombre 34 châteaux, seize font l'objet d'importants travaux qui, pour huit d'entre eux, consistent dans une reconstruction totale ou une nouvelle construction proche de l'ancienne bâtisse abandonnée pour son inconfort. Sur la seule commune de Javerlhac, trois nouveaux châteaux sont édifiés qui transforment profondément le paysage communal : en 1859-1860, le manufacturier parisien Louis-Victor-Auguste Masse fait bâtir le château de Jommelières sur l'emplacement de l'ancienne gentilhommière qu'il a acquise et fait raser en 1851 ; le château de La Forge remplace, en 1882, le Vieux-Logis acheté l'année précédente par Édouard Dolezon, propriétaire du grand magasin Aux travailleurs, boulevard Voltaire à Paris ; enfin, à la fin du siècle, l'ancien bâtonnier des avocats de Paris, Desmarets, fait élever le château de Puymoger dont les jardins conservent le souvenir d'un visiteur célèbre, le peintre Claude Monet. Dans la commune voisine de Saint-Estèphe, le marquis de Malet fait bâtir, vers 1875, l'imposant château de Puycharnaud en lieu et place de l'ancien manoir familial. Mais ce mouvement touche tout le département : ainsi, près de Périgueux, le liquoriste bordelais Secrestat reconstruit, à Saint-Pierre-de-Chignac, le château des Foucauld de Lardimalie ; Alfred Magne, fils du ministre Pierre Magne édifie à Trélissac une imposante construction au style improbable. Cet « édifice, dans la composition duquel on remarque plusieurs styles, a de très belles parties, et son aspect est, en somme, imposant. On voit surtout qu'il a dû coûter pas mal d'argent. Il y a là du caprice et de l'art, de l'imagination et du positif. Ce n'est pas féodal, ce n'est pas moderne ; c'est plutôt un bijou de fantaisie, mais avec de grandes conceptions çà et là. » (L. Bessot de Lamothe, 1876).

Château de Puycharnaud (Saint-Estèphe) et château Magne, Trélissac (à droite), XIXe siècle. Cl. M. Combet.

Portrait du ministre Pierre Magne, père d'Alfred Magne. Coll. MAAP-Ville de Périgueux. Cl. B. Dupuy.

Carl Söhn, Madame Alfred Magne, *1862, huile sur toile.*
Madame Magne (1840-1914), née Mathilde Werlé, fille du maire de Reims, porte une robe de velours grenat au charmant décolleté ; les mains jointes, elle tient une rose, son visage mélancolique nacré est entouré de sa chevelure noire ; sa silhouette se détache sur fond de panneaux vert clair. Cette peinture de portrait en pied est digne des portraits de l'impératrice Eugénie par Winterhalter.
Ce tableau ornait le vestibule d'entrée du château de Trélissac, construit par Alfred Magne et donné par Napoléon, son fils, à l'hôpital de Périgueux.
Coll. MAAP-Ville de Périgueux. Cl. B. Dupuy.

Philippe Parrot, Jeune fille au bain *ou* Le bain, *huile sur toile. Cette œuvre a été exposée au Salon de 1867. Elle fut acquise par l'Etat et envoyée la même année en dépôt au Musée des Beaux-Arts de Périgueux, l'artiste étant originaire d'Excideuil. Cette peinture, réalisée dix ans après le très célèbre et très apprécié tableau d'Ingres,* La Source, *n'est pas sans nous la rappeler. Toutefois, le sujet est plus jeune, l'atmosphère plus légère et plus naïve. Il s'en dégage un sentiment de calme et de plénitude. Coll. MAAP-Ville de Périgueux. Cl. B. Dupuy.*

Philippe Parrot, un peintre reconnu d'origine périgourdine

Philippe Parrot (1834-1894) partit très jeune à Paris pour y faire ses études. Après le Lycée, son père espérait le voir devenir juriste. Il préféra aller se former auprès des professeurs de l'Académie Suisse. La femme fut son sujet de prédilection. Il la représenta dans des scènes mythologiques et allégoriques, nue ou habillée. Il fit aussi de nombreux portraits. Son art eut beaucoup de succès, et il sut avec le temps éclaircir sa palette. Il exposait non seulement dans les Salons à Paris mais aussi à Périgueux, car lui et son frère, le célèbre docteur Jules Parrot, affectionnaient tout particulièrement la demeure familiale en Périgord.

1901 : la cathédrale est enfin reconstruite

L'année 1901 marque l'achèvement des travaux de reconstruction de la cathédrale Saint-Front de Périgueux commencés en 1851 sous la direction d'Abadie.
Depuis la seconde moitié du XVIIIe siècle, l'édifice menace ruine... Construit en calcaire tendre de Chancelade, il résiste d'autant plus mal à l'outrage des ans que l'entretien a été insuffisant.
De 1760 à 1764, les coupoles sont enserrées dans une charpente cruciforme recouverte d'ardoises : las, dès 1816, il pleut à nouveau dans l'édifice, des lézardes s'accentuent et des pierres se détachent de la coupole nord. Ce n'est pourtant que dans la seconde moitié du siècle que des travaux d'ampleur commencent.
Le projet retenu est celui de Paul Abadie (1812-1884), alors architecte diocésain d'Angoulême, Périgueux et La Rochelle, et qui s'inspire de son contemporain Viollet-Leduc. On lui doit entre autres restaurations, les constructions de l'hôtel de ville d'Angoulême et du Sacré Cœur...
Le projet fait le choix d'une véritable reconstruction, après démolition du sanctuaire médiéval, en fonction des conceptions romano-byzantines de l'architecte déjà exprimées dans d'autres réalisations.
Le résultat : un édifice en croix grecque surmonté de cinq coupoles recouvertes d'écailles de pierre et sur lesquelles se dressent des clochetons.
La différence essentielle avec l'édifice original tient dans la forme des coupoles et le système architectural qu'elles impliquent, ainsi que dans l'ajout d'une abside orientale.
Discutées en leur temps (querelle des archéologues et des architectes), les conceptions architecturales d'Abadie, hésitant entre le respect de l'histoire et sa recréation, sont aujourd'hui controversées voire moquées. Elles ont au moins le mérite d'avoir sauvé Saint-Front de la destruction probable... dans une époque où l'ouverture de la rue Saint-Front de Périgueux et de la Traverse de Sarlat s'embarrassaient bien peu de la conservation du patrimoine.
On serait injuste à ne pointer que les aspects négatifs du XIXe siècle sur le plan de l'architecture et de l'urbanisme. Tandis que des publications remettent à l'honneur le patrimoine ancien, ainsi les *Antiquités de Vésone* de Wlgrin de Taillefer (1821), des travaux d'urbanisme sont entrepris et des constructions nouvelles voient le jour en ville, ainsi les œuvres de Catoire à Périgueux.

Les cinq coupoles de Saint-Front.
Cl. OT Périgueux.

En mai 1907 : création de l'usine de Condat-sur-Vézère

En 1907, les établissement Gillet et fils, spécialisés dans la fabrication des extraits tannants, créent l'usine de Condat-sur-Vézère où ils emploient 30 employés.

« Pôle industriel » dans un département rural, la région de Terrasson-Condat-le-Lardin abrite des activités industrielles depuis la fin du XVIIIe siècle avec l'exploitation du charbon du filon de Cublac, en Corrèze. En 1833, après des difficultés nombreuses, l'ingénieur Cyprien Brard ouvre la verrerie du Lardin, bientôt rattachée à la société des Houillères. L'une et l'autre vivotent malgré l'ouverture d'une ligne de chemin de fer en 1860, et ce jusqu'en 1929. À cette date, l'entreprise est rachetée par la société Progil de Lyon. Celle-ci regroupe, depuis 1920, les différentes activités des établissements Gillet (PROGIL = PROduits GILLET) et oriente de plus en plus la production de l'usine de Condat vers la fabrication de pâte à papier à partir de feuillus.

Ironie de l'Histoire
Dès avant 1830, Cyprien Brard avait eu l'intuition de la fabrication du papier à partir du bois, il avait même déposé un brevet dans ce sens. Trop tôt ou trop tard : il mourut en 1839 sans que cette fabrication offre un possible débouché à un centre industriel qui avait bien du mal à trouver son souffle.

Une nouvelle époque commence avec son lot de luttes sociales ; celles des ouvriers papetiers succédant aux verriers qui culmineront lors de la grande grève de 1938.

Le 29 décembre 1969, les Papeteries de Condat deviennent une filiale de la Cellulose du Pin, société du groupe Saint-Gobain. Elles appartiennent aujourd'hui au groupe papetier LECTA. Modernisées et restructurées, elles emploient quelque 880 personnes et produisent plus de 500 000 t annuelles de papier couché (voir chapitre « Économie »).

Le 12 septembre 1940 : la découverte de la grotte de Lascaux

Le 12 septembre 1940, quatre jeunes gens : Marcel Ravidat, Simon Coencas, Georges Aniel et Jacques Marsal découvrent la grotte de Lascaux, aujourd'hui classée patrimoine mondial.

Dès avant cette date, le Périgord s'était affirmé comme le pays de la Préhistoire. En effet, depuis François Vatar de Jouannet, véritable inventeur de la Préhistoire locale aux environs de 1830, la collecte de matériel lithique, la reconnaissance de sites dont beaucoup sont éponymes, et la découverte et l'étude de l'art pariétal à partir de 1883 (grotte de la Mouthe, Les-Eyziesde-Tayac), ont attiré en Dordogne chercheurs, curieux, touristes... et marchands.

La grotte de Lascaux, sommet de l'art pariétal magdalénien, connaît de 1948 à 1963 une exploitation commerciale intensive qui la mène au bord de la catastrophe et met en péril sa survie !

Elle est fermée au public en avril 1963. Trente ans après, la grotte a retrouvé son équilibre, désormais sauvegardé. Depuis le 18 juillet 1983, Lascaux II, fac-similé d'une exceptionnelle qualité, accueille plus de 300 000 visiteurs par an...

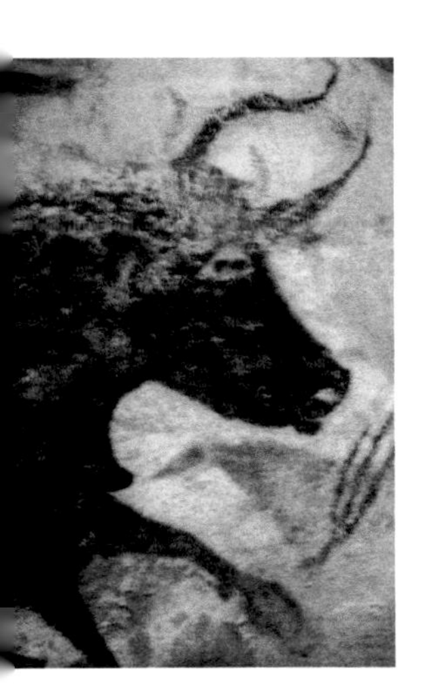

Taureau au trident, fac-similé, Lascaux II.
Cl. CDT.

L'école de Périgueux (première moitié du XXe siècle)

Une véritable école de peinture s'épanouit en Périgord entre les deux guerres : elle groupe des peintres qui excellent dans la peinture de paysage et dont les guides furent enseignants à l'École municipale de dessin et des arts décoratifs de Périgueux, tels Jean-Louis Daniel (1861-1929) ou Jean-Georges Pasquet (1851-1936). L'œuvre du premier se caractérise par un travail en épaisseur de la matière et des effets de mouvement, celle du second par une grande maîtrise des couleurs, qu'ils surent communiquer à leurs élèves.

Né à Sorges en Dordogne, Jean-Louis Daniel eut un parcours peu ordinaire. Directeur des Services techniques de la Ville de Périgueux lorsque le Musée d'art et d'archéologie (anciennement dénommé musée du Périgord) s'élabore et se construit, il fut aussi l'un de ceux qui appuyèrent le projet de construction d'un bâtiment pour accueillir l'Ecole municipale de dessin. À la fin de sa vie, il en fut l'un des professeurs. Très engagé, il défendit la culture occitane et fut l'un des fondateurs du Bournat en 1901.

Jean-Louis Daniel,
Maison fleurie à Gimel,
fin XIXe siècle, huile sur toile.
Ici on sent le scintillement de la lumière sur le mur de la maison et dans les arbres. Le tout est brossé avec vigueur. L'artiste invita souvent ses amis peintres dans sa maison corrézienne.
Coll. MAAP-Ville de Périgueux.
Cl. B. Dupuy.

Jean-Georges Pasquet, par son ancienneté, sa formation et sa mission d'enseignement puis en tant que directeur de l'Ecole municipale de dessin et des arts décoratifs de Périgueux, est certainement l'un de ceux qui a impulsé le goût de l'art du paysage en région. Né à Périgueux, il fit ses études à l'Ecole des Beaux-arts de Paris et suivit les cours de peintres académiques comme Gustave Boulanger, Jules Lefebvre et Benjamin Constant. Ce dernier, à travers sa production orientaliste, sut montrer le rôle de la couleur à ses élèves. Pasquet, qui avait parfaitement reçu ces leçons, les redonna à travers des paysages extrêmement bien composés, où les couleurs, en particulier les verts, les bleus et les violets, sont parfaitement maîtrisées et si caractéristiques de ses travaux et de ceux de ses élèves.

Jean-Georges Pasquet, Les bords de la Creuse, *1912, huile sur toile. Coll. MAAP-Ville de Périgueux. Cl. B. Dupuy.*

Élève préféré de Jean-Louis Daniel, André Prugent (1882-1965) exposait dès avant la Première guerre mondiale des toiles audacieuses. Paysagiste, portraitiste, utilisant toutes les techniques, il a laissé une œuvre abondante et d'une grande qualité : l'artiste excellait en particulier à représenter les jeux de l'ombre et de la lumière et certaines de ses toiles évoquent Van Gogh.

Au retour de la guerre 1914-1918, il anima avec Gustave Chérifel, avec André Saigne (1883-1944) dont les dessins, eaux-fortes ou peintures révèlent le talent de paysagiste, l'École de Périgueux... Il fut reçu aux Artistes français *en 1929.*

Sous d'autres cieux s'épanouirent les talents reconnus d'autres artistes natifs du Périgord. Après des débuts provinciaux, à Périgueux, notamment dans Périgueux oublié, *l'*Entracte Périgourdin *et l'*Éventail Périgourdin, *puis à Bordeaux et Marseille, le caricaturiste Georges Goursat dit Sem (1863-1934) partit faire carrière à Paris. Il y publia en 1900,* les Sportsmen. *L'album assura son succès et en fit bientôt le caricaturiste du monde du théâtre et des lettres, celui aussi du Tout-Paris. La guerre inter-*

rompit un temps cette production, qui reprit avec les années folles, et lui fournit de nouveaux sujets : il ramena du front d'émouvants Croquis de guerre, *et se révéla un écrivain original (*Un pékin sur le front*).*

Son dessin appuyé, un peu monotone (personnages souvent représentés de profil) dégage habilement les signes caractéristiques du visage et de la silhouette ; il excelle à croquer les personnages superficiels et snobs, et fait de son auteur le chroniqueur ironique de la vie mondaine...

André-Léonard Saigne, Le moulin au château de Boudeilles en Périgord, *vers1930, huile sur toile. Coll. MAAP-Ville de Périgueux. Cl. B. Dupuy.*

Jane Poupelet (1874-1932), née à Saint-Paul-Lizonne, dans la Double, partit, après des études bordelaises, pour la capitale où elle travailla avec Schnegg, Rodin. Tôt remarquée dans les salons, elle connut après la première guerre mondiale une renommée internationale. Ses chats, lapins, oies et autres animaux s'exposent à Paris, Alger, Oran, au Metropolitan Museum, *aux musées de Détroit, de Chicago, de Prague... Ses figures de femmes, aux charmes sensuels, rappellent que cette artiste douée fut aussi présidente de la Fédération internationale des Femmes Universitaires.*

Jane Poupelet, L'enterrement d'un enfant en Périgord, *1904-07,maquette en plâtre Coll. MAAP-Ville de Périgueux. Cl. B. Dupuy.*

Château des Milandes.
Cl. CDT.

13 janvier 1957 : Joséphine Baker contre le racisme

C'est dans son château des Milandes qu'elle inaugure, ce dimanche de 1957, un cycle de conférences militant.

En 1947 la vedette de music-hall avait acquis ce charmant logis renaissance, construit en surplomb de la rivière Dordogne, non loin d'autres châteaux prestigieux : Castelnaud, Fayrac, Beynac...

Là, elle tente d'implanter son village des enfants du monde avec ferme modèle, parc d'attraction, restaurant. On s'y presse dans les années 1950, et les Milandes sont le théâtre de galas, concerts et autres fêtes mondaines ou villageoises. L'aventure se termine tristement, en 1969, malgré plusieurs tentatives pour sauver ce beau rêve du naufrage...

Comme Joséphine Baker, d'autres, anonymes ou célèbres, français ou étrangers, séduits par les innombrables châteaux du Périgord ou ses plus modestes gentilhommières et maisons bourgeoises sont devenus et demeurent leurs hôtes. On leur doit la restauration, souvent réussie, et la conservation de ce patrimoine qui contribue à faire de la région une « terre d'enchantement, une espèce de paradis » (Henry Miller, *Le colosse de Maroussi*).

1970 : l'imprimerie du Timbre à Boulazac
En 1970, l'imprimerie du Timbre quitte le 103 du boulevard Brune, à Paris, pour s'installer dans l'agglomération périgourdine. L'atelier, implanté sur un seul niveau bénéficie des technologies modernes. Il est équipé d'une station de retraitement des déchets et imprime désormais, à côté des traditionnels timbres postes, les valeurs financières, timbres fiscaux et autres vignettes officielles...

L'art contemporain

Parce que le Périgord est aux sources de l'art, parce que vaste jardin il offre des paysages variés et changeants, et sans doute pour bien d'autres raisons, il est, plus qu'aucune autre région française, la terre de prédilection de nombre de créateurs contemporains, autochtones ou non, français mais aussi, allemands, anglais, hollandais... Pour ces mêmes raisons, il abrite ou abrita des artistes de dimension internationale tel Martial Raysse, et des maîtres à penser de l'art du XXe siècle tel Robert Filliou.

Dans ce contexte, une production foisonnante se développe, couvrant tous les champs de l'art actuel : quelques noms parmi beaucoup d'autres permettent de l'évoquer dans sa diversité et sa singularité, de l'art conceptuel au néoréalisme... Abstraits : Franck Desdemaines travaille la lumière comme matériau de l'art, Michel Brand crée une véritable calligraphie à partir de branchages, mettant en jeu formes et forces (principe d'énergie), tandis que Jean-François Noble poursuit une œuvre singulière, proche du pop-art mais dont la source même se trouve dans le terroir. Sans être figurative, la peinture de Luc Defontaine est étroitement liée au paysage et au bâti historique. Marc Monnier, de facture classique, et qui va au loin faire le plein d'images, s'impose comme un grand coloriste.

Marc Monnier, détail de La partie de cartes *et* Le Sadhu *(à droite), Katmandu, 1986.*
Coll. MAAP-Ville de Périgueux. Cl. B. Dupuy.

Il faudrait encore citer Fioretti, Riou, Pajot, Provost, Carosi ou Alain Dalis, Évelyne Jaffrain, Anne Piccot, trop tôt disparue, et bien d'autres... parmi lesquels les tout jeunes David Delessalle, Didier Bessières, Luna, Béatrice Maleyre, Benoît Schmeltz,... Et puis, il y a, les « fous de peinture », Jean-Pierre Moccetti, abstrait et gestuel, et Marcel Loth (né en 1919) dont l'œuvre traverse une large partie du XXe siècle.

Parmi tous ces créateurs, Philippe Demeillier s'impose encore par son aisance exceptionnelle avec la peinture, à la frontière du surréalisme et de l'expressionnisme, à la pensée créatrice démonstrative qui permet au spectateur de rebondir sur l'œuvre.

La région fait aussi une place à des enseignants-artistes ; des créateurs qui à un moment de leur vie ont rencontré le problème de l'exigence d'un niveau théorique à communiquer à des gens en formation : Lawrence Leeson (†), Jacques Inizan, André Merle, Fabrice Thomasseau... et le dessinateur Michel

Pourtier pour lequel le signe prend tout son sens dans la représentation de la figure humaine, toujours répétée et toujours différente.

Quelques lieux, quelques organismes associatifs ou plus officiels, ont fait le choix de présenter créateurs et chercheurs, ils donnent à voir et valorisent leur production : la Nouvelle Galerie *en Bergeracois, le Centre culturel de Ribérac, le* Jardin d'hélys *et* Excit'œil *vers Excideuil*, l'App'art, L'Art Nôtre, *et* Féroce marquise *à Périgueux... La politique culturelle de la ville s'exprime à travers le Centre culturel de la Visitation, et le Musée d'art et d'archéologie du Périgord qui accueillent des artistes contemporains. Au niveau départemental, le Centre culturel François Mitterrand, l'ADDC-Arts plastiques (place Hoche, Périgueux), constituent des centres de ressources et de sensibilisation. La volonté d'irriguer tout le Périgord à travers les résidences de l'art, la création du FDAC (Fonds départemental d'Art contemporain), ont permis une véritable décentralisation culturelle et un rapprochement entre les œuvres et le public. Grâce aux artothèques, telle celle qu'abritera la Médiathèque de la commune de Trélissac, qui ouvrira ses portes en 2008, le musée pénètre jusque dans les maisons.*

Mais l'art en Dordogne aujourd'hui, c'est aussi celui qui s'exprime à travers des métiers d'art : le design (Bécheau et Bourgeois), les prototypes de meuble (Franck Merlin-Anglade), la tapisserie (Sylvie Weber, lissière de renommée internationale), le verre (Allain Guillot), la ferronnerie d'art (André Dubreuil, « le poète du fer »), la photographie (Bernard Dupuy, Frédérique Bretin, Alain Bordes), et bien d'autres encore.

Les commandes publiques, qui depuis quelques années ont accéléré le renouvellement du parc immobilier des communes, ont largement permis à nombre d'architectes de montrer leur talent. On retiendra parmi eux, et comme l'un des plus originaux, le nom de Bernard Saillol (HLM de Montignac et de Bergerac, école de Lalinde), sans oublier qu'il y a plus de trente ans, le Sarladais Jean Nouvel faisait ici ses premières armes (école maternelle Jean Eyraud à Trélissac...). Il a été choisi, le 11 juin 1993, pour créer le musée de site de Vésone.

Giovanni Carosi, Métamorphose 2003.
Coll. FDAC Dordogne. Cl. B. Dupuy.

Luc Defontaine, Peinture 2002-2002.
Coll. FDAC Dordogne. Cl. B. Dupuy.

1989 : mise en service de l'ascenseur à poissons de l'usine hydraulique de Tuilières

Depuis toujours, mais surtout depuis le XIXe siècle, les aménagements humains des rivières et autres cours d'eau ont bouleversé leur équilibre écologique. La Dordogne n'a pas échappé à la règle : d'abord équipée de barrages pour faciliter la navigation elle connaît au début du XXe siècle la mise en place de centrales hydro-électriques.

La plus importante voit le jour à Tuilières en 1910 au terme d'un gigantesque chantier qui avait débuté en 1905. Equipée de neuf turbines hydrauliques de 2 700 chevaux, chef-d'œuvre de technicité adapté aux caprices de la rivière, elle fit l'admiration de l'époque et reçut en 1910 la visite de trois ministres. Furent-ils intéressés par le système prévu, et qui ne devait jamais fonctionner, d'échelle à poissons ?

En effet, la conséquence de ces installations, jointes à la multiplication des gravières, fut la disparition de l'hôte royal de la rivière Dordogne, le saumon encore abondant à la fin du XIXe siècle. La mobilisation de différentes associations, à partir des années 1970, une étude conduite par le Comité supérieur de la Pêche amenèrent Electricité de France à relever le défi.

Ascenseur à poissons. Cl. EPIDOR/EPTB Dordogne, A. Bordes.

De 1985 à 1989, des aménagements sont effectués pour permettre aux poissons de remonter le cours d'eau, tandis que le Musée Aquarium de Sarlat se chargeait d'aleviner en saumons. Si les résultats sont encore limités, on peut espérer une sensibilisation véritable des populations... ; d'elles dépend maintenant le succès de l'opération ! Un chantier pour EPIDOR (voir chapitre « Milieu naturel » page 247).

Janvier 1993 : inauguration d'un « Mac Do » au pays de la gastronomie de tradition et de qualité

Fait de société ou révolution culturelle ? Avec ce « Mac Drive », la restauration rapide s'installe véritablement dans une région où la nourriture reste encore le plus souvent un art de vivre pratiqué au quotidien, et côtoie sans rougir une gastronomie traditionnelle ou non. Celle-ci, riche de ses foies gras et confits, de ses truffes et autres cèpes, revendique aussi un label de modernité et de créativité.

Tourné vers le tourisme et l'accueil (voir chapitre « Economie »), qui constitue une de ses ressources essentielles, le département veut parier sur l'avenir sans rien concéder de son image ambiguë de tradition et qualité. Il s'agit bien, dans ce domaine comme dans d'autres, d'un véritable défi, tant cette représentation est enracinée dans les mentalités d'une population, caractérisée par son âge et son attentisme. Certains l'ont relevé ; ainsi, le département abrite-t-il depuis le 2 novembre 1988, l'Ecole de Savignac, où se forment les dirigeants de l'hôtellerie et de la restauration de demain, et qui jouit d'une excellente réputation parmi la profession, bien au-delà de nos frontières. La Ville de Périgueux a, quant à elle, inventé le Salon européen du livre gourmand (biennal) qui a connu en 2006 sa 9e édition.

1996 : les jardins de l'imaginaire à Terrasson

Dominant la vallée de la Vézère et la vieille cité de Terrasson, cette création contemporaine de l'architecte paysagiste Kathrin Gustafson se déploie sur six hectares de terrasses. Dans un style résolument moderne, à base de matériaux contemporains, les jardins proposent une réflexion sur l'homme et son rapport à la nature dans la longue durée. Les plantes, l'eau, la terre, le vent sont ainsi mobilisés et véritablement mis en scène dans « le bois sacré », « le tunnel végétal », « les jardins élémentaires », « l'axe des vents », « les jardins d'eau », ou encore « le topiaire »... pour raconter l'histoire de l'humanité.

Les jardins de l'imaginaire à Terrasson : le bois sacré, le jardin historique et les jardins d'eau. Cl. OT Terrasson, A. Devise.

À moins de trente kilomètres de là, dans la commune de Salignac-Eyvigues, les jardins d'Eyrignac offrent une tout autre image, classique, celle de jardins à la française. Autour de l'ancien manoir du XVIIe siècle, le propriétaire a, il y a une quarantaine d'années, totalement recréé cet espace.

Jardins d'Eyrignac.
Cl. Manoir d'Eyrignac.

Avec une grande inventivité, il a imaginé ce que devaient être les anciens jardins alors disparus, et ce que serait son projet une fois les végétaux devenus adultes. Aujourd'hui, l'allée des charmes ou le jardin français accueillent chaque année nombre de visiteurs éblouis.

2003 : Ouverture de Vesunna

Musée gallo-romain de Périgueux, conçu par l'architecte Jean Nouvel, originaire du Périgord. Situé tout à côté de la tour de Vésone et du rempart du Bas-Empire, le musée s'élève au-dessus des vestiges de la domus, grande demeure gallo-romaine, dont les murs furent mis à jour en 1959. Depuis les balcons superposés abritant les collections permanentes et les passerelles dominant les murs antiques, les visiteurs peuvent découvrir le site d'une façon tout à fait originale : le génie de l'architecte rend lisible au non-spécialiste les traces mises à jour par l'archéologie. La découverte de la domus représente le point fort de la visite qui se prolonge à travers deux circuits : ville et vie publique, maison et vie privée. Cent soixante-dix ans après la mort de Henry Wlgrin de Taillefer (1761-1833) le rêve de l'architecte-archéologue s'est enfin réalisé : l'auteur des Antiquités de Vésone avait acquis les terrains avoisinant la tour de Vésone pour empêcher la destruction du site et avait souhaité qu'y soit, un jour, édifié un musée..., pour tirer sa patrie « de l'oubli peu mérité auquel les historiens l'ont condamnée » !

Musée Vesunna.
Cl. M. Urtizberrera.

Michel Combet

2
Ethnographie

T. Boisvert, M. Chadeuil,
M. Combet et Y. Laborie

G. Demery, Marché aux cochons.
Coll. Musée des Arts et Traditions populaires André Voulgre, Mussidan.
Cl. M. Combet.

L'habitat rural

Des traits constants

Un habitat dispersé

L'habitat rural est majoritairement dispersé en hameaux et fermes isolées, occupant aussi bien les plateaux, la pente des versants ou le creux des vallons. Son implantation ne semble pas avoir répondu à d'autre règle que celle de l'installation, là où le sol et le droit permettaient au paysan de cultiver, même si le site était d'accès difficile ou ne possédait pas de point d'eau. Dans ce cas, on recourait à l'usage de la citerne d'eau pluviale.

Ainsi, aussi loin que l'on s'écarte des grandes routes et que l'on s'enfonce par de petits chemins au cœur d'une campagne boisée, paraissant vide d'habitants, on finit toujours par aboutir dans une clairière de champs cultivés ou dans la cour d'une ferme.

Ferme de Parcot, Double. Cl. Y. Laborie. Page de gauche, portail d'une habitation rurale, Saint-Amand-de-Coly. Cl. M. Genty.

Du coup, bien des chefs-lieux de communes ne regroupaient, avant 1950, hormis l'église et son cimetière, le presbytère, la mairie et l'école, qu'un très faible nombre de maisons particulières.

L'entraide et les relations sociales au sein de la population n'en étaient pas moins fortes. Le sentiment d'appartenance à son clocher, les liens de dépendance religieux, administratifs et affectifs qui unissaient chaque ferme au chef-lieu communal et paroissial, où l'on avait été baptisé, marié, où les ancêtres reposaient, compensaient l'absence d'organisation groupée de l'habitat, dans la formation de l'identité communautaire.

Pendant longtemps l'isolement relatif des terroirs, dû aux déficiences du réseau de chemins, contribua ainsi à favoriser la cohésion de leur population. Lorsqu'il en est autrement, quand le chef-lieu de la commune prend la forme d'un bourg plus ou moins important et que celui-ci paraît d'origine ancienne, on remarquera qu'un château ou un gros édifice religieux y est presque toujours associé.

On notera également qu'en Périgord le fait urbain n'a pris qu'une ampleur limitée.

La prédominance de petites et moyennes exploitations

Un autre trait commun aux pays différents englobés dans le finage départemental est la prédominance, sur l'ensemble de leur espace, d'exploitations de moyenne et petite taille (15 à 20 ha), d'un parcellaire constitué d'unités aux formes souvent irrégulières, de dimensions modestes et réparties sans ordre apparent. La polyculture y était bien ancrée et se maintenait, même dans les terroirs les plus viticoles. Les surfaces en vignes restaient toujours inférieures à celles des labours. Chaque exploitation ou presque gardait l'habitude de produire des denrées de consommation immédiate et familiale.

La présence des bois
Elle est plus ou moins marquée mais toujours permanente, sauf peut-être, dans certains secteurs du Bergeracois, pays de terres riches où la céréaliculture et le vignoble parvinrent à force d'efforts à les chasser, depuis bien longtemps. Partout ailleurs, le paysage révèle les signes de la lutte que la paysannerie ne cessa d'entretenir contre la forêt, pour ouvrir et conserver des terres souvent ingrates.

Queyssac. En Périgord central, les bois cernent presque toujours le village. Cl. Y. Laborie.

Les racines du paysage

Dans l'Antiquité

Excepté Vésone, son antique capitale fondée vers16 avant J.-C., le territoire des Pétrucores ne compta dans l'Antiquité d'autre centre urbain. Vaste de plus de 9 000 km², ce territoire n'était pas pour autant vide d'hommes. L'archéologie y décèle au moins 200 sites d'habitats contemporains de la période gallo-romaine et environ 300 toponymes en ac, an, as *ou* at[1] *qui sont susceptibles de refléter un maillage somme toute assez dense d'établissements ruraux antérieurs au Moyen Age. Parmi ceux-ci se distinguent de nombreuses villas, chefs-lieux d'ensembles domaniaux importants qui se fixaient sur les terres les plus attractives des vallées et des fonds de vallons, sauf peut-être en Bergeracois et en Ribéracois où la mise en valeur des sols des plateaux parait avoir été précoce. Ailleurs, sur les hauteurs des terroirs d'interfluves la conquête agraire serait restée plus timide et l'occupation plus lâche aurait été surtout centrée sur l'exploitation de la forêt, du fer et de l'argile.*

De la création des paroisses à l'essor de l'an Mil

Entre la fin de l'Antiquité tardive et l'an Mil, l'histoire des campagnes du pagus Petragoricus *devient, comme dans bien d'autres régions, assez obscure faute de documentation. Les seules traces qui en témoignent sont les nécropoles à sarcophages trapézoïdaux signalant la présence de peuplements plus ou moins importants, dont on ignore presque tout sur les conditions de vie et d'habitats. Il semble toutefois que l'organisation territoriale léguée par les anciens domaines gallo-romains ait largement survécue et qu'elle servit de support aux nouvelles formes de structuration du monde rural qui apparurent avec le Moyen Age. Le gros de la population, indigène ou nouvellement implantée, à la suite des mouvements engendrés par les invasions du Ve siècle, serait longtemps resté fixé sur les terroirs agricoles des anciennes* villae.

Avec la diffusion du christianisme dans les campagnes et le bourgeonnement de lieux consacrés à son culte, se mit progressivement en place, du Ve au Xe siècle, une nouvelle structure d'encadrement des populations rurales, la paroisse, circonscription territoriale définie par la limite d'exercice religieux et fiscal de chaque église, rattachant et liant puissamment à elle l'ensemble des hommes vivant à l'intérieur de son finage. L'incidence du phénomène paroissial fut fondamental dans l'organisation du paysage et de la vie sociale de nos provinces. Il est à l'origine de la conformation territoriale de base du pays, les circonscriptions communales n'étant, le plus souvent, que les héritières des circonscriptions paroissiales.

C'est dans le cadre de la paroisse, et sous l'effet de la poussée démographique qui commençait à poindre, que reprirent à la fin du haut Moyen Age les conquêtes de terres agricoles sur les lisières forestières. Avec l'essor du peuplement qui continua à s'affirmer puissamment du XIe au XIIe siècle, partout se multiplièrent les points de colonisation donnant naissance à des paroisses nouvelles, découpant leur territoire dans les vastes domaines des circonscriptions paroissiales de premières générations. A la même époque, l'initiative de saints hommes pleins de foi provoquait au cœur de massifs forestiers sauvages l'ouverture de terroirs neufs en y fondant des ermitages. Des communautés cisterciennes et des paysans pionniers poursuivirent la mise en valeur de ces défrichements. La toponymie conserve le souvenir de cette grande période d'expansion du domaine cultivé du XIe au XIIIe siècle. Des lieux-dits portant des noms dérivés de termes désignant des terres défrichées, comme artigue, essart, labatut[1], *témoignent des fronts de la colonisation médiévale.*

Un semis de bourgs neufs

Durant les trois premiers siècles du Moyen Age, parallèlement au développement de l'emprise agricole, allaient apparaître de nombreuses formes de groupement d'habitats, donnant naissance à l'essentiel des agglomérations qui constituent aujourd'hui le réseau des bourgs et des villes du Périgord. A l'exception de quelques cas où des bourgs se créèrent autour de vieilles abbayes, comme au Bugue, à Sarlat, à Brantôme, peut-être aussi à Belvès et à Nontron, ou encore dans le cadre de sauveté (Salvetat-Grasset, La Salvetat

1. Voir chapitre « toponymie » page 183.

près de Cadouin), c'est indiscutablement autour des châteaux que se forma le groupe le plus ancien et le plus important des agglomérations périgordes, moyennes et grandes. Là, le regroupement des habitats a pu s'opérer de manière plus ou moins spontanée ou dirigée. Mais, dans presque tous les cas, on décèle la prise de mesures incitant l'installation des ruraux au pied de ces châteaux, édifiés par de riches propriétaires fonciers et de puissants religieux et laïques, poussés par l'évolution de la société, au tournant des Xe et XIe siècles, à fortifier leur résidence ou les territoires placés sous leur autorité. En même temps qu'ils remodelèrent, en partie, l'organisation du peuplement en donnant naissance à un réseau de bourgs, les châteaux entraînèrent l'émergence d'une nouvelle trame de circonscriptions, les châtellenies, formées par les territoires dépendant au plan juridique et économique de chacun d'eux. Après la paroisse, la châtellenie définit pour des siècles le cadre de vie des populations rurales. Elle compta aussi énormément dans la formation identitaire, au sein des pays périgourdins, de sous-ensembles territoriaux plus ou moins vastes, longtemps perçus de manière spécifique et désignés sous le nom du château dont ils dépendaient (pays de Montravel, de Montclard, d'Auberoche, etc.).

Dans les dernières décennies du XIIIe siècle, le mouvement dirigé de création de bastides, sous-tendu par la confrontation des intérêts locaux des rois Capétiens et Plantagenêts, parachevait la formation du réseau d'habitat groupé. Mais la modestie du peuplement de la plupart des agglomérations, bastides ou bourgs castraux, de leurs infrastructures, de l'intensité de leur vie économique, ne permet pas de voir en elles, en laissant de côté le statut juridique de leurs habitants, autre chose que des bourgades rurales, sièges de gros marchés de redistribution locale.

Au début du XIVe siècle, malgré plus de deux siècles d'essor démographique, le Périgord demeurait une région faiblement urbanisée où seules Périgueux, Bergerac et Sarlat apparaissaient véritablement comme des villes accomplies de 4 à 6 000 habitants, dans lesquelles prospérait et s'affirmait une société bourgeoise pugnace et puissante. L'essentiel du peuplement continuait donc à se distribuer de manière dispersée, au sein du domaine rural, sur de petites tenures d'une dizaine d'hectares appelées « manses ». Dans les paroisses, celles-ci constituaient la grande majorité des exploitations. Elles sont apparues très tôt, avec le développement d'un mode de faire-valoir indirect des domaines.

Le mobilier médiéval
Il se résumait certainement à peu de choses : des paillasses, un ou plusieurs coffres, quelques outils aratoires, des ustensiles culinaires en céramique (pots à cuire, récipients de stockage pour l'huile, les salaisons, l'eau), écuelles de buis, couteaux, cruches et pichets.

L'habitat paysan médiéval

Seul un petit nombre de mentions littéraires et de découvertes archéologiques documente l'état matériel de la maison paysanne médiévale. Le bois, la terre crue et le torchis durent être naturellement beaucoup employés, mais la pierre, quand elle était aisée à se procurer, le fut tout autant. Dans la vallée de l'Auvezère, les maisons des XIIIe-XVIe siècles découvertes à Auberoche, (commune du Change) en donnent l'exemple avec leurs solides bases maçonnées en moellons liés à l'aide d'un mortier d'argile. L'usage du mortier de chaux n'apparaît, dans l'habitat villageois de ce site, que tardivement, après 1400, et son emploi resta parcimonieux. Pour les angles de murs et l'encadrement des portes, des blocs taillés furent mis en œuvre. La couverture de ces constructions solides et finalement relativement soignées était faite jusqu'au XVe siècle à l'aide de tuiles creuses et de plaques de pierre (lauze), puis au-delà de cette période, à l'aide de tuiles creuses et de tuiles plates.

*L'ensemble des données collectées en Périgord tend, du reste, à révéler que la diffusion de la tuile plate ne s'y opéra pas avant la fin de l'époque médiévale. Elle corrobore dans le temps l'installation d'émigrants, venus de provinces voisines pour repeupler des terroirs désertés, après un siècle de crises sanitaires et politiques (guerre de Cent Ans). Antérieurement, la tuile creuse, héritière de l'*imbrex *romaine, aurait régné sans partage depuis la fin du haut Moyen Age, période vers laquelle disparut l'usage de la tuile à rebords, elle aussi introduite par la romanisation, au Ier siècle.*

Dans les campagnes médiévales, les couvertures en bardeaux de bois et en paille de seigle (glui) *furent aussi très répandues.*

La maison paysanne du Périgord médiéval était une construction certes rustique mais offrant une protection efficace aux agressions du climat et un cadre sûr pour préserver les biens et l'intimité de chaque famille. Elle se composait le plus souvent d'une simple salle rectangulaire de 15 à 20 m², au-dessus de laquelle il n'y aurait pas eu d'étage habitable. Le feu domestique était fait, jusqu'à la fin du XVe siècle, sur des foyers établis à même le sol de terre battue, sur une sole de dalles calcaire ou d'argile. La cheminée murale ne se serait généralisée que tardivement, dans le courant du siècle suivant.

Progressivement, au cours du Moyen Age, l'adjonction de pièces autour de la salle « à vivre », ayant pour effet de séparer, de plus en plus, l'espace commun où l'on cuisinait, mangeait et pratiquait de menus travaux, de celui où l'on dormait, amène la maison rurale vers le mode d'organisation qui sera le sien jusqu'à l'époque contemporaine, avec bien sûr de nombreuses variantes suivant la richesse des occupants. Hormis quelques structures de conservation des grains : silos ovoïdes creusés dans le sol, parfois à proximité d'entrées de galeries souterraines, artificiellement excavées, connues sous le nom de « cluzeaux » et ayant pu aussi servir de lieu de stockage, rien en revanche ne documente l'état des dépendances agricoles de l'habitat médiéval périgourdin.

Il faut également citer les maisons de bois, dites « à empilage », des confins méridionaux du Bergeracois. Elles constituent un témoignage exceptionnel d'une des formes de la maison paysanne de l'extrême fin du bas Moyen Age. Les murs de ces maisons de plan quadrangulaire, d'environ 80 m², originellement sans étage, divisé intérieurement par une cloison en colombage en deux pièces égales, dont une dispose d'une cheminée, ont été entièrement édifiés à l'aide de madriers de chêne, empilés les uns sur les autres, maintenus en place par l'entrecroisement à mi-bois de leurs extrémités. Aux quatre angles, de gros blocs de silex isolent de l'humidité du sol la base des parois.

L'architecture de ces maisons est l'expression d'un milieu resté encore riche en bois de haute futaie, au sortir du Moyen Age. Parallèlement, elle témoigne des déforestations entreprises dans le mouvement général de restauration des terroirs, marquant, après 1460, le retour à une période de paix et la fin de la dépression démographique qui affectait le Périgord depuis la grande peste de 1348. Si le contexte explique le choix du bois, dans ces habitats paysans du sud bergeracois, rien ne permet de savoir si cette technique appartenait à la culture locale des périodes antérieures, ou si elle fut introduite dans la région vers la fin du XVe siècle par des émigrants.

Les remaniements de l'habitat au fil des siècles

La majorité des maisons paysannes de type traditionnel résulte de l'édification d'habitats de journaliers, de métayers, de fermiers ou de petits propriétaires, aux XVIIIe et XIXe siècles. Celles pouvant dater d'époques antérieures sont rares et toutes, sûrement, nettement postérieures au XVe siècle, à l'exception naturellement des puissantes demeures des propriétaires fonciers : châteaux, manoirs, chartreuses, maisons de bourg. La cause principale paraît essentiellement liée aux mouvements fonciers, économiques, démographiques, qui ne cessèrent d'entraîner l'abandon, la recomposition ou la création d'exploitations et donc, un perpétuel remaniement de l'habitat paysan, aussi vite ruiné que reconstruit.
L'impression d'archaïsme qui se dégage de l'observation de certaines constructions paysannes est mauvaise conseillère en matière d'appréciation chronologique. La présence d'éléments porteurs de signes stylistiques médiévaux doit être également prise en compte avec beaucoup de circonspection (cheminée, linteaux, meneau, encadrement de porte ou de fenêtre). Fréquemment, il s'agit de pièces réemployées provenant de châteaux ou d'édifices religieux ruinés, plus rarement de l'intégration de partie de constructions antérieures et, pas forcément, d'essence paysanne.

Pages suivantes, métairie des Maillots, Saint-Pierre-de-Chignac. Coll. La Thèque. Cl. E. Dorsène.

La maison et son plan

La maison rurale, bien souvent parée d'un charme ineffable, est toujours harmonieuse dans ses proportions et remarquablement intégrée à l'environnement.

Les constructions paysannes antérieures au XXe siècle présentent les deux grands types de plan distingués par les géographes : maisons blocs, maisons dissociées. Ils coexistent dans cette région sans que l'on puisse dire, faute de travaux statistiques précis, quel est le plus représenté et si, à certaines époques, l'un ou l'autre fut privilégié[1].

Famille de petits agriculteurs du plateau céréalier du sud Bergeracois posant devant leur humble maison, vers 1930. Coll. Y. Laborie.

Les maisons blocs

Ce sont des constructions d'un seul tenant, à terre ou en hauteur, couvertes par un seul volume de toiture. En Périgord, les maisons blocs à terre, sans étage, peuvent être formées d'un unique élément d'habitation (forme courante de la demeure de vignerons des côtes de Bergerac, des journaliers et des bordiers) ou de l'association, en longueur ou en carré, d'un logis et de locaux pour les animaux, les outils et les récoltes. Dans cette dernière configuration, correspondant à des centres de production autonome, le logis est toujours isolé de la grange-étable par un mur, et aucune communication directe n'existe entre ces deux espaces. Il faut obligatoirement sortir du logis pour accéder aux dépendances. La porte de l'habitation et celle de la grange-étable sont sur la même façade, le long de laquelle meurt le chemin desservant la maison, parfois cernée de près par des labours, sauf du côté où immanquablement se tenait le potager familial. L'espace environnant la maison pouvait aussi s'enrichir d'un puits, d'une aire à battre, d'une mare, de petits édicules pour les animaux de la basse-cour.

1. Après avoir mené une enquête rigoureuse sur l'ensemble du département, J.-P. Simon n'a retrouvé aucune trace, dans les constructions subsistantes, même les plus modestes, de maisons de type mixte. Cela indiquerait à l'inverse de certaines autres régions du Sud-Ouest, qu'hommes et animaux vécurent ici, au moins depuis le XVIIIe siècle de manière bien séparée.

Maison bloc, canton de Lanouaille. Cl. Y. Laborie.

Lorsque la maison bloc est en hauteur, c'est un escalier maçonné extérieur qui conduit à l'étage où se situe la salle à vivre, accompagnée ou non de chambres. L'escalier et son palier sont assez souvent couverts par une avancée du toit formant galerie. Le local du rez-de-chaussée, en dessous du logis, a une fonction de dépendance et possède un accès de plain-pied. On y rangeait les outils aratoires, on y stockait des récoltes, éventuellement en terroir viticole, il pouvait faire office de chais, mais il était très rarement utilisé en étable. Dans la configuration du bloc en hauteur, quand la maison possède une grange-étable, celle-ci forme le plus souvent un corps de bâtiment distinct, accolé ou non à celui contenant le logis. Dans ce cas, l'ensemble s'apparente au type de la maison dissociée, qui est l'autre mode d'organisation de la maison rurale présent en Périgord.

Les maisons dissociées

La maison dissociée se caractérise par une organisation indépendante des différents éléments fonctionnels qui la composent et dont le nombre varie suivant la richesse et le statut des occupants. Chais, écurie, porcherie, poulailler, pigeonnier, fournil, séchoir à châtaignes *(clédier)* peuvent s'ajouter aux éléments de base que sont le logis et la grange-étable, dont on distingue deux types : les granges-étables halles, ayant une porte en pignon, fréquentes dans l'ouest du département, et les granges-étables à entrée latérale. La distribution de ces éléments, selon un schéma plus ou moins ordonné, engendre et délimite une cour. Cette cour est ouverte si les bâtiments ne sont pas jointifs, fermée totalement ou en partie, s'ils sont accolés ou liés.

Ce mode de distribution peut résulter de l'évolution d'un bloc élémentaire[2] ou bien découler d'un aménagement contemporain. Le mode jointif, définissant une cour fermée, fut fréquemment retenu pour les bâtiments dépendant d'exploitations importantes.

2. Adjonction de dépendances lorsque, par exemple, un simple habitat bordier devint le siège d'une exploitation disposant de son propre train de labour et engrangeant elle-même sa récolte.

De superbes exemples de ce type sont donnés par les riches fermes céréalières du Bergeracois et du Ribéracois. Ils expriment à la fois le désir des propriétaires de paraître, la volonté de rationaliser des relations entre les locaux de stockage des récoltes et de logements des animaux, d'articuler la vie de la ferme autour d'un espace central, protégé et commandé par le logis du maître.

Dans la commune de Mauzens-Miremont. Cl. T. Boisvert.

Les cabanes en pierre sèche

Dans tous les secteurs du Périgord où les calcaires se délitent facilement en plaques, on rencontre de nombreuses cabanes champêtres en pierre sèche de plan circulaire ou quadrangulaire, surmontées d'une couverture en encorbellement, désignées par les termes locaux *cabano et tuta*. Elles peuvent être isolées, juxtaposées ou reliées entre elles par des couloirs de circulation. Toutes les observations conduites avec méthode tendent à situer la réalisation de la plupart de celles qui subsistent en Sarladais ou sur le causse périgourdin, autour de Sorges et Savignac-les-Églises, entre la fin du XVIIIe siècle et le début du XXe siècle (C. Lassure). Il s'agit d'abris temporaires construits durant la morte saison à l'aide des pierres patiemment extraites de la terre après chaque labour puis stockées en limite de parcelle, en tas (queyroux) ou sous forme de murets.

Les vignerons y rangeaient leurs outils, venaient s'y restaurer et se réchauffer durant les froides journées de taille (certaines possèdent une cheminée), fin septembre elles abritaient les petits enfants et les bébés des femmes qui participaient aux vendanges.

Abri et cabanes de pierres sèches près de Vergeac et de Saint-Amand-de-Coly. Cl. M. Genty.

Unité morphologique, diversité de matériaux

Partout, le logis de la maison paysanne de base garde les mêmes dispositions intérieures. De même, les dépendances conservent des caractères et des dispositions à peu près communs sur tout l'espace périgourdin, exception faite des granges, dans la région de Payzac.

Les constructions paysannes offrent, somme toute, une certaine homogénéité morphologique, répondant aux besoins de la polyculture, et l'on ne constate pas de développement d'une architecture réellement spécifique dans les terroirs en partie spécialisés dans la céréaliculture ou la viticulture. Mais cette homogénéité est cachée par une constante variation de la taille des constructions, du nombre des éléments fonctionnels, et de l'aspect de la maçonnerie mise en œuvre, reflétant d'une part la diversité des structures foncières des exploitations existantes au sein des terroirs périgourdins, d'autre part celle de l'aptitude culturale de leurs terres et des faciès de leur socle géologique. De plus, la rencontre dans cette région des deux traditions de couverture (forte et faible pente), qui souvent s'expriment au sein d'un même ensemble de bâtiment, renforce encore la diversité d'apparence de son habitat rural.

Les granges de la région de Payzac
Elles prennent une curieuse forme ovalaire, héritée d'on ne sait quelles traditions. Coiffées d'une couverture pentue de chaume, ces constructions appelées *escurra-bossa*, servaient à la fois d'abri pour le matériel, d'étable et de fenil, et pouvaient également abriter une porcherie, un poulailler et une réserve à légumes.

Maçonneries et couvertures

Ainsi sur les marges septentrionales du département, de Bussière-Badil à Lanouaille, la maçonnerie est de schistes mordorés, de granit bleu, de quartz blanc, de gneiss gris, parfois mêlés de calcaire sur les zones de contact, entre les formations primaires du Limousin et le domaine calcaire du Périgord. A l'est de Thiviers, la tendance est au toit de forte pente et à la tuile plate qui se substitua progressivement aux chaumes et aux plaquettes de pierres. Autour de Terrasson, en bordure du bassin de Brive, des grès permiens, tendres et rouges, se mélangent aux schistes et à des calcaires marneux du Trias et l'ardoise s'impose sur les toitures, ici également pentues.

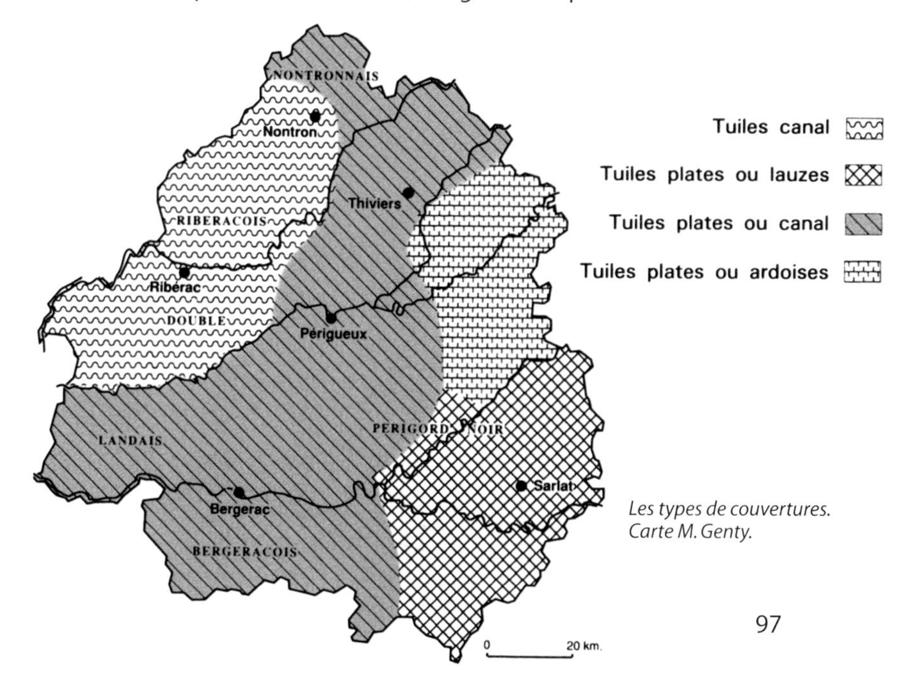

Les types de couvertures. Carte M. Genty.

Dans l'est du Périgord central, pays de causses, autour de Savignac-les-Églises, de Thenon, et dans tout le Périgord noir, l'architecture est de calcaire franc, dur, du Jurassique ou du Crétacé, appelant une mise en œuvre sous forme de moellons, presque toujours équarris. Ces calcaires peuvent prendre une teinte blonde qui confère, à l'habitat du Sarladais et du pays de Belvès, un charme inégalable et reconnu. Toitures pentues aux volumes imposants, à deux ou quatre versants, aux bases adoucies par des *coyaux* favorisant la tenue des lauzes et des tuiles plates, y sont aussi majoritaires, alors que, vers l'ouest, augmente puis s'impose l'emploi de la tuile creuse et les toits à faibles pentes, parfois légèrement débordants comme dans le Ribéracois. Une génoise, sorte de corniche faite de plusieurs rangs de tuiles prises dans du mortier, termine presque toujours la maçonnerie

Maison à toit de lauzes dans la commune de Saint-Amand-de-Coly. Cl. M. Genty.

des murs tout en soulignant agréablement la naissance de la base de la toiture.

Dans le Périgord blanc, à l'est de Périgueux, le calcaire crétacé demeure le matériau de base. Tendre et crayeux, il se taille facilement. Sous forme de bloc d'épierrement brut, il donne des moellons dissymétriques et arrondis, appelés « tête de chat ».

Dans le Bergeracois, ce sont aussi des calcaires blancs qui règnent sans partage, mais d'époque tertiaire. Ils peuvent être meulièrisés et devenir extrêmement durs, donnant alors des moellons irréguliers, très difficiles à tailler, et aux arêtes toujours vives. Autour d'Eymet et d'Issigeac, la tendance est aux toits de faible pente et à la tuile canal ; bien des grosses fermes de ces terres riches disposent de combles mansardés. Cette disposition de toiture se rencontre aussi un peu partout en Périgord.

Maison de vigneron, fin XVIIIe siècle. Lembras, vignoble de Pécharmant. Il arrive comme ici qu'un volumineux grenier surmonte parfois les deux pièces que comptent ces modestes habitations, quand elles dépendaient d'un important domaine produisant à la fois du vin et du grain. Cl. Y. Laborie.

Habitat de la Double. Cl. CDT.
A droite, disposition en lits alternés de briques et de galets de rivière dans la région du Landais. Cl. Y. Laborie.

De part et d'autre de la vallée de l'Isle, à l'aval de Mussidan, lorsqu'on pénètre les plateaux de la Double (rive gauche) et du Landais (rive droite), pays pauvre et forestier noyé sous des épandages tertiaires d'argile et de sable, apparaît une pittoresque architecture en colombage, garnie de torchis (terre argileuse mélangée à des poils d'animaux, de la paille ou des joncs hachés) et de *bricou*. Certaines de ces maisons en pan de bois, les plus riches, disposent, sur leur façade principale, d'une galerie-portique nommée « balet » sous laquelle les vieux aimaient se reposer ou travailler à de menus travaux, à l'abri du soleil. L'habitat doublau est aussi bien coiffé de toitures à faible ou forte pente, mansardées ou non, entraînant la coexistence de la tuile plate et de la tuile creuse.

Briques et galets
L'emploi du pan de bois s'étend également à la vallée alluviale de la Dordogne, autour et en aval de Bergerac, où il côtoie l'usage d'une maçonnerie mixte de briques et de galets de rivière. La disposition en lits alternés de ces deux matériaux agrémente les murs de la plupart des constructions du canton de La Force d'un dessin coloré et soigné. Des petits blocs calcaires se substituent aux galets, lorsqu'on s'éloigne du versant de la vallée, en direction de l'intérieur du Landais, où le torchis redevient dominant.

L'intérieur de la *meijou* paysanne

Au lendemain de la Grande Guerre, un formidable mouvement de modernisation transforma radicalement la maison et les modes de vie des ruraux. Aussi est-il exceptionnel aujourd'hui de retrouver des intérieurs paysans reflétant les dispositions qui furent traditionnellement les leurs, jusqu'à cette époque.

Le peu d'argent dont disposaient les petits cultivateurs n'allait que rarement à l'embellissement de leur maison. L'achat d'une bête ou d'une parcelle supplémentaire avait une toute autre importance. Mais, comme le rapporte G. Rocal, le paysan aimait sa maison et son intérieur que les femmes tenaient aussi propre que possible. Il ne contenait pas d'objets inutiles, et chacun d'eux, bien à sa place, du plus modeste au plus valeureux était entretenu avec soin et respect.

La cour
Très particulière est l'ambiance de la cour avec son tas de fumier aux exhalaisons douceâtres, autour duquel se disputait bruyamment la volaille, le tintement des chaînes et les sourds meuglements parvenant de l'étable, la ronde joyeuse du chien qui vous accompagnait.

La porte d'entrée et la protection de la maison

Ordinairement le logis disposait d'une unique entrée, défendue par une solide porte faite d'une double épaisseur de planches de chênes, liées par des pentures grossières, agrafées et bardées par de gros clous. Souvent un badigeon de chaux soulignait en blanc l'encadrement extérieur de cette porte, dont le panneau pouvait être teinté au bleu de charron. Traitement qui s'appliquait aussi, dans ce cas, aux pourtours des fenêtres et à leurs volets, conférant avec les teintes riches de la maçonnerie, du crépi et des verdures de la traditionnelle treille de vigne, un aspect étonnamment coloré aux façades de bien des maisons paysannes.

Au-dessus de la porte d'entrée, le linteau pouvait porter une croix, un cœur, un symbole solaire stylisé, une date d'édification ou un nom de famille. Clouée sur le bois du ventail une croix de brins d'armoise et d'épis de blé tressés, chaque année renouvelée aux fêtes de la Saint-Jean, gardait la maison du mal et protégeait sa porte.

La salle à vivre et la chambre

Après avoir franchi le seuil, les yeux s'accoutumaient lentement à l'intérieur faiblement éclairé de la salle commune. On y pénétrait le plus souvent directement. Son sol pouvait être simplement de terre battue, dallé de petites pierres calcaires *(pisé)*, de carreaux de céramique ou couvert d'un plancher de châtaignier posé sur des solives l'isolant de l'humidité du sol. Ses murs blanchis au lait de chaux n'étaient percés que d'une ou deux étroites fenêtres, parfois sans vitrage jusqu'au milieu du XIXe siècle.

Dans certaines maisons un peu aisées il existait un corridor d'entrée, isolant la salle commune de la chambre qui constituait le restant de l'habitation. Autrement une simple cloison en colombage *(mianis)* séparait ces deux pièces. L'accès à la chambre s'effectuait alors depuis la salle commune qui, elle aussi, accueillait des lits, lorsque la famille, de type patriarcal, était nombreuse.

Logés dans les angles de la salle, les lits avoisinaient la longue table encadrée de ses bancs, qui occupait le centre de la salle et qu'accompagnaient chez les plus riches la maie (pétrin) et le bahut ou le vaisselier.

Il était courant qu'un fils marié continue d'habiter, avec sa femme et ses enfants, chez ses parents où pouvaient aussi résider ses frères et sœurs. Pour assurer l'intimité de la couche et protéger les dormeurs du froid rigoureux qui régnait dans la maison, durant les nuits hivernales, le lit était clos par une courtine de droguet jaune ou vert, surmonté d'un « surciel » ou baldaquin accroché au plafond ou supporté par des colonnes. Le châlit était garni d'une paillasse bourrée de balle d'avoine ou de feuilles de maïs ou encore d'un matelas de laine (loudier) que recouvraient des draps (« linceuls ») de toile rugueuse, une couverture de cretonne colorée et une chaude couette de plumes d'oie ou de canard.

La religion individuelle
Avant de céder au sommeil, le paysan disait une courte prière puis se signait avec l'eau du petit bénitier de céramique, placé près de la tête du lit auquel était accrochée une branche de buis béni, ramenée chaque printemps de la messe des Rameaux.

Les vêtements du dimanche et le linge de maison, draps, serviettes, nappes de lin ou de chanvre, étaient le plus souvent serrés dans un simple coffre de noyer fermant à clef. Dans la chambre, l'armoire, comme du reste la pendule dans la salle, ne devinrent classiques de l'intérieur paysan qu'après les années 1830-1840.

Denrées, stockage et ustensiles

La vaisselle et les toupines de confit (conserves) prenaient place sur des étagères ou dans des placards muraux ou niches, fermés d'une porte à un ou deux battants, qui pendant longtemps firent office de buffet. Jambon, quartiers, lard, vessies de graisse (péteyrolles), saucisson et panier à fromage s'accrochaient aux solives noircies du plafond. Farine, céréales, oignons, ail, légumes et fruits secs (fèves, pois, haricots, raisins, pommes, prunes, châtaignes, noix) étaient stockés dans le *soulier* (grenier), ventilé par plusieurs *houteaux* (petites lucarnes triangulaires). On l'atteignait par une trappe, à l'aide d'une échelle mobile que l'on pendait au plafond de la salle après utilisation, ou par un escalier de meunier, d'un côté fixé contre un mur, de l'autre habillé d'une cloison de planches et fermé d'une porte à partir de la troisième marche. Quand la maison ne possédait ni cave, ni chais, les barriques de vins étaient logées dans un coin de la grange ou dans un appentis, accolé à la façade la moins ensoleillée.

Enfin, la réserve de sel se tenait dans un banc-coffre cubique, doté ou non d'un dossier et d'accoudoirs, placé tout contre la cheminée ou parfois, si celle-ci était vaste, sur l'un des côtés de son *cantou* (foyer). Les vieux aimaient à s'y asseoir, environnés de la chaleur de l'âtre, pour conter les histoires de l'ancien temps ou d'un air faussement assoupi, cachant l'éternelle méditation du paysan sur les meilleures manières d'acquérir ou de faire fructifier la terre, surveiller la soupe en train de mitonner dans l'oule de fonte.

La cheminée

La cheminée de la salle était le véritable cœur de la maison. On vivait la plupart du temps tourné vers elle, vers sa chaleur, vers sa lumière, le dos au froid et au noir de la pièce que ne parvenait pas à repousser l'éclat vacillant de la flamme du calel à huile ou des chandelles de suif, vite éteintes par économie, le repas du soir achevé. C'est autour de son foyer que tout était discuté entre le père et le fils, que se nouaient, aux veillées, les relations amoureuses, que se concluaient les mariages et les partages. Les femmes cédant souvent les rares sièges disponibles aux hommes et aux vieux, avaient conservé la coutume de se tenir accroupies devant le feu (G. Rocal). Elles s'y installaient aussi pour filer, coudre ou broder les coiffes des grands jours, énoiser ou égrener le maïs à la fin de l'automne en compagnie de la famille et de quelques voisins.
Sur le sol de l'âtre, revêtu de dalles calcaires, de brique ou de carreaux en céramique se posait directement une plaque de fonte lisse pour protéger sa surface de l'action du feu qui, suivant cette disposition traditionnelle, était fait au niveau du sol de la salle. Une seconde plaque de fonte, parfois décorée et datée, préservait le cœur de la cheminée, ordinairement crépi au mortier et badigeonné à la chaux. L'habitude de hausser, à l'aide de cales en pierre, la plaque foyère par rapport au niveau du sol, n'apparut semble-t-il que tardivement, vers le début du XXe siècle.

Deux variantes d'aménagement

Dans l'est du Périgord l'âtre et le conduit de fumée sont le plus souvent en partie engagés dans le mur contre lequel est établie la cheminée. Le linteau de pierre ou de bois qui supporte la hotte repose sur des jambages droits qui, débordant dans la pièce, ferment complètement les deux côtés du foyer.
Dans l'ouest la tendance est plutôt aux foyers ouverts, seulement surmontés par une hotte reposant sur des corbeaux saillant du mur contre lequel le cœur et le conduit de fumée de la cheminée sont simplement adossés.

Intérieur traditionnel vers 1970, commune de Saint-Georges-de-Monclard. Cl. R. Laborie.

L'espace de l'âtre était en fait la cuisine. De nombreux objets y prenaient place : crémaillère à anneaux ou à dents pour pendre le pot à soupe, main de fer pour en soulever le couvercle, chenets à landiers de fonte ou de fer forgé, avec leurs barres à feu et le tournebroche, trépied, cale-pot, chaudron, ou le tripode à châtaignes, poëles, « toupis » de terre et de fonte de fer. Parfois, accolé sur un des côtés du foyer de la cheminée, un potager, sorte d'entablement maçonné contenant un petit fourneau, complétait avec l'évier l'équipement de la cuisine.

Engagée dans une niche murale, la grosse pierre monolithe de l'évier possédait un bassin très peu profond, juste suffisant pour recueillir le mince filet d'eau s'écoulant du godet à long bec ou *couade,* servant à la fois de louche à puiser dans le seau ou « seille » et de fontaine. Un égouttoir à vaisselle, fait d'un panier d'osier *(bouyricou)* ou d'une caisse à claire-voie posée sur quatre pieds, pouvait côtoyer la niche de l'évier toujours proche de la porte d'entrée de la salle.

Famille paysanne dans le Bergeracois, début du XXe siècle. Coll. Y. Laborie.

Enfin on ne peut clore ce rapide inventaire de l'intérieur de la maison paysanne sans évoquer les pots à épices de mauvaise faïence, achetés à une foire de bourg une année de richesse, qui ornaient la tablette de la cheminée, la gibecière au cuir patiné et le fusil, pendus au manteau de la hotte en dessous du crucifix, près de l'évier le calendrier pointé au mur servant, avant tout, à compter les lunes.

Yan Laborie

Puits public, Les Gironnets, commune de Lembras, XVIIIe-XIXe siècles. Autour des margelles des puits se nouaient les relations scellant la vie communautaire des hameaux. Coll. particulière.

La gestion de l'eau

L'eau qu'il fallait aller puiser quel que soit le temps, à la citerne, à la source ou au puits plus ou moins distants de la maison, s'employait avec parcimonie. Pour la porter au logis les femmes entraient dans un cerceau pour tenir les lourdes seilles écartées de leurs jupes et les protéger des rejaillissements.
Une croix de bois, placée dans le seau et surnageant à la surface de l'eau, aidait à briser le clapotis provoqué par le mouvement de la marche.
Certaines préféraient utiliser le *chambalou*, planche aux extrémités de laquelle étaient accrochés les seaux et qui se posait en balancier sur l'épaule ou la nuque. D'autres encore, poitrine bombée et poings sur la cambrure des reins, portaient l'eau dans un grand cruchon posé en équilibre sur leur tête coiffée, pour la circonstance, d'une couronne de laine (G. Rocal).

Cyprien Brard
Coll. ADD.

Cyprien Brard, un homme pas ordinaire

Né dans l'Orne à L'Aigle en 1786, il s'est installé en Dordogne en 1816, après avoir parcouru une partie de l'Europe du Nord pour parfaire sa formation avant de devenir aide-naturaliste au Muséum d'Histoire naturelle, puis directeur de Mines en Savoie. Patron, il est surtout chercheur et publie régulièrement, depuis 1805, des ouvrages (une vingtaine, sans compter de nombreux articles) significatifs de ses préoccupations : travaux scientifiques de géologie, ouvrages de vulgarisation, petits livres d'éducation populaire, en particulier dans la série de la librairie Levrault : *Maître Pierre ou le savant au village*. Au Lardin, il a créé dès 1823 une caisse de secours et, sur le modèle anglais, une école mutuelle pour les ouvriers. Patron malchanceux, misant sur des aménagements structurels qui se font attendre, il a construit une verrerie (1825) pour augmenter les débouchés des mines en utilisant les ressources locales en sable vitrifiable. Celle-ci démarre enfin, tandis que la Compagnie des Houilles du Lardin est mise en liquidation, au moment où Brard se voit chargé de l'enquête.

L'enquête de Cyprien Brard

En 1834, un préfet entreprenant, Auguste Romieu, récemment installé à Périgueux par la Monarchie de Juillet, prend l'initiative de mettre en chantier une vaste enquête statistique dans son département, afin de faire un état des lieux. Il confie cette énorme tâche à un homme qu'il ne connaît pas, mais dont la réputation locale et le niveau scientifique reconnu sont autant de gages de sérieux : il s'agit de Cyprien Prosper Brard, ingénieur des Mines, directeur de la Compagnie des Houilles du Lardin.

S'inspirant largement des statistiques des préfets de l'époque napoléonienne, ce dernier élabore un vaste projet articulé en sept points :

I. Topographie. Météorologie. Géologie. Histoire naturelle.

II. État civil. État physique et moral des habitants.

III. Principales époques de l'histoire du Périgord. Célébrités du Périgord. Monuments. Notices sur les principales villes de la Dordogne.

IV. Administration civile, religieuse, militaire, judiciaire, financière. Eaux et forêts. Hôpitaux. Hospices. Bureaux de bienfaisance.

V. Instruction publique.

VI. Agriculture.

VII. Industrie. Commerce. Moyens de transports. Service de poste.

Pour le réaliser, il mobilise les données disponibles : travaux existants, sources administratives telles l'état civil ou les mercuriales, appel à des personnes ressources, notables ou érudits auxquels il demande des témoignages et même la rédaction de notices couvrant certains chapitres. Enfin, et surtout, il construit un vaste questionnaire d'enquête, riche de 127 questions, qu'il adresse en trois envois, aux 582 maires du département de la Dordogne. Celui-ci porte pour l'essentiel sur la vie agricole (71 questions) sans négliger pour autant une information sur d'autres aspects : topographie (11), industrie (16), hygiène et santé publique (17), antiquités et curiosités enfin (7) ; ce dernier volet permettant un premier inventaire du patrimoine archéologique du département.

L'entreprise, énorme, ne put être menée à son terme. En effet, Brard s'éteint le 28 novembre 1838, à l'âge de 52 ans, laissant un chantier inachevé : les questionnaires communaux en voie de dépouillement, des débuts de synthèse sur l'agriculture ; 21 chapitres sur les 41 prévus sont seulement réalisés. Le préfet Romieu, voyant un à un se récuser les successeurs possibles de Cyprien Brard enterre le projet.

***L'enquête Brard,* 15 gros volumes in-folio conservés aux Archives départementales de la Dordogne, donne, sous l'angle descriptif, une image unique du monde rural périgourdin dans la première moitié du XIXe siècle. À quelques limites près. Certains maires, méfiants, paresseux ou incapables n'ont pas répondu, malgré les rappels à l'ordre du préfet ou de Brard lui-même qui n'hésitait pas à se déplacer sur le terrain. D'autres ont renseigné les questionnaires de façon très, trop, laconique ou n'ont traité qu'une partie de ceux-ci. Ceux qui, bon gré mal gré, se sont pliés à l'exercice donnent une vision de la réalité à travers deux filtres qu'il ne faut pas négliger : leur personnalité, la formulation des questions.**

Le résultat n'en demeure pas moins tout à fait remarquable, en raison de la qualité même du questionnaire élaboré par Brard. Celui-ci, s'il n'est pas exempt de maladresses (les méthodes de la statistique restent à perfectionner en 1835), écarte de manière délibérée et quasi totale les aspects quantitatifs pour privilégier, par des questions suffisamment ouvertes, le discours. C'est là son intérêt mais aussi son principal défaut : riche et concret mais impressionniste, il permet un regard ethnologique mais reste d'exploitation statistique limitée.

Michel Combet

La vie domestique

Se nourrir

Au temps de Cyprien Brard, de la soupe et du pain

Traditionnellement, l'essentiel de la cuisine populaire est constitué par les soupes, « soupes de bouvier », véritables plats complets, diverses, variées, riches, reconstituantes. Une bonne soupe, c'est une alchimie de saveurs lentement élaborées : équilibre recherché entre les légumes « de l'air » et les légumes « de la terre », avec une touche propre au Périgord : le « fricassage » à la graisse de quelques tranches de légumes avec éventuellement un ou deux dés de lard. C'est le petit détail qui change tout. C'était aussi le plus souvent, autrefois, le seul apport animal du repas.

La sopa dau matin.
Coll. particulière.

Les boissons
Les fêtes sont l'occasion de boire du vin, car au quotidien les Périgourdins boivent essentiellement de l'eau ou de la piquette, préparation à base d'eau et marc de raisin, et la région se range parmi les faibles consommatrices de vin.

La composition du pain

Les besoins dictent les recettes : dans les zones les plus fertiles, les grandes vallées, la majorité des maires affirme l'exclusivité « du pur » froment ; ailleurs, les choses varient d'une année sur l'autre, surtout pour les plus misérables... situation résumée par le premier magistrat de Limeuil. « Dans les temps difficiles et de cherté du blé, on combine la pomme de terre avec le maïs seul, ce qui fait d'assez mauvais pains, même un tiers ou un quart. D'autres le mêlent au froment, et seigle-froment dans la proportion d'un quart ou d'un tiers, ce qui fait d'excellents pains. On met quelquefois de la fève dans le pain, mais jamais de haricot ou autre grain, pour la raison que le prix des haricots suit toujours celui du froment et le dépasse souvent. »

Moulin sur la Dronne. Coll. Guimard. Cl. L.-J. Laffargue.

Le pain, bien cuit et rassis, taillé à la tourte aura « confit » dans le bouillon le temps qu'il convient.

Le tourain, lui, est une soupe rapide et plus légère que l'on fait lorsque l'on n'a pas le temps ou lorsque le menu est déjà assez copieux. Le plus typique est le tourain blanchi à l'ail.

Après la soupe, on fait chabrol : on rajoute alors du vin dans son assiettée de soupe chaude. « On lui accorde la faculté de délasser les personnes qui sont très fatiguées par suite d'un travail forcé ou d'une grande marche » (C. Brard).

Les jours de grand appétit, on remplace les « tailles » par une mique (longtemps de farine de maïs, parfois enrichie de quelques dés de lard) qui a lentement cuit dans le bouillon de légumes avec un généreux petit salé, en Sarladais surtout.

Au temps de C. Brard, pour les plus pauvres des paysans périgourdins, c'est là toute la nourriture quotidienne à côté du pain, lequel tient une place essentielle dans l'alimentation. Le pain blanc, de froment est un luxe et le plus souvent la farine de blé est mélangée à d'autres produits tels que farine de seigle, maïs, pomme de terre, châtaigne ou autres plus surprenants : baillard, vesces, fèves, petits pois...

Frotté d'ail ou d'oignon, trempé dans une sauce à base d'huile de noix, le morceau de pain le plus rassis était récupéré et comblait pour quelque temps des appétits insatisfaits.

Viande et poisson

La viande n'est pas totalement absente de la table paysanne, elle est seulement rare. La plus répandue est celle du porc, engraissé sur place et salé, véritable richesse des familles de ruraux. Parfois viennent s'y ajouter les ressources de la basse-cour, celles de la chasse et de la pêche : alors volailles, œufs et gibier, ou saumons de la rivière Dordogne, rompent la monotonie de l'alimentation quotidienne. Dans leur réponse à l'enquête de C. Brard, plusieurs maires réservent une place à part aux œufs, qui « sont une grande ressource » pour le paysan, tandis qu'ils sont nombreux à signaler la viande fraîche comme le mets le plus rare, consommé seulement « au cabaret, ou dans les grandes occasions » (Limeuil).

La semi-rareté des volailles, du gibier, comme de certains légumes, ou encore des champignons, et bien sûr des truffes, sur la table paysanne, trouve son explication dans le fait qu'à leur consommation, on préfère le plus souvent la vente, sur le marché le plus proche, car c'est là une des rares occasions de faire entrer quelque argent dans le ménage. Ils retrouvent leur place lors des rares repas de fête que s'octroient les paysans périgourdins.

Cl. M. Chadeuil.
A droite, pêche à l'araignée.
Cl. EPIDOR / EPTB Dordogne, A. Bordes.

La préparation des châtaignes

**« À la veillée, on s'occupe à peler toutes les châtaignes qui doivent être mangées le lendemain. Cette opération est longue [...]
La seconde opération a pour but d'enlever la pellicule rougeâtre qui se trouve sous l'écorce brune.
Voici comment on y parvient.
On place les châtaignes simplement pelées dans une marmite de fonte qui est à peu près sphérique au fond et qui se termine par un collet droit et cette forme particulière est essentielle au succès de l'opération : on fait chauffer la châtaigne dans un peu d'eau, jusqu'à ce que la pellicule s'enlève aisément. Mais il ne faut pas que la cuisson soit assez avancée pour que les châtaignes puissent se laisser écraser par le frottement qu'il faut bien leur faire éprouver pour les débarrasser de leur dernière enveloppe. En effet, après avoir retiré la marmite du feu, on introduit dedans deux bâtons croisés couverts de petites entailles et réunis en leur milieu d'un clou en forme de croix de Saint-André et quand les deux branches inférieures sont introduites, on fait tourner de gauche à droite et de droite à gauche... de manière à bien faire frotter les châtaignes chaudes les unes contre les autres, puis contre le bâton de bois nommé *escuradour* et contre les parois de la marmite.
Et après avoir tourné et retourné *l'escuradour* pendant quelques minutes, on renverse les châtaignes dans une espèce de crible, on les agite, et on achève ainsi de les blanchir ; alors quand l'opération a été bien faite, elles sont parfaitement dépouillées de leur pellicule, elles sont blanches et appétissantes et ne demandent plus qu'à être cuites, et c'est la dernière période de l'opération, voici en quoi elle consiste : après avoir mis au fond de la même marmite quelques feuilles de maïs, on recuit les châtaignes sur le feu en ayant souci de les recouvrir d'un tampon de linge qui s'oppose à la sortie de la vapeur que la petite quantité d'eau contenue dans la châtaigne produit.
Quand cette vapeur est parvenue jusqu'au tampon de linge, on dit que la chaleur est à sa place et alors les châtaignes sont cuites.
Cette petite opération assez longue à décrire et assez difficile à bien faire épargne beaucoup de temps aux domestiques et aux ouvriers qui doivent déjeuner avec, car les châtaignes ainsi préparées se mangent avec la plus grande facilité, tandis que si on les servait encore enveloppées de leur peau brune, cela demanderait beaucoup trop de temps et ne pourrait véritablement être donné comme nourriture à des hommes si lents et si longs à manger. »[1]
(Cyprien Brard)**

Cl. M. Chadeuil.

Les céréales

**Omniprésentes, elles entrent dans la fabrication de bouillies, de gâteaux (millas de maïs), de crêpes (de sarrasin). Quant aux pommes de terre, si l'usage le plus fréquent retenu par Brard dans sa synthèse est celui de sa farine, elle est çà et là consommée en ragoût (on dit parfois « ragoutée »).
Reste, la châtaigne, véritable aliment de base, dont le mode de préparation retenu en Sarladais, force l'admiration de Cyprien Brard, pourtant enclin à la critique.**

1. De nos jours, cette préparation délicieuse n'est plus pratiquée que par quelques familles. L'*escurador* (appelé aussi *esvirolador, eschauvador, desboirador, rufador*...) n'est en vente nulle part et l'*ola* ventrue n'est plus fabriquée.
Faite pour la cheminée, il est bien difficile de la poser sur une gazinière.
Mais *las castanhas rufadas* à Sarlat, ou *las chastanas eschauvadas* à Périgueux ont leur place dans les grandes nostalgies des Périgourdins.

Traditions d'aujourd'hui

Les traditions culinaires paysannes persistent, mais la société a changé. La table des plus pauvres s'est rapprochée de la table des familles plus aisées. Il est, comme on dit, plus souvent dimanche.

Les jours de fête ou de réception, les farces sont présentes pour accompagner les viandes et les poissons car les morceaux nobles se doivent d'être accompagnés et mis en valeur, dit-on. La farce paysanne, c'est du pain, des œufs, du persil, de l'échalote et un peu d'autre chose. Disons un quart de... différence qui fait qu'il n'y en a pas deux semblables.

Petit conseil d'aujourd'hui

La viande doit être « faite ». Un poulet rôti paysan a vécu. Sa chair doit avoir un souvenir de basse-cour, de prairie, de sous-bois, de glane et de chapardage. S'il a cuit très lentement comme il se doit, la peau en croustillera délicieusement. Et si des chapeaux de cèpes frais ont lentement « confit » tout autour, le souvenir sera inoubliable.

Des fêtes du goût

Pour qui sait attendre, les saisons font se succéder d'innombrables fêtes non carillonnées : les pissenlits au lard et à l'huile de noix, la salade de cresson sauvage aux gésiers confits, les beignets de fleurs d'acacia, les premières pommes de terre mariées aux premières girolles, le premier clafoutis de cerises noires, la première marmitée de châtaignes « blanchies », cuites dans une vapeur légère parfumée à la feuille de figuier, la première soupe de gesses avec son hachis de lard et d'herbes, la première *esborrissada* de cerfeuil sur une soupe de haricots blancs, le premier potiron craquant sous le couteau (une moitié en soupe et l'autre pour faire un délicieux dessert, le millas), la première tourtière de salsifis, le premier confit aux pois tendres... Et tout l'hiver, chaque semaine, une nouvelle saveur, une nouvelle couleur de pomme, en attendant que, sur la paille, la suivante soit ridée juste à point. Et, comme le nez est près de la bouche, la fête de la première truffe déterrée, tant qu'il en reste encore...

Ce sont des choses rares, nobles ou roturières, celles dont on n'a pas autant qu'on en voudrait : les grillons, sortes de rillettes qui sont le résidu de chair maigre obtenu après la lente fonte de la graisse du porc ou de l'oie, l'« endulle », andouille qu'aucun charcutier n'aurait l'idée de confectionner car, outre les boyaux idoines, il n'entre dans sa composition que les quelques lambeaux de chair que la saignée du porc n'a pu vider de leur sang.

Ces mets sont la marque d'une science éprouvée des saveurs : bréchets de canard grillés, sanguettes, soupe de carcasses, « rosicas » (abats de canard ou d'oie préparés comme les confits et en même temps qu'eux), « tripolat » ou « jimborat » (soupe trempée avec le bouillon où ont cuit les boudins)...

Une poêlée de chanterelles.

Cl. M. Chadeuil.

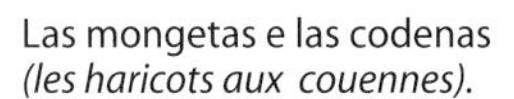

Las mongetas e las codenas *(les haricots aux couennes).*

Lo milhasson *(le millassou).*
A droite, clafoutís de prunons *(clafoutis aux mirabelles. Les puristes ne le voudraient qu'aux cerises noires).*

« Sans beurre et sans reproche », cette boutade de Curnonsky caractérise parfaitement la cuisine traditionnelle du Périgord : elle ignore le beurre. On veut bien l'accepter pour le goûter des enfants, avec des crudités ou des châtaignes blanchies mais jamais on n'en mettra une noix dans la poêle[1].

Seule exception notoire : la pâtisserie. Encore que, dans ce cas, ce que les anciens appelaient « *burre* » était en fait le plus souvent la crème (cuite) qui recouvrait la casserolée de lait, bouilli après la traite du soir pour le petit déjeuner du lendemain. Elle donne une pâte légère et feuilletant facilement. Cet interdit vaut aussi pour la crème fraîche.

Quant à l'huile, le Périgord en produit une fort savoureuse mais l'utilise également avec parcimonie. L'huile de noix ne doit pas chauffer, telle est la tradition[2]. On en assaisonne les salades ou on en verse un filet sur une bonne soupe de haricots blancs.

Ici, quand on parle de « frire » il faut comprendre « faire cuire patiemment avec le moins de gras possible », mais ce minimum est indispensable. Traditionnellement, on utilise la graisse animale, de porc ou de palmipèdes ; celle qui enrobe le foie gras de canard fait à la maison, belle graisse dorée qu'il a exsudée lentement, est délicieuse.

Michel Chadeuil et Michel Combet

Laitue et cresson sauvages se marient bien avec l'huile de noix.

Beignets de fleurs d'acacia.

Pommes de terre et chanterelles : de quoi faire de savoureuses pommes paysannes (ou sarladaises).

Le gâteau de noix.

Photos extraites du livre Cuisine paysanne en Périgord *par M. Chadeuil, éditions Ostal del Libre.*

1. Les nutritionnistes nous apprennent aujourd'hui que c'est là un premier signe de sagesse.
2. Là encore les spécialistes nous confirment qu'elle est scientifiquement fondée. Les nutritionnistes pourraient vous dire encore que la tradition périgourdine est fort sage d'ignorer les bains de friture.

S'habiller

Les tissus

Paysans du Nontronnais. Extrait de La Guyenne Monumentale, 1840. Coll. ADD.

Dans leur grande majorité, les « vêtements de ménage » étaient fabriqués sur place avec des matières premières locales, travaillées dans la commune même ou dans les communes voisines. Le filage, le tissage et autres opérations, demeurent le plus souvent des activités complémentaires à l'agriculture ; elles occupent une partie de la main-d'œuvre paysanne durant la morte saison et visent uniquement à satisfaire la demande locale, voire familiale.

Cadis[1], droguet[2] et bure[3] pour l'hiver, toile de lin ou de chanvre pour l'été, teints surtout en marron, ou en gris, parfois en bleu, commencent à être concurrencés par des tissus fabriqués en atelier, achetés sur le marché voisin ou au colporteur. Les jeunes les plus aisés, les femmes sont les plus sensibles aux charmes de la nouveauté et s'habillent quand leurs moyens le leur permettent de cotonnades, de printanière[4] ou d'indienne[5] à la belle saison, de cadis de Montauban parfois, mais plus rarement de drap d'Elbeuf, l'hiver.

Ce luxe, demeure pourtant l'exception : au quotidien, le vêtement habituel du paysan périgourdin est simple et sans fantaisies, quand il n'est pas misérable.

Les pièces du vêtement

Modestes et peu nombreux, les vêtements paysans sont aussi peu variés : chemise, gilet rond, veste courte, blouse, pantalon, chapeau ou bonnet pour les hommes ; chemise, jupe, mouchoir de tête ou foulard pour les femmes.

Sans doute des fantaisies locales viennent-elles s'ajouter qui font apparaître des différenciations régionales mais

1. Serge de laine, de bas prix.
2. Drap mince, tout de laine ou, moitié laine et moitié fil.
3. Grosse étoffe de laine.
4. Étoffe légère.
5. Étoffe de couleur peinte de couleurs vives imitant les productions de l'Inde.

l'épanouissement des costumes vernaculaires, conservés depuis la fin du XIXe siècle par les folkloristes, est postérieur à 1835. De Piégut à Monpazier, de Vélines à Villac, les paysans périgourdins de la Monarchie de Juillet ressemblent à s'y méprendre à ceux dépeints par Eugène Le Roy dans *Jacquou le Croquant,* 1900 :

« Ils étaient vêtus misérablement, tous, de vestes en droguet, blanchies par l'usure, de vieilles blouses décolorées, salies par le travail, de culottes de grosse toile ou d'étoffe burelle, pétassées de morceaux disparates. [...] La plupart étaient coiffés de bonnets de coton, bleus, blancs, avec un petit floquet (ruban de petite taille, disposé en forme de flocon), sales, troués souvent, qui laissaient échapper d'épaisses mèches de cheveux. D'autres avaient de grands chapeaux périgourdins ronds aux bords flasques, déformés par le temps et roussis par le soleil et les pluies. Point de souliers, tous pieds nus dans leurs sabots garnis de paille ou de foin. Les femmes abritaient leurs brassières d'indienne et leurs cotillons de droguet sous de mauvaises capuces de bure, ou se couvraient les épaules d'un de ces fichus grossiers qu'on appelait en patois des coullets.

C'était bien, là, la représentation du pauvre paysan périgourdin d'autrefois, tenu soigneusement dans l'ignorance, mal nourri, mal vêtu, toujours suant, toujours ahanant, comptant pour rien, et méprisé par la gent riche ».

Les mieux lotis accèdent pour les jours de fête, les dimanches, à des vêtements plus raffinés fabriqués à partir de « tissus de marchands ». Le vêtement demeure cependant un produit cher, suffisamment précieux pour être l'objet de convoitises, même lorsqu'il est modeste, suffisamment important pour qu'on risque sa vie pour éviter qu'il ne soit détruit ou volé.

La fabrication des sabots d'après l'enquête de Cyprien Brard

« Dans l'arrondissement de Bergerac, il n'existe point de grands centres de fabrication de sabots mais il existe beaucoup de gens qui savent les faire sans exercer exclusivement ce métier. C'est pendant l'hiver surtout qu'ils font les sabots pour eux, leur famille et leurs voisins. On en exporte très peu si ce n 'est peut-être de la commune de Paleyrac qui en vend à Sainte-Foy. Saint-Seurin, Saint-Vivien ont aussi quelques gens qui font le métier de sabotier.
Le noyer est le bois préféré pour la confection des sabots mais le grand hiver de 1830, en gelant un grand nombre de ces arbres a forcé les sabotiers à se servir aussi d'autres bois tels que l'ormeau, l'aulne ou verne, le frêne et même le peuplier.
Sur 84 communes de l'arrondissement de Sarlat, 72 fabriquent des sabots pour leur usage, quelques-unes seulement en exportent à Terrasson, Sarlat et Montignac. À Coly et à La Chapelle-Aubareil, on en fabrique beaucoup et dans cette dernière commune 20 cloutiers travaillent pendant environ six mois à faire les clous qui servent à les ferrer... ».

Coll. T. Boisvert et Y. Laborie.

Se soigner

Les progrès de la médecine scientifique, quoique réels, n'excluent pas le recours aux médecines traditionnelles enracinées dans les mentalités populaires, et qui perdurent encore, non sans succès, au début du XXIe siècle.

Jours fastes et jours néfastes
En Périgord comme dans beaucoup d'autres parties de la France on ne commence point certains ouvrages le vendredi ; on évite de tondre les moutons en mai et le lundi, mercredi et vendredi sont de bons jours pour cette opération ; on commence volontiers à sarcler les blés le vendredi et à lier les arbres fruitiers avec un lien de paille le Mardi gras pour qu'ils portent beaucoup. Tous les jours ne sont pas bons pour nettoyer les étables. Ne pas faire la lessive pendant l'octave de la Fête-Dieu parce que cela fait mourir les maris. Prendre des pousses de verne (aulne) au carrefour de 4 paroisses avant le lever du soleil, les ficher dans le toit d'une étable pour préserver les bestiaux ou les planter dans les champs de raves pour les préserver des insectes. »

Brevets, amulettes...

Ils viennent largement en tête. La forme la plus répandue est le mouchoir porté autour du cou ou du poignet et renfermant quelques produits divers dont l'enquête Brard livre le secret : « Les brevets sont des petits paquets de toile carrée qui renferment des herbes ou certaines paroles que l'on suspend au cou pendant quelques jours et que l'on doit brûler soigneusement sans les ouvrir. Ces paroles sont *brac, cabrac, carabrac, carabrac, comjusre, carabrac, comjusre* (copie d'un brevet que j'ai ouvert)... »

« Charlataneries » ou « sortilèges » de « bonnes femmes » ou de « sorciers », ces remèdes sont souvent le fruit d'un savoir empirique mais réel associé à des formules magiques, ésotériques, qui n'excluent pas le recours à la religion officielle : prières, patenôtres, invocation de saints...

Quant à la sorcellerie, elle utilise bien d'autres remèdes tels que les conjurations, les vésications, la griserie et les applications animales : « le crapaud, appliqué en vie et à nu sur l'estomac du malade a la propriété d'emporter le venin » dit-on à Cabans où le maire ajoute péremptoire : « ils veulent dire le mal ».

Pélerinages et saints guérisseurs

Comme toutes les provinces françaises, le Périgord a ses saints guérisseurs et ses sources miraculeuses... Saint Avit était réputé soigner les rhumatismes, saint Front et saint Mémoire se partageaient, à Périgueux, le mérite de combattre les maux de têtes, tandis que saint Yriex guérissait la diarrhée à Saint-Germain-des-Prés. On déposait le linge des enfants malades à la fontaine Saint-Sicaire de Brantôme de même qu'à celle de Saint-Pardoux-la-Rivière ; la fontaine Saint-Martin à Jumilhac-le-Grand guérissait de la peur et... des rhumatismes.

Autour des plus renommés de ces saints protecteurs ou de ces eaux bienfaisantes naquirent et se développèrent des pèlerinages locaux ou régionaux qui ont traversé les siècles.

En plein cœur du Périgord noir, dans la commune de Castels, la petite chapelle Notre-Dame de Redon-Espic proche d'un petit édifice rond, d'où sourd une fontaine, Font Bierge ou fontaine de la Vierge, accueille, tous les 8 septembre, un rassemblement de croyants. Là, en 1814, la Vierge apparût à une jeune fille du nom de Jeanne Grave : si aucune enquête canonique ne vint authentifier le fait, les autorités autorisèrent les assemblées religieuses et, depuis, on vient ici prier, remercier, se recueillir près de la fontaine...

La chapelle Saint-Rémy, d'Auriac-en-Périgord, attirait chaque année, le 23 août, une foule de malades et d'invalides qui, frottant la partie douloureuse de leurs corps à la statue du saint guérisseur (Rémy se dit « Rémédy », en langue d'oc) en attendaient un soulagement à défaut d'une guérison. Eugène Le Roy, d'un anticléricalisme viscéral, brosse un tableau coloré de ce pèlerinage, entre tendresse et ironie :

« Tout ce monde venait demander la guérison au bon saint Rémy : ceux-ci avaient des douleurs, ou du mal donné par les jeteurs de sort, ou des humeurs froides; ceux-là tombaient du haut mal, ou se grattaient, rongés par le mal Sainte-Marie, autrement dit la gale, assez commune en ce temps. Parmi ces malades, il y avaient de vieux, de jeunes ; des hommes fatigués par un mauvais rhume tombé sur la poitrine ; des femmes incommodées de suites de couches ; des filles aux pâles couleurs ; des enfants teigneux ; de pauvres épouses bréhaignes [...].

Mais les jours de dévotion comme celui-ci, on se frottait directement [à la statue du saint]. Ceux qui avaient la sciatique se le faisaient promener depuis la hanche jusqu'au talon, par dessus la culotte ; mais, des fois, des vieilles, percluses de douleurs, qui n'avaient pas peur de montrer leurs lie-chausses ou jarretières, se le fourraient sous les cottes, ayant fiance que le frottement sur la peau avait plus de vertu. Ah ! il en voyait de belles, le pauvre diable de saint. » *Jacquou le Croquant*, 1900.

Aujourd'hui, ce pèlerinage a quasiment disparu, reste une jolie chapelle rurale du XVe siècle abritant une statue de pèlerin ou « roumiou » bien déformée par les coups de canif des fidèles désireux d'emporter avec eux un peu de cette pierre réputée protectrice...

Plantes et eaux salutaires

L'utilisation des simples, sous forme d'infusions ou de cataplasmes mobilise les propriétés de certaines plantes, que la médecine actuelle ne rejette pas, telles le bleuet (centaurée commune) utilisé en chimiothérapie, ou le lierre (herbe de la Saint-Jean). Cueillies dans des conditions particulières pour une plus grande efficacité, elles sont proposées seules ou accompagnées d'autres ingrédients, dans de nombreuses communes du Périgord.

Les vertus de certaines sources ou fontaines sont aussi largement mentionnées, en particulier à Creysse, Mialet, Pluviers, Sarrazac, ou Saint-Pierre-de-Frugie où les habitants « ajoutent beaucoup de foi à l'eau d'une fontaine appelée la Côte de la Chèvre ».

Michel Combet

Des remèdes étranges

Démuni face au mal, le monde paysan est prêt à accueillir bien des remèdes colportés par la rumeur, échangés à la veillée ou sur les foirails et les places des bourgs. À Chantérac, le peuple « prétend que le vin qui reste dans les burettes après qu'on a célébré la messe a la propriété d'enlever les fièvres. » À Cendrieux, « il y a certaines personnes qui ont quelques préjugés particuliers pour chasser les fièvres. Tel, par exemple celui-ci : sept enfants mâles dans la maison où il ne sera venu aucune fille, le plus jeune des sept aura le don de chasser les fièvres en ramassant des herbes qui seront attachées au cou de celui qui les aura... » À Auriac-de-Bourzac, « on utilise des pierres tirées des mines de fer qu'on fait séjourner un certain temps dans l'eau. » À La Chapelle-Gonaguet, « le plus ordinaire est d'arracher le dard d'un serpent qui doit, après cette opération, s'en aller également. » À Belvès on dit que « tel qui serait né le jour de la Noël, à minuit a le pouvoir de chasser la fièvre en donnant le pain par aumône et faisant dire quelques prières. » Dans le Sarladais enfin et pour clore cette pharmacopée étrange, notons que trois communes proches comptent sur une peur subite pour chasser les fièvres...

Page de gauche, un jauvent *adossé à un* bournat, *c'est-à-dire une ruche faite du tronc creux d'un arbre (châtaignier). Le mot* jauvent *est un dérivé de* jauvir *(du latin* gaudere*), jouir, être heureux...*
Pages suivantes, pèlerinage à Saint-Astier. Carte postale ancienne. Coll. La Thèque.

Pélerinage de la Chapelle des Bois - St-ASTIER (Dordogne)

Les travaux et les jours

Travailler la terre

Céréales et pratiques culturales traditionnelles

À l'époque de l'enquête de Cyprien Brard, d'une manière générale, la mise en œuvre de nouvelles méthodes comme l'utilisation de nouveaux matériels sont rares et demeurent le fait de quelques grands propriétaires terriens. Beaucoup de communes ignorent encore en 1835 les prairies artificielles et les assolements savants qui permettraient de réduire la jachère.

Ce retard, flagrant, peut être constaté aussi en ce qui concerne les nouvelles cultures, regardées avec méfiance, comme le colza, ainsi que pour les fumures et amendements ou encore l'outillage utilisé. La principale cause du maintien, souvent observé, des « vieilles routines » tient pour l'essentiel dans la structure foncière. À côté de grandes propriétés, faisant appel au métayage et au colonat[1], existe en Périgord une importante propriété paysanne, dont les contemporains n'ont pas toujours eu conscience. Si la première représente 6,2 % des propriétaires et près de la moitié des surfaces, la seconde est dominante dans le Sarladais, le Bergeracois et dans toute une partie du Ribéracois, et continue à l'époque de Brard de s'accroître : 261 des 397 communes qui répondent sur le sujet à l'enquête, connaissent ce phénomène.

Métayers, colons, bordiers[1] ou micro-propriétaires n'ont pas les moyens d'innover : les uns restent tributaires de baux trop courts et fragiles, les autres ne survivent que grâce à des activités d'appoint. Nombreux sont en effet les paysans périgourdins qui sont à la limite du seuil de subsistance et qu'une mauvaise récolte suffit, comme aux siècles passés, à faire basculer dans la misère[2].

Car l'agriculture périgourdine, face à une pression démographique qui ne sera plus jamais dépassée, répond avec des moyens aussi limités qu'archaïques. L'outillage n'a guère évolué depuis des siècles : houe, bêche, araire. Ce dernier, s'il connaît quelques perfectionnements, surtout réels au niveau de l'introduction du fer et parfois d'un versoir, reste dépourvu de roues et continue d'égratigner les terres les

1. Bordier, colon (colonat) : petit métayer, une métairie pouvant regrouper plusieurs familles de bordiers ou colons.

2. Les réponses de 326 maires révèlent un paupérisme rural dont le XXe siècle et ses problèmes urbains ont fait oublier l'existence. Quelques-uns en analysent l'origine avec pertinence : la fragilité d'une agriculture encore soumise aux caprices du temps, les règles d'une société qui n'a rien prévu pour les plus démunis de ses membres en sont les principales causes, bien plus que la paresse et l'intempérance évoquées par d'autres.

plus rocailleuses. La bêche, quant à elle, est souvent utilisée en 1835 encore pour les cultures de plein champ. Cet usage peut surprendre mais présente pour les contemporains le double avantage de travailler les sols plus profondément que l'araire, et d'occuper utilement une main-d'œuvre abondante et disponible, ce qui lui vaut l'estime de bien des notables, pourtant agronomes avertis... La nécessité l'impose aussi, et fait la différence entre « ceux qui ont des bœufs » et qui « labourent », et ceux qui n'en ayant pas « bêchent » (Grignols).

Houe à cheval, invariable dans sa marche. Coll. ADD.

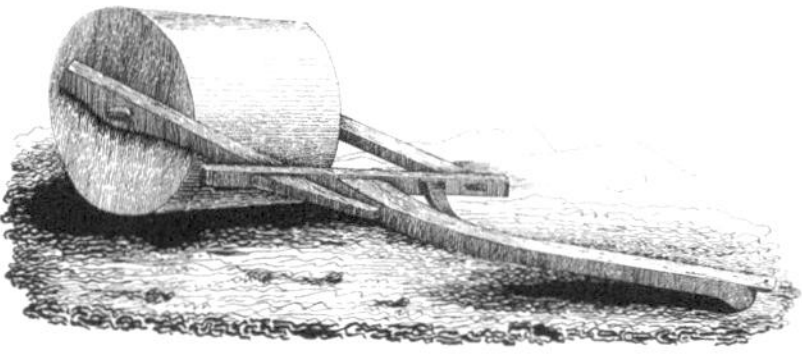

Rouleau en pierre pour battre les blés. Coll. ADD.

À côté de cet outillage traditionnel, quelques nouveautés font très timidement leur apparition dans les campagnes périgourdines : cylindre à dépiquer, herse, houe à cheval, semoir, charrue Dombasle... Hors des propriétés de quelques notables préoccupés d'agronomie, on ne les rencontre guère que chez les paysans des plus riches vallées, en particulier le long de la Dordogne entre Bergerac et Sainte-Foy-la-Grande.

À Conne-de-la-Barde, « on se sert de la charrue ordinaire à timon raide et à un seul mancheron, cependant, quelques personnes ont adapté à cet araire le soc et le versoir de la charrue Dombasle, les résultats paraissent tellement avantageux qu'il est probable qu'avant peu cet araire perfectionné deviendra d'un usage général. »

Mais à La Force, les nouveaux instruments ont été bien vite abandonnés, après essai, excepté « le rouleau pour battre le blé (qui) n'a pas été abandonné mais n'a pas fait de progrès. »

L'addition des archaïsmes, ajoutée à la grande médiocrité des sols périgourdins, laquelle est générale dès qu'on s'éloigne des fonds de vallées, explique la faiblesse des rendements (entre 5 et 6) d'une agriculture essentiellement vivrière.

Les emblavures continuent, dans ce contexte, d'occuper la première place, puisqu'elles restent la base d'une alimentation dans laquelle pain et bouillies font le quotidien. À côté du froment, du seigle, du méteil, du baillarge (orge vulgaire très répandu en Périgord), de l'avoine, le maïs occupe une place de choix.

La pomme de terre s'est imposée comme leur indispensable complément. Elle n'est plus, comme au siècle passé, réservée aux seuls animaux, mais demeure bien souvent négligée : les meilleures espèces sont quasiment ignorées au profit des plus productives ; l'utilisation alimentaire ne permet pas d'en goûter véritablement la valeur gastronomique !

D'autres cultures vivrières

Classiques des campagnes françaises, légumes traditionnels (ails, oignons, haricots, fèves, pois, choux, carottes), chanvre, lin, complètent l'exploitation familiale et offrent des ressources supplémentaires mais peu variées pour la nourriture et l'habillement du paysan périgourdin qui cultive, à l'occasion, d'autres légumes : scorsonères, salsifis, laitues, chicorées, asperges, artichauts, cardes et betteraves, souvent réservés au marché.

Pages suivantes, labourage à Razac-sur-l'Isle. Coll. Blois. Cl. G. Blois.

Proverbes et météo

En ces temps de changements climatiques et de raréfaction des paysans, il est curieux de constater l'intérêt des éditeurs, des journaux, des radios (locales ou non) pour le proverbe du jour. Le même sur tout le territoire. En est-il de même en Guyane ou à la Réunion comme autrefois pour « nos ancêtres les Gaulois » ? En tout cas, voici quelques décennies que, malgré les évidences, on nous impose les mêmes « saints de glace » que dans le nord.

Les dictons météorologiques sont certainement le fruit d'une longue observation, encore faut-il qu'ils ne soient pas d'importation. Dans un collectage en Périgord, l'emploi de l'occitan local est la meilleure garantie d'origine. Encore faut-il tenir compte du fait que beaucoup de ces proverbes datent du temps du calendrier julien, comme en attestent les proverbes liés à l'allongement des jours. Figés dans leur forme, ils ne tiennent pas compte non plus des modifications du climat, des nouvelles conditions de travail, de la valse des saints au gré de la mode et des réformettes vaticanes...

Petit survol de l'année rustique en Périgord.

Barbotilhs e cuçons
Aiman genier solelhós.

*Insectes et parasites
aiment janvier ensoleillé.*

Mielhs vau rainard au jalinier
Qu'òme en chamisa en belier.

*Mieux vaut renard au poulailler
qu'homme en chemise en février.*

Quand març non marceja,
Tot l'an n'a l'enveja.

Quand le mois de mars ne se comporte pas comme un mois de mars, c'est toute l'année qui a envie de le faire. (Il faut que les choses viennent en leur temps.)

Abriu fai la flor,
Mai ne'n a l'onor.

Avril fait la fleur, Mai en a l'honneur. Ce n'est pas toujours celui qui mérite la gratitude qui l'attire sur lui.

Al mes de junh
La dalha au punh.

*En juin,
la faux au poing.*

*Carte postale ancienne.
Coll. La Thèque.
Cl. Le Clère.*

Avant julhet mestivant, Balhas pas a tas polas Ton blat d'antan.	*Avant juillet moissonnant, ne donne pas à tes poules ton blé de l'an dernier. Sous-entendu : garde-le pour faire ton pain. Il ne faut pas vendre la peau de l'ours...*
Per Sent-Eusebi, pé-polit trait Jamai pus nais.	*Tussilage arraché pour la Saint-Eusèbe (14 août) ne repousse jamais.*
Setembre empòrta lo pont O eissurís la font.	*Septembre emporte le pont ou tarit la source.*
Octòbre jalussier Te deu rendre mainatgier.	*Les petites gelées d'octobre doivent te rendre économe.*
Lenhier en novembre tròp bas, Pleja l'eschina e romas pas.	*Bûcher trop bas en novembre, ploie l'échine et ne rouspète pas. Tu n'as à t'en prendre qu'à toi de ton imprévoyance.*
Bestiau per Nadau embarrat, Per Pascas galaupa los prats.	*Le bétail enfermé pour Noël, pour Pâques galope dans les prés. Tout vient à point...*

Comme on le voit, il ne faut pas croire que les proverbes sont à prendre au premier degré. Ils ont souvent une valeur métaphorique qui dépasse la simple météo.
Ils peuvent aussi, avec humour, annoncer de belles évidences :

Senta-Barba, la barbuda, Dins tres setmanas, Nadau venguda.	*Sainte-Barbe, la barbue, dans trois semaines, Noël venue.*

Ils osent souvent le pastiche et l'autodérision :

Quand la choita chanta lo matin E que pleu l'enser, Quo es signe d'aiga.	*Quand la chouette chante le matin et qu'il pleut le soir, cela annonce la pluie.*

Quoi qu'il en soit, n'oubliez pas que

Lunatier Non jamai a fait granier.	*Celui qui croit les proverbes sur les phases de la lune n'a jamais empli son grenier.*

Michel Chadeuil

Pages suivantes,
la rentrée des foins.
Carte postale ancienne.
Coll. La Thèque.

749. — La Rentr

Foins en Périgord.

O. Domège, édit. – Périgueux

Sciage du bois à la machine.
Coll. Guimard.
Cl. L.-J. Laffargue.

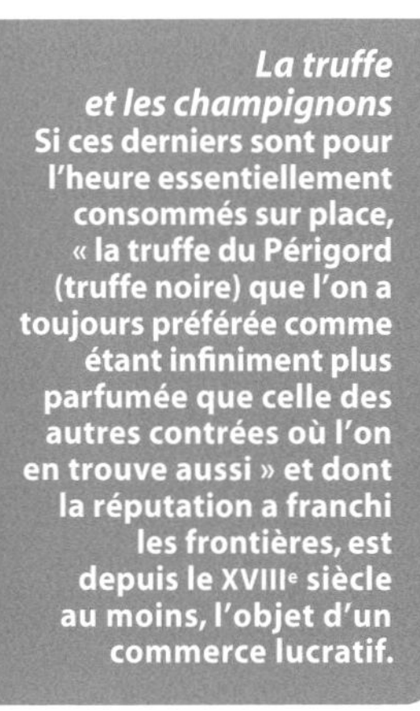

La truffe et les champignons
Si ces derniers sont pour l'heure essentiellement consommés sur place, « la truffe du Périgord (truffe noire) que l'on a toujours préférée comme étant infiniment plus parfumée que celle des autres contrées où l'on en trouve aussi » et dont la réputation a franchi les frontières, est depuis le XVIIIe siècle au moins, l'objet d'un commerce lucratif.

Châtaigniers et noyers

S'il ignore la majorité des cultures fruitières, le paysan trouve dans le noyer et le châtaignier des appoints providentiels...

Depuis toujours ce dernier fournit aux populations son bois et ses fruits. Les châtaignes, indispensables en temps de crises, entrent de toutes manières dans l'alimentation de l'homme et de ses troupeaux. Encore dans la première moitié du XIXe siècle, la châtaigneraie, partout présente à l'est d'une ligne Mareuil-Beaumont, est considérée comme un verger et travaillée comme tel. Pourtant cette pratique tend à se réduire : la forêt succède aux plantations soignées et entretenues, les espèces dégénèrent et ont tendance à disparaître sous la hache des bûcherons. Le massif forestier périgourdin, bien moins étendu que de nos jours, a du mal à alimenter les nombreuses forges locales qui fonctionneront jusque sous le Second Empire, utilisant le charbon de bois comme combustible.

Le noyer est cultivé dans tous les cantons du département où il fournit l'unique huile utilisée, « pour la préparation des aliments, l'éclairage, la peinture et la préparation du savon noir ». La récolte, familiale, est le plus souvent transformée dans un des nombreux moulins construits sur le moindre ruisseau. Cependant, en 1835, Sarlat, Belvès et Montignac, installés au cœur de la région la plus propice au noyer, apparaissent comme de véritables centres de production d'huile de noix. On vient, de l'extérieur du département s'y procurer huile et cerneaux ; le Massif central, les régions

de Toulouse et de Marseille représentant les principaux importateurs. Ce commerce, l'un des rares florissant, s'est vu porté un rude coup, car « l'hiver rigoureux de 1829 et 1830 en gelant plus des 3/4 des plus beaux noyers » a pour plusieurs années stoppé son développement.

La viticulture

La vigne occupe depuis le Moyen Âge une place de choix dans le terroir périgourdin : culture spéculative, elle offre au monde rural un accès à l'échange par la commercialisation des excédents. Le vignoble de 1835 est sensiblement différent du vignoble actuel : étendu à l'ensemble du département, il est omniprésent, excepté sur quelques terrains cristallins et dans des fonds de vallées trop hostiles. La crise du phylloxéra de la fin du siècle va le redessiner fortement : seules les zones les mieux douées, le Bergeracois en particulier, vont retrouver leur fonction initiale. Ailleurs, la forêt reprendra ses droits.

Mais, en 1835, la règle en Périgord, comme dans la majorité des régions françaises, reste de produire « de tout, un peu ». Aussi, presque partout, les paysans produisent-ils du vin, un vin souvent de qualité médiocre, essentiellement destiné à leur consommation mais dont les excédents trouvent preneurs, à très bas prix.

Michel Combet

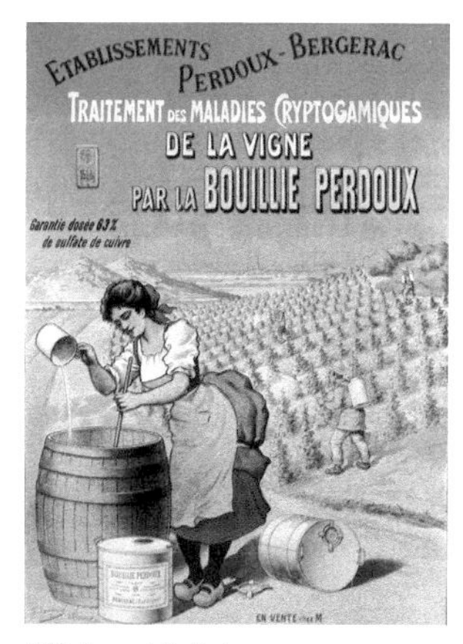

Affiche publicitaire.
Coll. La Thèque.

Les travaux de la vigne à Monbazillac

Les crus de Monbazillac de « marques hollandaises »
Les vins de Bergerac conquirent au XVIe siècle la clientèle d'Europe du Nord. Les Hollandais découvraient notamment la douceur des blancs liquoreux produits autour de Monbazillac. Après 1685, les persécutions menées à l'encontre des protestants, amenèrent de nombreux viticulteurs de ce terroir à émigrer vers Amsterdam. Là, ils utilisèrent l'exil pour raffermir les liens commerciaux entre le Bergeracois et les provinces des Pays-Bas. Leurs descendants surent défendre et étendre la renommée des Monbazillac qui étaient importés sous la marque de chaque producteur, pour répondre au désir de la clientèle d'identifier les crus de ce vignoble spécifique. Ainsi sont nés les crus, dits de « marques hollandaises ».

La part du milieu

La région de Bergerac a toujours vécu au rythme de la vigne en étalant, de part et d'autre de la Dordogne, ses 11 000 ha. de vignoble. Sur les 93 communes produisant des vins variés (rouges, blancs sec et blancs liquoreux), seulement cinq ont le droit de produire du Monbazillac : Monbazillac, Pomport, Colombier, Rouffignac-de-Sigoulès, et Saint-Laurent-des-Vignes à l'exception des parcelles situées sur les alluvions modernes[1].

Le vignoble de Monbazillac s'étend sur une coupe de 40 à 180 m d'altitude entre les larges terrasses alluviales de la Dordogne au nord et les vallées plus étroites de la Gardonnette au sud et de la Conne à l'est.

Dans l'ensemble, la colline conserve l'allure d'une « côte » avec une pente vigoureuse ou « front de côte » vers le nord-est et Bergerac, et un plateau ou « revers de côte » qui descend insensiblement vers le sud avant que la Gardonnette ne vienne l'entailler profondément.

D'une manière générale, nous trouvons le long de la côte, les fermes et hameaux installés sur ces assises calcaires et les rangs de vigne sur les terrains issus de molasses et disposés dans le sens de la pente pour éliminer l'excès d'eau.

Maison de vigneron, Sarladais. Cl. Y. Laborie

Sur le plateau, les formes de relief sont plus douces, des croupes arrondies, colonisées par la vigne, occupent une grande partie de la surface, seules quelques zones humides refoulent la viticulture.

Chaque année climatique possède son caractère, mais très souvent la vigne trouve à Monbazillac des conditions de croissance optimales. De façon plus précise cela se traduit au printemps par des gelées pas trop tardives, sauf cas exceptionnels lors de certaines « lunes rousses » de fin d'avril et début mai, où il peut y avoir des gels très néfastes.

Après les pluies bénéfiques de mai et parfois de juin qui donnent de la vigueur à la vigne, les mois d'été deviennent chauds et secs, les besoins en eau

1. Cette restriction du nombre de communes, qui date de 1934, renforce la spécificité du Monbazillac ; ici le terroir possède une véritable vocation viticole, la notion de cru y est tout aussi forte que dans le Sauternes.

des grappes de raisin sont assurés par les terrains argileux qui restituent régulièrement l'eau accumulée dans le sous-sol durant les mois d'hiver. Les grains alors grossissent et mûrissent lentement jusqu'en septembre et octobre.

Durant cette arrière-saison chaude et ensoleillée, s'installe la « pourriture noble » (Botrytis Cinérea). Pendant cette période délicate, les raisins demandent un climat doux, ouaté d'une atmosphère vaporeuse, qui provient d'une part de la fraîcheur des terrains argileux et d'autre part de brouillards matinaux issus de la Dordogne et de la Gardonnette. Ces brumes s'accrochent aux flancs des coteaux et surtout dans les petites dépressions de la côte, au nord. C'est dans ces lieux calmes, dorés par l'automne, que les vignerons surveillent attentivement le développement du Botrytis Cinérea tout en redoutant que de fortes pluies ne viennent gâcher la récolte. Mais dans l'ensemble le climat bergeracois est clément et si des orages venus de l'ouest et du sud-ouest sont toujours redoutés, l'exposition au nord assure tout de même une meilleure protection du vignoble que ne le fait une exposition plein sud.

Le versant opposé au vignoble de Monbazillac accueille plutôt des vins rouges comme le Pécharmant, le climat local y est plus sec donc moins favorable aux vins liquoreux. Dans cette opposition, versant exposé au nord (Monbazillac) et versant exposé au sud (Pécharmant) nous trouvons donc aussi, une opposition dans la végétation naturelle.

Le savoir-faire du vigneron

Comme pour toute culture végétale, le travail au sol est capital. Il consiste à supprimer toute végétation ou « mauvaises herbes » qui viennent puiser dans le sol ce que le vigneron destine au cep de vigne (réserves minérales, eau...). De plus, le travail du sol aère la terre, milieu vivant (micro-organismes, vers de terre). Les méthodes ont profondément changé au cours des 20 dernières années avec le développement de la mécanisation mais aussi avec l'apparition des désherbants chimiques devenus très sélectifs et donc parfaitement adaptés à chaque culture dont la vigne. Véritable révolution technologique en agronomie, le vigneron a profondément modifié ses techniques culturales.

Cl. Ville de Ribérac, R. Gibson.

Labour de printemps ou « déchaussage », suivi d'un « décavaillonnage » sont pratiquement abandonnés au profit d'un travail superficiel (disque,

Labour de la vigne, Bergerac. Les années 1950 virent disparaître les derniers attelages de bœufs. Coll. particulière.

Groupe de vendangeurs en Bergeracois, fin du XIXe siècle. Coll. Y. Laborie et T. Boisvert.

rotavator) et ceci un rang sur deux alterné chaque année. Le cavaillon, bande de terre entre chaque rang est désherbé aujourd'hui chimiquement. Le rang qui n'est pas travaillé est laissé enherbé ou engazonné, tondu fréquemment afin d'éviter une ponction hydrique trop élevée. Ce sol enherbé permet au vigneron de passer en toute saison, même après une pluie d'orage, pour effectuer par pulvérisation les traitements contre les maladies qui guettent le vignoble[2].

Dès les premières gelées, le viticulteur pratique la taille du pied de vigne. C'est le travail le plus délicat, celui qui demande une certaine habileté. C'est de lui que dépend, en grande partie, l'abondance de la récolte et surtout la santé du cep. Ensuite, les sarments issus de la taille, une fois déposés au sol, sont broyés à la machine et se décomposent, contribuant ainsi à maintenir le taux d'humus des sols à niveau convenable.

Après la taille, il y a le palissage qui consiste à attacher la ou les lattes sur le fil de conduite, support privilégié de la végétation et des grappes à venir. L'épamprage a pour but de supprimer, à la main ou chimiquement, toutes les jeunes pousses qui se développent sur le corps du cep entre le sol et les lattes du premier fil de fer. Ces jeunes pousses sont jugées inutiles et « gourmandes » ; la sève doit être réservée aux pousses porteuses de raisins.

Le relevage qui consiste à « relever » la végétation entre les fils de fer afin de protéger et soulager les pousses porteuses de raisins, permet d'exposer les jeunes grappes à l'air et au soleil. Le rognage, intervention qui conduit le viticulteur à supprimer l'excès de végétation de la vigne, se fait aujourd'hui mécaniquement.

Enfin vient le temps des vendanges, opération capitale, qui au-delà de la date officielle, doit conduire le vigneron à tout d'abord contrôler le degré de maturité des raisins de chaque parcelle afin de ramasser au moment judicieux un raisin dont la maturité parfaite permettra de faire un bon vin. Le vigneron entrera alors dans son chai !

2. Les maladies principales de la vigne : mildiou oidium, excoriose, pourriture grise, entypiose ; les principaux parasites : endemis, cochylis, acariens, cicadelle.

Tel que le rappelle le Professeur E. Reynaud « La vinification est l'ensemble des opérations mises en œuvre pour transformer en vin les raisins et leur jus. C'est un art et une technique, de nombreux procédés peuvent être utilisés en fonction des types de vins que l'on veut élaborer. Ces méthodes diffèrent aussi entre les vins rouges et les vins blancs. Le vinificateur par son art et son savoir-faire peut imprimer dans le vin sa personnalité, ses goûts ».

La vinification du Monbazillac commence d'abord par la fixation de la date des vendanges et le contrôle de l'évolution de la maturation. Puis vient le travail des vendanges proprement dit, les vendanges manuelles par tris successifs sont bien sûr les meilleures bases d'une vinification sélective et de qualité ; trois cépages entrent dans la composition du Monbazillac : le Sémillon (80 %), la Muscadelle (10 %) et le Sauvignon (10 %). Certains cépages supportent les vendanges mécaniques comme le Sauvignon, mais ce mode de cueillette exige une vendange en parfait état sanitaire.

Chai Verdots.
Cl. CIVRB, Burdin.

Le pressurage ou l'extraction des moûts doit se faire rapidement après la cueillette. Les pressoirs horizontaux ou pneumatiques sont actuellement les mieux adaptés au pressurage de qualité.

Les jus obtenus sont envoyés au débourbage dans une cuve avec un léger sulftage (SO^2) qui bloque ainsi dès le départ tout phénomène oxydatif. Les matières en suspension seront éliminées après leur sédimentation dans la cuve. Les jus débourbés sont envoyés en cuve de fermentation (fermentation alcoolique). Le sucre du raisin est transformé en alcool et en gaz carbonique. « Rien ne se perd, rien ne se crée, tout se transforme... » (Lavoisier). C'est Pasteur, qui le premier en 1870 montre que la fermentation est produite par des levures lorsqu'elles vivent sans air. Avant, le bon vin n'était que le résultat du hasard !

Une fois la fermentation arrêtée, des étapes successives des soutirages, filtrations, collages des vins élevés en cuves ou en fûts conduiront, au minimum un an et demi après la vendange, à la mise en bouteilles.

Yan Laborie

La culture du tabac

Il semble que vers 1820, une culture ait existé dans la région de Bergerac. Les premiers registres que nous possédons portent sur la culture et la récolte de 1858 ; pour cette année-là, on compte en Dordogne 278 planteurs cultivant 58 ha de tabac, et la culture démarre vraiment en 1859 avec 1 115 planteurs exploitant 343 ha.

Pour 1858, il existe deux zones de culture de Génis à Montpon et de Saint-Vincent-de-Connezac à Baneuil : ces premiers points d'implantations suivant la Dordogne et l'Isle resteront longtemps des centres importants de tabaculture. En 1939, ceci est toujours vrai avec un noyau de culture nouveau, de Bergerac au Fleix. Dans la basse vallée de l'Isle, la culture se maintient et se développe. On peut noter que sur les plateaux du centre, celle-ci est inégale et que ni dans le canton de Verteillac (Ribéracois), ni dans le Bergeracois, l'on ne trouve de tabac à cette date. En 1949, la Dordogne avait 12 789 planteurs de tabac pour 4 426 ha de surface cultivée.

En 1992, la culture était largement répandue régionalement pour constituer la coopérative interdépartementale Périgord-Tabac devenue la première des 11 coopératives tabacoles françaises, avec 25 % de la production nationale. Périgord-Tabac regroupait sur le département de la Dordogne, en 1992, 1 800 producteurs pour 1 700 ha répartis comme suit : tabac brun, 1 387 ha ; tabac Virginie, 148 ha ; tabac Burley, 154 ha.

Récolte en tiges de tabac. Coll. OT Sarlat.

Gardeuse de moutons.
Coll. La Thèque.

L'élevage

Les ressources d'élevage demeurent notoirement insuffisantes à l'époque de Brard. Faute de prairies artificielles le troupeau ne peut être augmenté autant que les besoins d'une population en hausse le nécessiteraient. D'après l'enquête Brard, les ovins, 385 895 têtes, représentent, avec les porcs (152 290) les seuls cheptels abondants : soit 80,5 % du troupeau d'après les calculs effectués par Cyprien Brard. Encore ne faut-il pas en exagérer l'importance dans l'économie régionale, car ces élevages, bien souvent négligés, procurent çà et là plus d'inconvénients que de profits. Cela vaut surtout pour les moutons et les chèvres (10 188 têtes) dont les divagations sont causes de véritables ravages.

Leur présence trouve sa justification dans les ressources immédiates qu'en tirent les paysans périgourdins : viande, lait, laine ; la viande de porc étant avec la volaille la seule qui fasse quelquefois son apparition sur la table du paysan périgourdin. L'exiguïté du troupeau de bovins, à peine 64 119 bœufs et 26 123 vaches, s'explique par l'insuffisance des prairies et des bons pâturages et l'utilisation limitée du bœuf au travail de la terre.

Ânes, quelquefois mulets, constituent la monture du pauvre quand il peut s'en offrir une. L'élevage du cheval, animal bien trop cher pour la majorité des ruraux, reste peu développé, alors même que « peu de pays présentent d'aussi grands avantages que ceux-ci ».

Des produits qui s'exportent

Produits de l'agriculture, produits de l'élevage sont pour l'essentiel consommés sur place. Néanmoins, quelques-uns se retrouvent sur le marché national, voire international. C'est le cas des truffes, de l'huile de noix et du vin, mais aussi des bœufs (envoyés à Paris) ou des porcs dont certains sont vendus à Bordeaux et d'autres en Espagne. Sans parler des dindes, dont Le Grand d'Aussy (*Histoire de la vie privée des Français*) signale, dès 1782, que, « tous les ans, et depuis près de deux siècles, nos Paysans du Quercy et du Périgord conduisent ainsi, jusqu'au centre de l'Espagne, des troupeaux entiers ». Le Bergeracois, avec ses rouges, et son vin blanc moelleux des côtes de Monbazillac, a une longue tradition d'exportation : l'Angleterre, la Hollande, Bordeaux, comptent depuis longtemps parmi ses clients. Parmi les autres régions du département, seuls le Ribéracois et le Sarladais exportent leurs surplus : le premier vers la Charente où selon Cyprien Brard les eaux de vies d'origine périgourdine étaient confondues avec celles fabriquées dans la région de Cognac ; le second, en direction du Massif central voisin.

Foires et marchés

Enjeu d'envergure pour les agents économiques que sont les ruraux périgourdins, désireux d'écouler leurs surplus ou/et leurs productions artisanales, foires et marchés permettent-ils cet accès au monde de l'échange et à une vraie intégration à des circuits commerciaux dépassant les horizons étroits, du canton et même du département ?

Il n'est pas un canton qui n'ait son marché hebdomadaire et au moins une foire annuelle, mais de l'avis même des autorités les quantités qui y transitent restent limitées. Si les premiers sont le lieu des échanges ordinaires entre la campagne et la ville ou le bourg, les secondes sont le plus souvent spécialisées et attirent vendeurs et acheteurs lointains. Quelques exemples : le bourg de Brantôme connaît huit foires annuelles d'une seule journée, où se vendent essentiellement bestiaux et graines et où, d'après les services de Préfecture, se traitent beaucoup d'affaires, comme d'ailleurs à Sorges ou à Cubjac où les foires (au nombre de quatre et trois) attirent les amateurs de truffes ; à Vergt, les quatre foires de l'année portent pour l'essentiel sur les bœufs, les cochons, les ânes, les volailles, la mercerie et les graines. Dans de nombreux cas cependant « elles ne sont à proprement parler que des marchés mensuels » et bien rares sont celles qui, à l'image de celles de Beaumont, s'étirent sur plusieurs jours et « réunissent beaucoup d'étrangers, laissant des sommes assez considérables dans le pays ».

Les raisons en sont simples, d'une part les surplus commercialisables d'une agriculture essentiellement vivrière sont limités comme l'est la production artisanale ou manufacturière locale, d'autre part l'état du réseau de communications est un obstacle aux échanges.

Ces foires, 922 au total en 1835 pour 957 journées d'après le Calendrier de la Dordogne *de l'année, ont pour but essentiel de drainer le bétail vers des centres de regroupement, puis de consommation, en suivant des réseaux savants, extrêmement ramifiés, permettant des redistributions vers des contrées lointaines et même l'étranger. Cela explique qu'elles excellent dans les marges et les régions de contacts, entre Agenais et Périgord, Périgord et Charente, etc. Elles ne sont pas véritablement des lieux d'échange entre la ville et la campagne, et certaines se déroulent même à l'extérieur des bourgs, près de hameaux où le foirail, entouré d'installations provisoires, s'anime seulement quelques jours par an. Les exemples abondent : aujourd'hui encore, la foire de La Latière sur la commune de Sainte-Aulaye, à quelques kilomètres du chef-lieu, au milieu des bois, attire du 30 avril au 1er mai marchands et acheteurs lointains.*

La foire est aussi le plus souvent une affaire d'hommes qui, marchés conclus, se retrouvent au cabaret ; c'est un lieu de rencontre où ne s'échangent souvent que quelques dizaines de têtes ; un lieu de fête, de discussions, et parfois de violences...

Michel Combet

Marchés aux ânes, aux oies et aux cochons.
Cartes postales anciennes. Coll. La Thèque.

Attelage sur le port de Bergerac vers 1900. Jusqu'au début du XXe siècle, une large partie des transports entre villes et bourgs s'effectuait à l'aide de chars à bœufs. Coll. particulière.

Les transports

Grands chemins et traverses étaient bien rarement praticables aux chariots, même en été. L'essentiel du transport des marchandises entre villages et bourgades des coteaux s'effectuait à dos d'âne ou de mulet.

La déficience historique du réseau routier périgourdin, imputable jusqu'à l'époque moderne à la morphologie du relief, puis à un long désintéressement du pouvoir central pour cette région, explique la place que tinrent les voies d'eau, jusqu'au XIXe siècle.

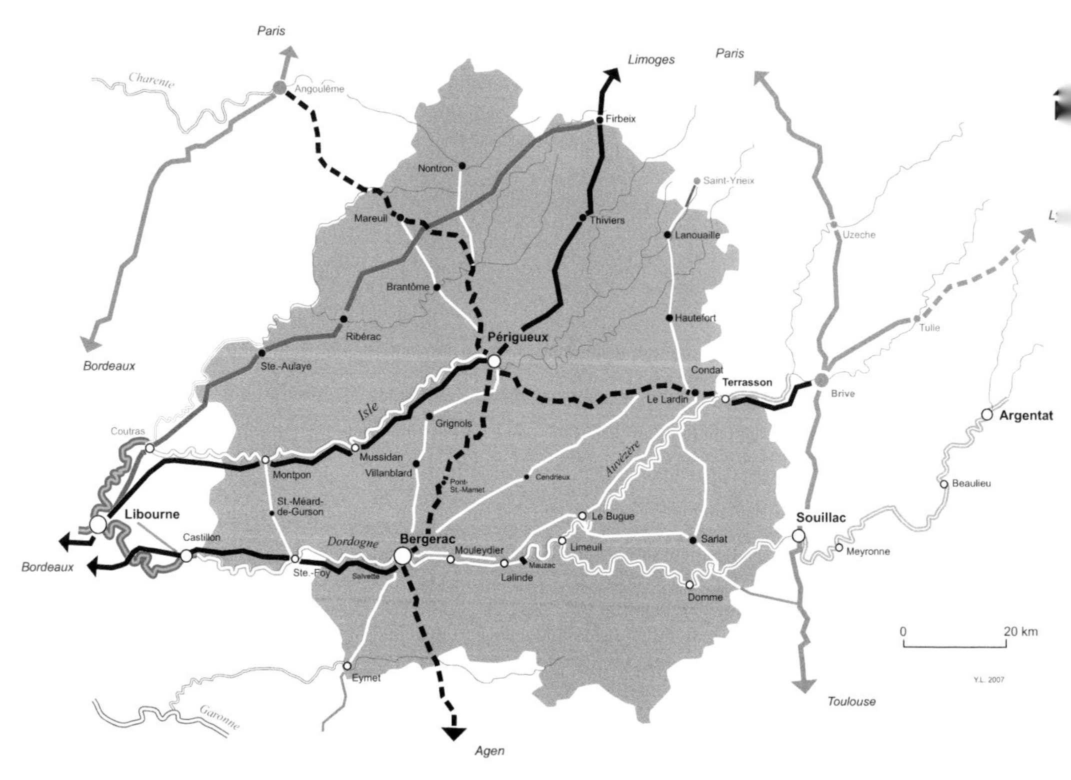

Grands chemins et routes dans le département de la Dordogne, vers 1835. *Source M. Genty. Carte. Y. Laborie.*

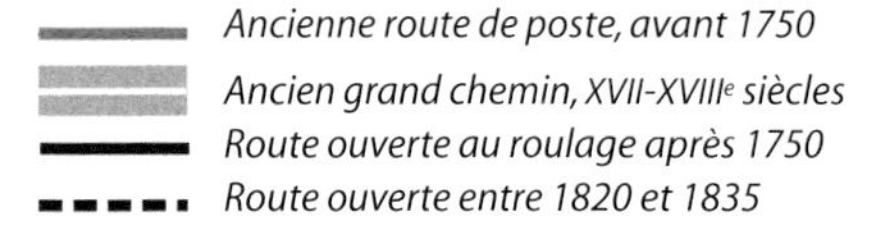

Ancienne route de poste, avant 1750
Ancien grand chemin, XVII-XVIIIe siècles
Route ouverte au roulage après 1750
Route ouverte entre 1820 et 1835
Voie navigable fluvio-maritime
Voie navigable (halage organisé)
Voie très difficilement navigable
Navigation uniquement descendante
o Port

Petite histoire des mouvements bateliers

L'histoire de la batellerie de Dordogne est indissociable de celle des vignobles de Domme, Bergerac et Saint-Emilion dont l'essor reposa sur la possibilité d'expédier par la rivière leurs vins jusqu'aux ports maritimes et d'être, depuis l'amont, aisément approvisionnés en bois merrain destinés à la fabrication des « futailles » indispensables à l'élaboration et au transport des vins. Mais, antérieur au trafic né de l'économie vini-viticole locale, c'est probablement celui de la remonte du sel de Saintonge et d'Aunis[1] qui, le premier, poussa à l'exploitation batelière de la Dordogne.

Toutefois, sur cette rivière, la supériorité du tonnage de descente sur celui de la remonte caractérisa toujours la physionomie générale du mouvement batelier, même si à partir du XVIIIe siècle, l'importation croissante de produits coloniaux intensifia le trafic d'aval vers l'amont.

Vers 1850-1860, les vins représentaient plus de la moitié de la valeur du tonnage exporté et les bois environ un gros quart. En poids les exportations formaient les 2/3 de l'ensemble du tonnage circulant sur la rivière[2]. Apparaissaient encore dans la composition de celles-ci des expéditions d'huile de noix du Sarladais, de châtaignes du Limousin et du Périgord, d'objets en fonte produits par les forges de la Vézère, des meules en silex de Domme, de la pierre de taille et des pavés de grès, des balles de papier de Couze ou encore de quelques autres fabrications périgordes : tuile, poterie, cuir, tanin. La gamme des denrées et des matériaux remontés était également diversifiée : bois exotiques importés par Bordeaux, houille, métaux, sel, sucre, café, huile d'olive, poissons salés, légumes secs et céréales.

En années de mauvaises récoltes, et cela jusqu'au début du XIXe siècle, à l'époque névralgique de la soudure printanière, l'importation de blé, de seigle, de riz, de fèves et de pois secs pouvait mobiliser presque entièrement la flotte batelière de moyenne vallée, pour ravitailler le petit peuple des villes riveraines et leur arrière-pays disetteux. A la grande satisfaction de sa bourgeoisie marchande, Bergerac jouait alors pleinement son rôle d'entrepôt frumentaire et de pôle de redistribution des grains pour l'ensemble du Périgord.

Les gens de rivière
Dans les ports, la manipulation des cargaisons de sel blanc et roux, conditionnées en sac ou en baril, donna naissance à une corporation de débardeurs spécialisés, « les sacquiers ». Ceux-ci faisaient partie d'un ensemble social distinct, « les gens de rivière », formé par les « barricaires », tonneliers mais aussi charpentiers de bateaux, les « lamaneurs », pilotes assurant la conduite des embarcations sur les tronçons dangereux de la rivière, les « maîtres de bateaux », à la fois armateurs, entreposeurs et marchands, les bateliers, les simples matelots, les cordiers, les portefaix et les pêcheurs.

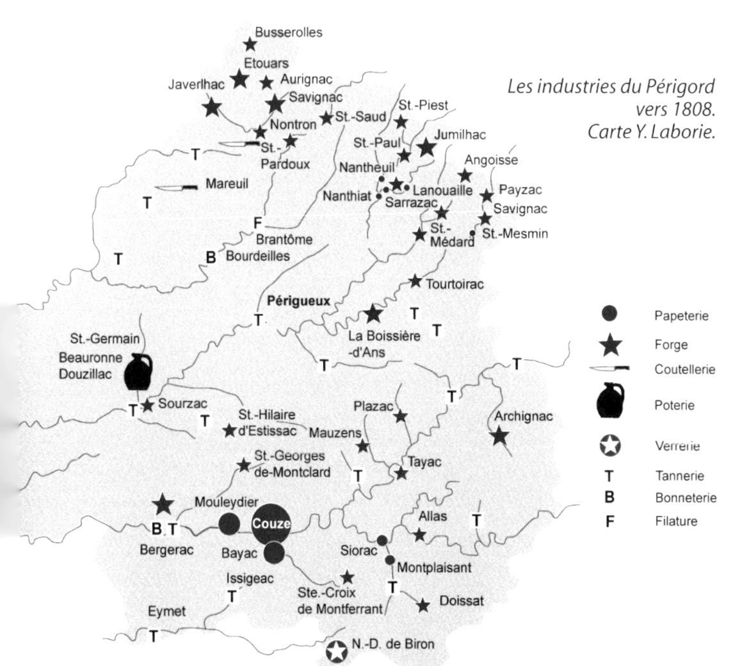

Les industries du Périgord vers 1808. Carte Y. Laborie.

1. Entre les années 1758-1764 et 1787-1790 on recensa, au port de Domme, 1401 passages de bateaux, correspondant à la remonte de 13485 pipes de sel, équivalant à l'acheminement annuel, en amont de Bergerac, d'environ 800 t de cette denrée.
2. En 1858, il fut par exemple précisément transporté, à la descente, entre Limeuil et Libourne, 136300 t de marchandises formant une valeur de plus de 32 MF, contre seulement 64 790 t à la remonte, d'une valeur de 17,7 MF.

Sur la Vézère

L'exportation de bois dominait le trafic qui, presque exclusivement descendant, resta toujours faible sur cette rivière barrée, en divers points, par des chaussées de moulins mal équipées pour laisser le libre passage aux embarcations. La durée d'un voyage entre Le Lardin et Limeuil était de 3 jours à la descente, de 8 jours à la remonte, pour une soixantaine de kilomètres. Malgré de virulentes oppositions locales, le gouvernement autorisa, par la loi du 8 juin 1825, la Société anonyme des Canaux de Corrèze et de Vézère à construire 6 écluses et barrages, mais à peine deux ans après l'ouverture des chantiers, un fiasco financier condamnait leur poursuite. Une seule écluse, à Aubas, sera finalement achevée en 1843 et la batellerie de Vézère fut l'une des premières à s'éteindre, dès lors que les routes s'améliorèrent[3].

Les colporteurs fluviaux

Le colportage empruntait lui aussi la Dordogne. Au moment des grandes foires annuelles, nombreux paysans venaient acheter toutes sortes de colifichets à des colporteurs fluviaux connus sous le nom de Génois. Ceux-ci amarraient pendant quelques jours aux quais de Bergerac leurs « gourres », sur lesquelles ils vivaient et commerçaient.

Sur l'Isle

La batellerie connut au XIXe siècle une belle prospérité, après avoir été longtemps enrayée. L'achèvement de l'aménagement de l'Isle apporta la solution pour désenclaver la région de Périgueux avant que le rail ne la desserve. « La compagnie de Navigation de l'Isle » réussit, avec l'aide de l'Etat, à atteindre ce but[4].

Livrée aux mariniers en 1837 la voie d'eau régularisée capta tout de suite les 3/4 du trafic qui empruntait auparavant la route longeant sa berge, le coût du transport batelier s'avérant très inférieur à celui du roulage. Le tonnage de descente s'équilibra en une décennie avec celui de remonte. Bien des productions agricoles, forestières et artisanales de la moitié nord du département (céréales, châtaigne, noix, eaux-de-vie, billes de noyer et bois de marine, pots de fonte, fer, cuirs), s'exportant jusqu'alors difficilement, les coûts de transports routiers étant parfois supérieurs à leur valeur, trouvaient maintenant acquéreurs.

Vers 1850, le port de Périgueux, auquel étaient attachés 89 bateaux, traitait un tonnage seulement inférieur en poids de 1 % à celui de Bergerac et d'une valeur totale de 3 % supérieure.

Dans les chantiers navals qui s'y établirent, comme celui du Pont de la Cité, les charpentiers adaptèrent les embarcations fluviales de type traditionnel au bassin de la Dordogne aux caractéristiques nouvelles de la voie d'eau canalisée. Ainsi, au bas des coteaux calcaires qui enserrent les méandres de l'Isle, on en vint même à construire quelques unités de 70 à 80 t capables de tenir la mer, pour échanger par cabotage avec Rochefort, La Rochelle, parfois Nantes. Des liens se nouèrent aussi avec le Toulousain d'où de petits bateaux, venant à Bordeaux vers la fin de l'automne et ne pouvant plus, à partir de cette saison, remonter les eaux de la Garonne devenue trop rapide, venaient travailler sur l'Isle aux côtés des bateliers de Périgueux.

Là, ils se chargeaient tout l'hiver de transports d'aliments, remonte de légumes et d'agrumes, descente de châtaignes. Le raccordement ferroviaire de Périgueux à Bordeaux (1857) puis à Limoges (1861), mit un coup d'arrêt brutal à ces deux décennies d'intense vie batelière, alors que venait d'être entrepris un canal éclusé pour relier « le bassin de la Cité » à de nouveaux quais, bâtis en contrebas du quartier Saint-Front (1858-1862)[5].

Quelques établissements, tels la tréfilerie du moulin de la Cité, les cimenteries de Saint-Astier, la forge de Mussidan ou les huileries de Laubardemont, continuèrent à utiliser les services lents mais peu onéreux de

3. De 17 à 20 000 t en 1830, le trafic chuta brutalement après 1840 en dessous de 5000 t. Seul, un petit mouvement se maintiendra jusqu'en 1890-1900 sur le segment le plus navigable, entre Le Bugue et Limeuil.
4. Il fallut 5 MF et 17 ans de travaux pour équiper le cours de 39 écluses et de 28 canaux de dérivation sur les 114 km séparant Laubardemont de Périgueux, où la navigation s'arrêtait.
5. Entre Coutras et Périgueux le tonnage qui s'était élevé à 180 000 t vers 1850 chuta immédiatement ; moins de 100 000 en 1860, 54 000 t en 1870.

la batellerie, lui assurant même une recrudescence de trafic, vers 1900, trente ans avant sa disparition définitive. Le « Roger-Madeleine » appartenant à la famille Serventi fut le dernier courau à remonter des hydrocarbures au bassin de Périgueux.

Sur la Dordogne

Antérieurement à l'arrivée tardive du chemin de fer dans la vallée (Bergerac 1875, Le Buisson 1879, Souillac 1889) la batellerie assurait environ 60 % du trafic marchandise existant entre Bergerac et le Libournais.

La rivière était pourtant difficile à naviguer, l'aménagement de son cours n'ayant jamais été suffisant. Ce n'est qu'en 1843 qu'un canal percé entre Mauzac et Tuilières vint annihiler l'effet de verrou que jouaient, dans le secteur de Lalinde de terribles rapides. Avec l'ouverture du canal de Lalinde disparurent les pittoresques pilotes qui guidaient depuis des siècles le passage des embarcations dans les « malpas » redoutés de La Gratusse et du Grand Thoré. Mais bien que l'ouvrage fut une incontestable réussite au plan technique, celui-ci ne prit toutefois jamais pleinement sa valeur faute de travaux complémentaires ayant permis l'instauration d'une navigation de remonte régulière jusqu'au port de confluence de Limeuil.

Le vieux port de Lalinde vers 1850. Un courau de type traditionnel remonte la Dordogne à la voile. Un autre de type moderne descend la rivière, voile affalée. A droite, activité batelière au barrage de Salvette en 1861. On note encore à cette époque la coexistence de couraus dotés de gouvernail droit et de couraus équipés à l'ancienne d'un long aviron de gouverne. Une paire de bœufs hale hors de l'écluse l'un des bateaux. Coll. Musée de Bergerac.

La concurrence du rail
Elle ébranla rapidement la vieille batellerie de Dordogne, incapable de lutter contre la ponctualité et la rapidité du chemin de fer, et la souplesse du transport routier en pleine évolution depuis 1850. La navigation jouissait en fait, en année ordinaire, d'à peu près 150 jours par an de condition d'eau acceptable, pendant lesquels les bateaux pouvaient être employés à pleine charge. Durant environ 7 mois, par conséquent, les capacités batelières étaient très faibles et aléatoires. Par ailleurs, la vitesse de déplacement demeurait fort réduite : 27 km/j à la descente entre Souillac et Bergerac, 31 km/j à l'aval, en période d'étiage moyen, à la remonte jusqu'à Bergerac, 19 km/j, au-delà 14 km/j. Il fallait donc 8 à 10 jours pour aller et venir de Bordeaux à Bergerac, sans compter les temps de chargement et de déchargement. Durée à peu près égale à celle mise, pour le même voyage, par les bateliers des XVIIe et XVIIIe siècles. Le seul progrès résidait dans l'augmentation de la charge transportée par voyage. Henri Gonthier, dernier batelier à avoir fait du trafic marchandise sur la Dordogne jusqu'en 1935-36, disait ne pouvoir ordinairement réaliser, en période de navigation, plus d'un aller-retour par mois, de Port-de-Couze à Bordeaux. Cela au temps de la voile et du halage, car après 1924, la motorisation de son embarcation lui permit d'en effectuer deux à trois chaque mois.

C'est vers l'aval que portèrent au contraire les efforts, avec la construction d'un barrage à Salvette (1846-54) destiné à régulariser le mouillage du port de Bergerac. Au plan écologique, la création de ce barrage porta les premières atteintes à l'équilibre des populations salmonidés de la rivière, en faisant obstacle à leurs migrations.

En revanche sa réalisation eut un effet économique positif en contribuant à un accroissement du trafic. Celui-ci atteignit plus de 200 000 t dans les années 1860 avant de commencer à décroître au cours de la décennie suivante sous la pression de la concurrence ferroviaire. Après 1927, les passes ne furent plus draguées, le matériel destiné à cet usage remis au Service ma-

Le port de Bergerac au début du XIXe siècle, lithographie rehaussée d'aquarelle par Faisandier, vers 1854. Coll. Musée de Bergerac.

ritime de Gironde, les crédits d'entretien des ouvrages réduits au plus bas niveau. Le ministère des Travaux publics liquidait discrètement la vieille batellerie de Dordogne. Seule, la silhouette de quelques bateaux aux équipages reconvertis dans l'extraction du gravier, prolongea dans le paysage fluvial, jusque dans les années 1950, le souvenir du très anciens passé batelier de la rivière. Puis on put voir lors d'hivers rigoureux, la population riveraine la plus pauvre déchirer pour se chauffer les coques de couraus abandonnées et le long des berges assister à la lente absorption dans les vases des épaves qui avaient échappées à ce sort.

De l'adaptation étroite des embarcations aux diverses conditions présentées par la Dordogne, tout au long des 260 km de cours navigué à la montée et à la descente, et des 80 km supplémentaires exploités uniquement à la descente, est née une architecture batelière spécifique, efficace et diversifiée[6].

Selon Anne-Marie Cocula-Vaillière, de Castillon à Domme s'étendait de toute ancienneté le domaine des *couraus*, embarcations à fond plat de 10 à 50 tonneaux, oblongues, étroites et pointues. A leur côté naviguaient des *couralins* ou *gabarots*, bateaux de type similaire, mais de plus faibles tonnages, jouant souvent le rôle d'allèges. Se mêlaient aux embarcations de cette catégorie les bateaux originaires de la haute Dordogne – les *courpets* – qui, d'Argentat, descendaient en un voyage sans retour le bois merrain.

Dans la basse vallée, de Libourne à Bourg et au-delà, couraus et courpets cédaient la place à des *gabarres*[7] aux coques ventrues, arrondies et construites sur quille. Celles-ci s'opposaient nettement par leur forme et leur gréement marin aux bateaux strictement fluviaux de l'amont.

Dans les ports de Dordogne se côtoyait ainsi une diversité de genres de bateaux reflétant l'adaptation de l'architecture nautique aux différents faciès offerts par la voie d'eau au long de son cours et, passé 1840, les évolutions qui marquèrent les choix des modes de constructions.

La flotte en service sur la Dordogne, entre Souillac et Libourne, comptait plus de 400 bateaux employés régulièrement tant à la remonte qu'à la descente. A cet ensemble s'ajoutait encore, chaque année, l'emploi d'environ 300 courpets éphémères de descente des bois d'Argentat.

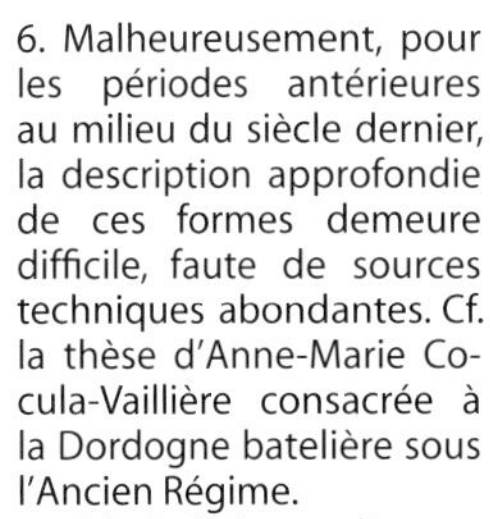
6. Malheureusement, pour les périodes antérieures au milieu du siècle dernier, la description approfondie de ces formes demeure difficile, faute de sources techniques abondantes. Cf. la thèse d'Anne-Marie Cocula-Vaillière consacrée à la Dordogne batelière sous l'Ancien Régime.

7. Généralisé par l'usage, l'emploi du terme *gabarre* pour désigner tous les bateaux de transport utilisés sur la rivière, entraîna une durable confusion entre les embarcations spécifiques de l'estuaire de Gironde et de la basse Dordogne, auxquelles il devrait être réservé, et les bateaux strictement fluviaux de l'amont, les *couraus* et les *courpets*.

Bateaux et trafic sur la Dordogne, vers 1850-1900.
Carte Y. Laborie.

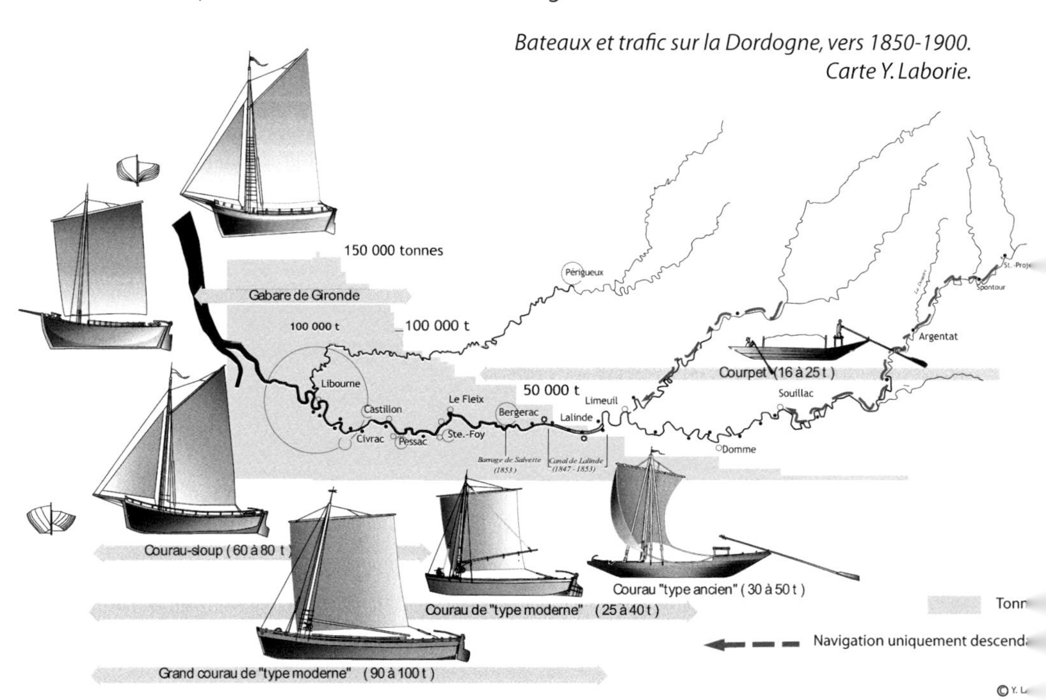

Couraus traditionnels et grands chalands modernes

Au sein de la flotte des bateaux assurant la navigation régulière se distinguaient deux genres de couraus : d'une part ceux qui correspondaient à la forme ancienne et traditionnelle de ce type de bateau, d'autre part ceux qui tendaient alors à remplacer les premiers et que l'on qualifiait de « grands chalands modernes ».

Les couraus traditionnels conservaient, à quelques variations près, les caractéristiques qui devaient être les leurs depuis plusieurs siècles. C'est-à-dire une envergure de 15 à 20 m de longueur pour environ 5 m au point de plus grande largueur de la coque, une capacité de charge de 40 à 60 t, une sole plate en forme d'amande simplement relevée à ses extrémités, une poupe et une proue pointues. Les flancs de la coque pouvaient être légèrement inclinés ou droits. Sur le tiers arrière, l'embarcation disposait d'une cabine aménagée sous un pont surélevé par rapport à la ligne supérieure du bordé. Sur le plancher de ce pont, un bâti de bois permettait au batelier de manier un très long aviron de gouverne, dont la pale traînait dans l'eau, loin derrière le bateau. Lorsque ces couraus possédaient un mât, celui-ci était mobile, implanté à mi-longueur de la coque ou à la hauteur du tiers avant, et portait ordinairement une voile carrée. La cale était ouverte et seule l'installation d'une bâche pouvait éventuellement aider à préserver la cargaison du soleil ou de la pluie.

L'équipage des chalands modernes
Souvent familial, celui-ci comptait au moins deux personnes. Il arrivait que l'épouse du patron-batelier vive à bord et participe pleinement au travail. La tille d'avant, plus spacieuse que celle d'arrière, généralement réservée au matelot, disposait d'un confort minimum : poêle, fourneau de cuisine, placards et couchettes, autorisant même au coeur de l'hiver une vie prolongée à bord.

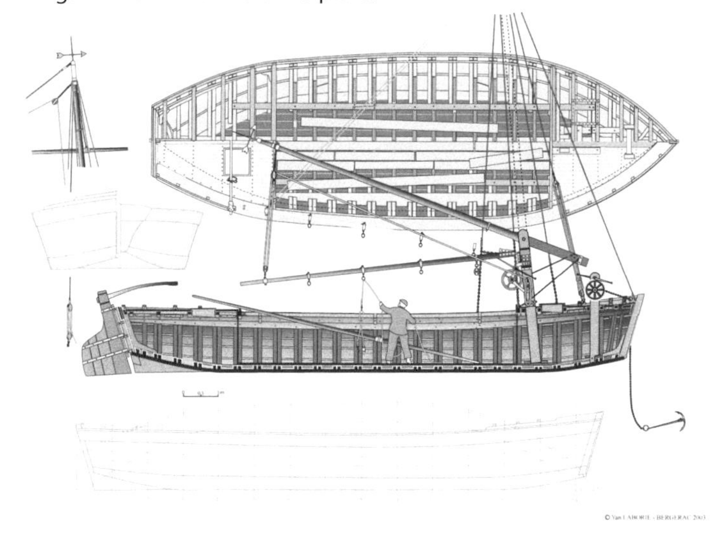

Architecture d'un petit courau de type moderne, en service sur la Dordogne vers 1900. Dessin Y. Laborie.

La forme des couraus traditionnels était en fait fort proche de celles des courpets du haut-pays. Ils ne s'en distinguaient que par une construction nettement plus soignée, un plus fort tonnage et l'équipement d'un gréement leur permettant de porter une voile. Couraus, courpets de descente à bateau perdu ou courpet « bourleté », c'est à dire de réalisation élaborée et faite pour durer, paraissent donc probablement tous issus d'une même et unique forme, originale à la rivière Dordogne. Celle-ci se serait diversifiée au plan du tonnage, du gréement, de la solidité, suivant les conditions de milieu offertes par les différentes sections du cours, pour répondre au mieux à la nature et aux besoins des échanges sans toutefois perdre, jusqu'au milieu du XIXe siècle, son hérédité morphologique.

Les chalands, qualifiés de grands et modernes, correspondraient à l'évolution des couraus traditionnels que l'on vient de décrire. Evolution qui passa d'abord par le remplacement de la levée arrière pointue par un tableau triangulaire. Le but de cette modification fut d'adapter la poupe à la pose d'un gouvernail vertical à ferrures, moins encombrant que l'archaïque aviron de gouverne. Ensuite, pour augmenter le tonnage de l'embarcation, la hauteur des bordés fut augmentée, ce qui entraîna l'abandon d'une proue à levée pointue pour une proue à étrave. Une autre importante innovation fut l'apparition d'un système de fermeture de la cale de l'embarcation par un jeu de panneaux mobiles disposés en bâtière. Vers 1890, l'évolution de ce nouveau type de courau paraît au bout de son accomplissement. Les différences de navigabilité du cours qui se maintenaient entre l'amont et l'aval générèrent la construction de deux catégories de ce type de bateaux. Ceux qui étaient conçus pour travailler au-dessus de Bergerac n'excédaient pas 13 à 15 m et 25 à 30 t de port. Le pont avant de ces petits couraus, souvent surbaissé, ne portait pour la manœuvre qu'un treuil rudimentaire et leur cale restait ordinairement ouverte.

Courau de l'Isle dans le bassin de la Cité à Périgueux. Séchage d'une petite voile de trinquette pendant que le batelier travaille à l'entretien des panneaux de cale. Coll. Y. Laborie.

Les couraus construits pour servir entre Bergerac et Bordeaux longs de 20 à 22 m, larges de 5,5 à 6 m, atteignaient une capacité de 60 à 100 t. Dans les fortes eaux d'aval, la fermeture de la cale de ces bateaux prenait toute sa valeur pour préserver le chargement des rejaillissements du clapot qui, à pleine charge, léchait le haut du bord. Un solide plancher mobile (tillac) couvrant le fond de cale évitait aussi à la cargaison de s'humidifier. Un passe-avant courant le long du bord permettait d'aller et venir entre le pont de proue et le pont de poupe, sous lesquels étaient aménagées les « tilles » ou cabines de l'équipage.

L'équipe du chantier Arnouilh posant devant la Jean-Georgette, courau de 100 t, lors de la réfection de sa sole en 1920. Page de gauche, courau de l'Isle dans le bassin de la Cité à Périgueux. Coll. Y. Laborie.

Les grands couraus étaient mâtés sur l'avant, au niveau de la plus forte largeur de la coque et quelquefois, à la proue, d'un petit mât supplémentaire porteur d'une trinquette. Certains couraus de l'Isle en possédaient aussi un troisième sur l'arrière pour hisser une petite voile tape-cul. Le mât principal, assuré par 6 ou 8 haubans, dont deux réglables par palan, pouvait être rabattu au passage des ponts. Deux fortes pièces de bois (les jumelles) encadraient la base du mât et supportaient l'axe métallique sur lequel celui-ci basculait. Fixé sur les jumelles, un treuil rendait aisé la manœuvre ; il servait également à hisser ou à amener la grand voile qui, ordinairement était gréée au tiers. Lorsque le vent permettait d'utiliser celle-ci, le batelier la bordait sur un « rocambeau », anneau qui courait sur une barre d'écoute (« tamissaille ») placée en travers du pont arrière. Un court mât de halage, fixé contre les jumelles et, sur le pont de proue, un puissant treuil à engrenages servant au mouillage de l'ancre, complétaient l'équipement du bateau.

L'ancre était indispensable pour virer quand, dans la basse vallée, le courau devait attendre en pleine eau la renverse du courant pour entamer la remonte. L'usage des avirons étaient quant à

La construction
Celle d'un grand courau demandait au moins 5 mois de travail à une équipe de 5 à 6 charpentiers et coûtait vers 1910, 17 000 à 18 000 F payables au chantier par quart, à la commande, à l'achèvement de la coque, à sa livraison et enfin après 6 mois d'utilisation. Les principaux chantiers de construction se répartissaient entre Castillon et Saint-Capraise. On en réalisait aussi dans le Libournais, mais là les chantiers étaient plus particulièrement spécialisés dans la construction de couraus-sloop, bateaux à fond plat, dont le gréement et la ligne de tonture de sa coque marquent l'approche de conditions de navigation maritime propres à la basse vallée.

Courau de Dordogne de type traditionnel, détail d'une vue des quais des Chartrons à Bordeaux, huile de Pierre Lacour, vers 1804-1806. Coll. Musée des Beaux-Arts de Bordeaux.

lui utile pour aider la conduite, surtout à la descente, lorsqu'il fallait l'aligner dans le chenal d'une passe délicate ou franchir l'arche d'un pont. A la remonte, la voilure s'avérait souvent insuffisante à la progression du courau. Il fallait alors une ou deux solides paires de bœufs et un bouvier expérimenté pour lentement le haler. Avant 1837, date à laquelle on en interdit la pratique, une équipe de 20 à 30 hommes remplaçait parfois les animaux.

Les opérations de chargement et de déchargement de la cale s'effectuaient à l'aide du treuil fixé sur les jumelles et d'un mât de charge, articulé et lié par une ferrure placée à mi-hauteur de la base du grand mât.

Les courpets du haut-pays

Leur navigation commençait à Argentat, parfois à Spontour, au plus près des coupes forestières établies sur les sombres pentes abruptes qui encadrent là-bas, étroitement, le cours torrentueux de la rivière. Le batelier « auvergnat » était en même temps meirendier, c'est-à-dire, suivant la saison, bûcheron, marchand, faiseur de merrain ou de bois de chauffage. Il pouvait devenir convoyeur de sel en remontant au pays, à pied ou sur un léger couralin. D'un tonnage moyen du 10 t son bateau était ordinairement construit pour durer le temps d'une descente. Au terme de celle-ci, les longues planches de tremble ou de bouleau, formant sa coque, étaient désassemblées et vendues en même temps que le chargement. Opération facilitée par le mode d'assemblage chevillé des bordés et de la sole, sur des membrures réalisées dans des enfourchements de branches offrant naturellement des formes adéquates.

La morphologie de ces « argentats » était très proche de celle des couraux traditionnels de Dordogne moyenne. Etroite et en forme d'amande, leur sole plate se terminait par deux levées pointues. Depuis le musel de proue, la ligne supérieure du bordé, rectiligne jusqu'au niveau du tiers arrière, point de plus forte largeur du bateau (à l'inverse des couraus modernes), s'infléchissait brutalement pour rejoindre l'extrémité de la levée de poupe qui était bien plus importante que celle d'avant.

Jouant un rôle structurant dans l'achèvement de la mise en condition de navigation des courpets, leur chargement s'effectuait méthodiquement et toujours de la même manière. On disposait d'abord dans la partie centrale du bateau, entre les deux « levées » et sur toute la hauteur du bordé, les petites planches de chêne refendues, destinées à la fabrication des douelles de barriques. Les pointes des levées étaient chargées par de la fonçaille, planchettes à faire le fond des vaisseaux vinaires. Entre le chargement central et celui des pointes, un espace libre était maintenu pour écoper l'eau qui s'infiltrait obligatoirement durant le voyage. Enfin on arrimait solidement des piles de carrassonnes qui débordaient largement au-dessus des flancs du courpet. Celui-ci se pilotait depuis une passerelle dressée au niveau de la naissance de la levée arrière à l'aide du « gouver », grand aviron de queue maintenu par un anneau de corde ou de fibres végétales (destrau), passant autour de la « poujade », tenon de bois chevillé au musel de poupe. Deux avirons placés sur l'avant contribuaient à affirmer l'effet de cette longue gouverne tout en servant à propulser le courpet dans les biefs à faible courant.

Yan Laborie

La navigation à bateau perdu

Elle était saisonnière, entre automne et printemps, limitée aux périodes de crues rendant « les eaux marchandes » dans le cours supérieur, 27 jours par an en moyenne. Descendre la Dordogne, alors froide, glauque et écumante, était une véritable aventure.
La veille du grand départ les courpets étaient bénis, après la célébration d'une messe spéciale à l'intention de leurs valeureux et pauvres équipages.
Par beau temps, le voyage durait 5 à 6 jours.
Au port des Cuisines de Souillac, première halte ponctuant la descente de la flotte, les marchands installés aux coins des cheminées d'auberges, s'impatientaient de savoir si bateaux et chargements débouchaient des terribles goulets d'amont.
Les équipages, paraît-il, chantaient pour se donner du coeur au passage des rapides, tout en assurant la manoeuvre difficile et précise entre les roches.
A la moindre inattention le voyage s'arrêtait brutalement dans un fracas de bois déchiré. L'accident pouvait être mortel, et du caractère réellement périlleux de cette navigation, le « gabarier » du haut-pays tirait un prestige appelant pour lui, chez les bateliers d'aval, considération et respect.
La pittoresque descente de ces flottes d'argentats, fut, sur la Dordogne, la première forme de navigation à définitivement disparaître devant les progrès de la modernisation du pays, au lendemain de la Grande Guerre.

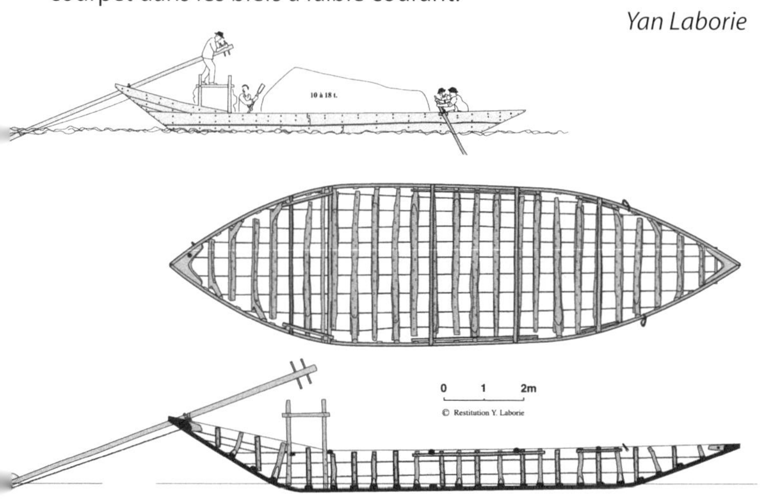

Courpet d'Argentat. Dessin Y. Laborie.

La pêche fluviale

Dans la basse vallée, la pêche utilisait des filardières pour lancer l'escavar, grand filet dérivant adapté à la capture des poissons migrateurs : saumon, esturgeon, alose (colas). Rapide et maniable la filardière servait également dans les relations entre rives ou au transit des cargaisons dans les ports encombrés.

Coll. La Thèque.

Pêche à la bourgne, nasse spécialement conçue et toujours employée en basse Dordogne pour la capture des lamproies. Cl. EPIDOR / EPTB Dordogne, A. Bordes.
A gauche, pêcheur de Dordogne posant dans l'attitude du jeté de l'épervier, fin XIXe siècle. Coll. Y. Laborie. Cl. P. Daudrix.
Page de gauche, en haut, pêcherie de Salvette, Bergerac, fin du XIXe siècle. Dans le gabarot, les pêcheurs replient une grande senne (escavar), filet à nappe simple dont ils se servaient au printemps sur les montées de saumons et d'aloses.
En bas, équipage et gabarot porte escave de la pêcherie de Salvette. Au début de l'action de pêche à la senne, le filet se trouvait soigneusement lové sur la table contre laquelle s'appuient les hommes pour prendre la pose. A force de rame, le bateau déployait ensuite le filet en travers de la rivière. Un bout du filet restait retenu à terre par le quatrième pêcheur de l'équipe.

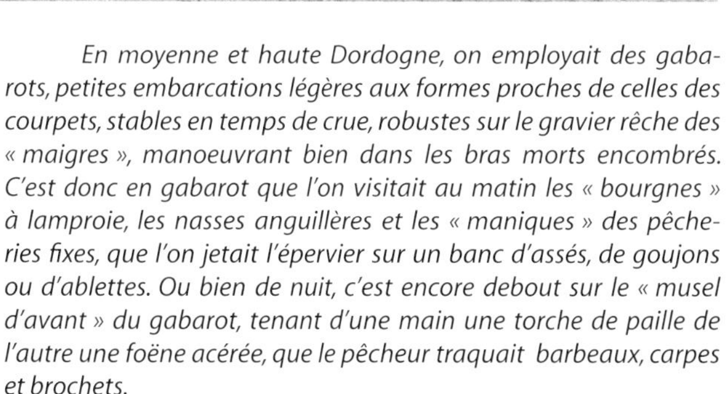

En moyenne et haute Dordogne, on employait des gabarots, petites embarcations légères aux formes proches de celles des courpets, stables en temps de crue, robustes sur le gravier rêche des « maigres », manoeuvrant bien dans les bras morts encombrés. C'est donc en gabarot que l'on visitait au matin les « bourgnes » à lamproie, les nasses anguillères et les « maniques » des pêcheries fixes, que l'on jetait l'épervier sur un banc d'assés, de goujons ou d'ablettes. Ou bien de nuit, c'est encore debout sur le « musel d'avant » du gabarot, tenant d'une main une torche de paille de l'autre une foëne acérée, que le pêcheur traquait barbeaux, carpes et brochets.

Yan Laborie

Le temps des loisirs

Les veillées

Le temps des veillées va de la Sainte-Lucie (la vraie, celle du calendrier julien, lorsque les jours recommençaient à s'allonger) à l'équinoxe de printemps. Chaque soir était une veillée, chaque soir était une petite fête de la parole, moment paisible alors que les grands travaux mangeurs de temps étaient en sommeil, où l'on se retrouvait vraiment où l'on pouvait échanger projets et bilans.

Les mains, restées libres, s'adonnaient à des tâches repoussées à ces temps de plus grands loisirs : vannerie, confection d'outils, tricot (même les hommes, mais ils l'ont bien oublié depuis), jeux de cartes (« bourre » surtout)... C'était aussi le moment où les adultes s'occupaient de la formation intellectuelle des enfants. Après les leçons de choses des jours laborieux, après le concret, leur esprit s'ouvrait à l'abstraction grâce aux énigmes si étonnamment imagées, si métaphoriques, grâce aux mimologismes, ces paroles poétiques, philosophiques, humoristiques ou gaillardes que l'humain improvisait sur les mille musiques de la nature et en particulier les chants d'oiseaux, grâce encore aux comptines et aux formulettes adaptées à chaque situation de la vie sociale de l'enfant et chargées d'en désamorcer les débuts de conflit.

Mais les vraies veillées, celles qui restent dans les mémoires et titillent les nostalgies, ce sont celles où toute la maisonnée se mettait en chemin pour se rendre chez un voisin où d'autres voisins l'attendaient peut-être déjà. Le prétexte le plus courant était un travail pour lequel on avait besoin d'aide, plus rarement pour un projet commun à débattre. On avouait rarement que c'était pour le plaisir de se voir.

Parmi ces prétextes, le plus fréquent était celui de l'énoisage, *l'esnosilhatge*. Le rythme des *mailloches* ou *tricotes* cassant les noix rythmaient des chansons de circonstance. Les langues allaient bon train et parfois, en fin de soirée, les pieds des danseurs brisaient un peu plus les coquilles. On y faisait passer *lo cacalon* (prononcer : *lou cocolou*), noix minuscule comme le dernier œuf de la ponte et qui était une déclaration d'amour silencieuse de

L'énoiseuse, détail d'une carte postale ancienne. Coll. La Thèque. Cl. P. Daudrix.

celui qui le faisait passer à celle qui le recevait. Bien des mariages se sont ainsi décidés, encore fallait-il être certain de l'origine du message et qu'il ne soit pas l'œuvre de quelque convive farceur. Et l'on terminait par une dégustation de *cambas d'olhas* aussi appelées « merveilles ».

Des soirées semblables avaient lieu et ont peut-être lieu encore pour "dépanouiller" les épis de maïs récoltés en urgence avant le mauvais temps. C'était avant la culture intensive du maïs, au temps où la culture paysanne était celle de l'autosuffisance.

La littérature orale

Contes et légendes

Les grands contes épiques ont un peu déserté les mémoires. Il en reste des bribes qui, mises bout à bout, n'arrivent plus à recréer l'épopée perdue des géants primordiaux et des divinités immémoriales comme Gargantua. Le christianisme est passé par là et leurs exploits sont attribués à tel ou tel saint, à Jésus, à Dieu ou à la Vierge descendus sur terre. Saint Front terrassa héroïquement le Coulobre terrible qui hantait la Dordogne dans la région de Lalinde. On peut encore vous montrer le lieu de cet exploit. Exploit peu chrétien. À qui l'attribuait-on avant la christianisation ?

Les contes malicieux ont mieux survécu. Citons les aventures de Jean le Sot qu'ici on appelle le plus souvent Léon (et l'enfant qui manque de discernement s'entend dire qu'il va « se faire appeler Léon »).

Les contes d'animaux, ceux du renard et du loup par exemple, marient malice et sagesse alors que ceux du diable trompé ou du benjamin, le plus faible, triomphant des épreuves et de l'adversité sont une revanche contre les inégalités sociales.

Les peurs sont certainement ce qui reste le plus vivant dans la mémoire collective. Les enfants ne craignent plus les « vieilles » qui vivent au fond de l'eau où elles cherchent à les attirer, mais les adultes ne redoutent-ils pas encore un peu les dames blanches, les lavandières de la mort, las tòrnas, *capables de traverser le temps et de quitter l'oubli du tombeau. Elles sont toujours à notre porte et, si l'on en croit des témoins, bien entendu dignes de foi, elles peuvent même faire de l'auto-stop et vous attendre la nuit sous un lampadaire urbain !*

Mais le champion des peurs ancestrales, c'est bien lo leberon *(prononcer :* lou lébérou*), l'homme-loup. Certains le plaignent à cause de la malédiction qui pèse sur lui et l'oblige à courir la nuit de paroisse en paroisse, en proie aux tourments de la damnation, à une faim insatiable de chair crue et à une soif inextinguible. D'autres craignent de découvrir sa peau et de prendre sa place. D'autres le voient venir sous les formes les plus diverses pour jouer des tours bien cruels aux humains que nous sommes. Il est alors le* drac *d'autres régions. Pour d'autres encore, il est un encombrant compagnon de route, une sorte de lutin monstrueux et protéiforme (comme* lo rapaton*) qui vous joue des tours pendables qui ne font rire que lui...*

Il y a encore la litre et autres bêtes faramines, les chasses volantes dont les cris, les cornes et les aboiements traversent encore parfois le ciel de l'automne. Et il y a surtout celui dont on ne parle pas, celui qui n'a aucune apparence connue, celui auprès de qui le diable est vraiment bon bougre : l'Aversier, le Grand Adversaire, face noire d'une ancienne divinité bicéphale dont la face claire a depuis longtemps quitté les mémoires.

Peintures sur rocher de Pierre Rapeau.
Les œuvres de cet artiste se rencontrent au gré des promenades forestières en Périgord vert.
Ci-dessus, le loup, à droite, Sent Psaumet, *un saint local venu d'Irlande.*
Page de gauche, La leberona de Sodat, *femme métamorphosée en louve.*
Page de droite, L'indian.
Cl. M. Chadeuil.

Las nhòrlas ou viòrlas

Souvent les ethnographes méprisent les nhòrlas, *ces courts récits comiques du type de la farce ou du fabliau. C'est que nul n'en a fait la typologie, qu'elles manquent de noblesse et d'ambition. Et surtout que le rire est leur seul but. Elles ne manquent pourtant pas de finesse, de roublardise, de sens de la dérision et de l'absurde. Elles savent être irrévérencieuses sans jamais être vulgaires. Souvent elles sont anonymes et colportées, mais elles ont aussi leurs auteurs fameux comme les Nontronnais Aimé Jardry (1830-1890) et Henri Delage (1884-1970), respectivement créateurs des inénarrables* Champalimau *et* Jan Picatau de Sent-Barrancou, *personnages devenus parfaitement réels dans la conscience de leurs concitoyens. Nontronnaise aussi, la conteuse Félicie Brouillet était elle-même, sur scène et sur disques, le personnage de ses racontages. Citons aussi les* Contes patois *(1951) du Ribéracois Jean de Faye (le Dr Emile Dusolier).*

Un détail qui a son importance : la nhòrla *est liée à la langue occitane. Même ceux qui la pratiquent mal vous diront qu'en français, elle ne « passe pas ». C'est vrai. La raison en est certainement sociolinguistique plutôt que purement linguistique.*

Page de gauche, départ pour la chasse. Coll. La Thèque. Cl. H. de Labrousse.

Histoires de chasseurs, pêcheurs et autres menteurs

Les histoires de chasse et de pêche sont certainement de tous les pays du monde. Il en est des personnelles qui ne tiennent qu'à une exagération bien compréhensible du narrateur et au besoin qu'il a de faire partager ses propres émotions. Il en est aussi qui appartiennent au folklore et où l'absurde et l'incroyable, l'énormité sont de règles. En fin de compte, ce sont des contes traditionnels, à cette différence près que le conte se dit à la troisième personne alors que las meissonjas *se content toujours à la première.*

Commes les contes, ces histoires-là ne sont point typiquement périgourdins et l'on retrouve les mêmes exploits chez le fameux baron de Münchhausen. Il n'en reste pas moins que nous avons eu, en Périgord, des menteurs fameux. À Agonac, on raconte toujours les exploits de chasse de Chabrier. Mais il n'y a pas que les chasseurs, il y eut aussi les soldats du Premier Empire qui, du récit de leurs exploits, égayèrent leurs compatriotes. Trois sont restés célèbres : Fournier (dit Figournier) de Thiviers, le Ribéracois Duché et surtout Jaumard qui, une fois démobilisé, tint à Périgueux une boutique de coiffeur pour hommes où l'on ne devait pas s'ennuyer. Les exploits qu'ils s'attribuaient (et dont seuls ceux de Jaumard nous sont parvenus par le témoignage écrit de « pratiques » de sa boutique) sont sensiblement les mêmes, guère différents non plus de ceux de leur contemporain toulousain, Martin de Castanet.

Encore plus célèbre, Léonard Frachet (1805-1886) de Périgueux, dit Franconi, semble avoir été plus créatif, plus personnel et l'on raconte toujours ses duperies de maquignon, comme le jour où il vendit la tour de Vésone comme fût (un peu endommagé) à un négociant en vins de Bordeaux.

La tradition populaire, toujours irrévérencieuse envers les pouvoirs, prête aussi des « exploits » ridicules à d'authentiques personnages historiques comme Bazaine (1811-1888) qui vécut quelque temps en Périgord, ou encore notre voisin du Limousin Henri de Bournazel (1898-1933). Pour les conteurs des veillées paysannes, ces grands militaires ne sont que des personnages ridicules.

B. — VERSION DE MARNAC.

Harmonisation de Mr. le Chan. BOYER

ENTRÉ LO RÉBIÈRO É LO MER.

LA PALOMBE.

Près de l'Agenais

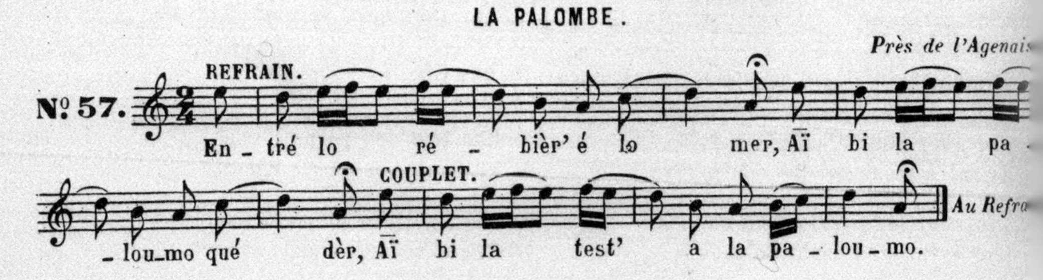

Aï bi lou bè dé la paloumo
Aï bi lous el a la paloumo.
Aï bi lou col a la paloumo.
Aï bi l'alo dé la paloumo
Aï bi la camb' a la paloumo
Aï bi lou pè dé la paloumo.
Aï bi l'arpiou dé la paloumo.

Mélodie fort ancienne probablement : en tout cas, bien caractéristique.

La chanson de « las esnosilhasons »

Page de gauche, extrait des Vieilles chansons patoises du Périgord, *1902. Coll. La Thèque.*

E pin ! e pau ! E pin ! e pau ! Cassa, cassa, cassa cacaus !	*Refrain*
A las filhas de la taulada que sospiran per los garçons, Donan lor questa serenada De que triar fòrça nosilhons !	*Aux filles de la tablée, qui soupirent pour les garçons, donnons ce soir beaucoup de cerneaux à trier.*
Las dròllas an perdut paciéncia, Fasan passar lo cacalon ! Creiriá d'engatjar ma consciéncia Si lo laissava au modelon.	*Les filles ont perdu patience, faisons passer le « cacalou ». Je croirais engager ma conscience si je le laissais au tas.*
A la santat de nòstra ostessa Que sierv de bon vin blanc noveu, Mai que nos a fai la promessa De nos regalar de crespeus !	*A la santé de notre hôtesse qui sert de bon vin blanc nouveau et qui nous a même fait la promesse de nous régaler de beignets !*
Quand la mia-nuech será sonada, Faurá far fèsta au revelhon, Mai per'chabar la serenada, Farem sautar los cotilhons.	*Quand la minuit sera sonnée, il faudra faire honneur au « réveillon ». Pour finir la soirée, nous ferons tournoyer les jupons.*

Cette chanson accompagnait l'énoisage au cours des veillées rituellement consacrées à cette activité (domaine nord-occitan).

Des chansons de toutes les façons

Chants calendaires, chants de travail, légendes, noëls, pastorales, chants de malmarié(e)s, pages d'histoire chansonnées, chants parodiant la liturgie... tous les genres sont présents dans la tradition périgourdine.

Il faut parler ici des abbés Casse (curé de Manaurie) et Chaminade (maître de chapelle à la cathédrale Saint-Front de Périgueux) qui, en 1902, publièrent un recueil de Vieilles chansons patoises du Périgord. *Cet ouvrage, s'il présente quelques défauts dus aux objectifs et à la profession des auteurs, reste le plus bel inventaire réalisé à ce jour en Dordogne sur ce thème et a le mérite supplémentaire de l'exigence et de la précision des dits collecteurs.*

Michel Chadeuil

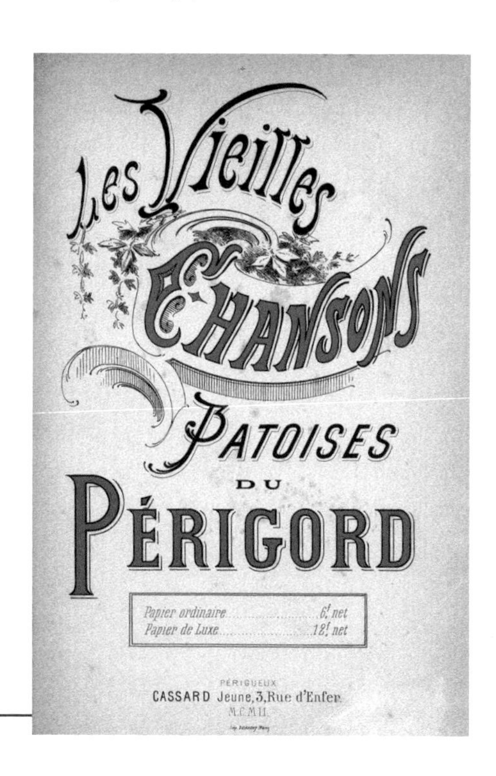

Jeux d'autrefois et fêtes d'aujourd'hui

Constatant que si les enfants d'aujourd'hui faisaient preuve d'une dextérité exceptionnelle sur leurs jeux électroniques, ils ne savaient plus rien de ce qui avait fait la joie et entretenu l'adresse et l'habileté de leurs pères, qu'ils ne savaient plus faire un flageolet avec une fleur de pissenlit, une corne en écorce de châtaignier, qu'ils ne savaient plus faire tourner une toupie avec un fouet ni même lancer et faire dormir la toupie à ficelle..., en 1985, un groupe de Sarladais lance l'idée d'une fête où l'on retrouverait les plaisirs et les savoir-faire d'un temps où l'on pouvait s'amuser sans consommer, montrer son adresse sans avoir recours aux services des multinationales de l'électronique et de l'informatique. Ce fut *la Ringueta*, nom emprunté à un jeu de table, sorte de marelle ou de morpion.

Jeunes et moins jeunes retrouvèrent ainsi l'exaltation du mât de cocagne, les fous rires de la course en sac, des courses liées, à l'œuf, à la grenouille. Les enfants reconnurent que leurs grands-pères étaient bien plus forts qu'eux à la course sur échasses, ils eurent bien du mal à faire avancer la toupie au fouet, beaucoup moins au *cassa-topina* (casse-pot les yeux bandés) ou au *lepa-padela* (lèche-poêle).

À ce jour, c'est plus d'une centaine de jeux que *la Ringueta* présente tous les deux ans à Sarlat pour la Pentecôte. L'autre année, c'est, sur le même thème, *la balada* à Excideuil. Les animateurs ont fait des émules, on les a demandés ici ou là, en d'autres lieux, en d'autres régions. La collecte des jeux patrimoniaux continue, les publications sur ce thème se poursuivent avec succès...

Michel Chadeuil

Ci-dessous, Lo cassa-topina *: les enfants, les yeux bandés doivent casser l'un des pots de fleurs qui contient toujours une surprise.*
Page de gauche, le jeu de la canne ou du parapluie : sur une planche semée d'obstacles, ou même sur une corde tendue, le joueur doit guider la bouteille et l'amener à lui sans la casser.
Cl. M. Chadeuil.

La Ringueta à Sarlat.
La perinqueta, *toupie lancée au fil.*
A droite, le rodeo-barricou *: le joueur, chevauchant un fût, doit avancer sur l'axe en tirant les câbles et, évidemment, sans se laisser désarçonner.*
En haut, comme partout : le tir à la corde.
Cl. M. Chadeuil.

Une autre version du jeu du parapluie (ou de la canne). A gauche, lo lepa-padela, *le lèche-poêle : les mains liées derrière le dos, les joueurs vont devoir s'approprier la pièce, collée à la suie, sans la laisser tomber au sol. Souvent ce jeu constituait un gage pour les... mauvais perdants. Ci-dessous,* lo desquilhador : *un jeu de quilles où le joueur imprime à la boule suspendue un mouvement pendulaire. Cl. M. Chadeuil.*

Musiques populaires

Des débuts de la IIIe République à la fin de la deuxième guerre mondiale, la vie musicale en Dordogne fut analogue à celle de la société française du moment, bénéficiant à son tour des progrès de l'édition musicale ou des nouveautés de la lutherie industrielle, sacrifiant au passage des modes, conservant des pratiques traditionnelles, participant aux mouvements intellectuels et aux balancements économiques ou sociaux qu'instaurait un nouvel équilibre entre un monde rural déclinant et un monde industriel s'affirmant.

L'image actuelle de ces musiques populaires passées, principalement ordonnée autour des catégories constituées que sont les sociétés musicales et folkloriques en activité ne résiste ni par son histoire, ni par son actualité, à un regard prenant en compte l'ensemble de ses composantes. En réalité, tout s'y articule dans un jeu subtil d'influences réciproques, de conservatismes et de rejets, de bricolages et de professionnalisme, de relations entre groupes ou individus, dans une effervescence inhérente à toute expression artistique, fut-elle populaire.

De la musique pour Carnaval, les « mais » et autres fêtes du calendrier

Nombre de fêtes calendaires rythment encore la vie des bourgs et des campagnes : quêtes des œufs, bœufs gras, tournées de conscrits, plantations de « mai »...

Cette dernière opération consiste à aller planter solennellement chez un nouvel élu, un arbre coupé (pin le plus souvent), ébranché (sauf la tête), décoré de guirlandes tressées, de bouquets, de couronnes de fleurs et d'attributs républicains (drapeaux tricolores, blasons, cocardes). L'ensemble de cette cérémonie, toujours pratiquée aujourd'hui, dure un à plusieurs jours selon la commune, les moyens et la disponibilité des participants. La coupe de l'arbre, son transport, sa décoration, sa plantation, les discours, remerciements et agapes afférents sont bien entendu, accompagnés de musique. De nos jours, d'autres occasions font l'objet de plantations de « mai » : naissances, promotions professionnelles, emménagements...

Ici, à Eymet, aux confins du Lot-et-Garonne, le photographe Henri Gillet nous montre le cortège du « mai » arrivant en ville. Bien en vue et cloué sur le « mai », un panonceau annonce « Honneur à notre élu ». On voit sur cette photo cinq enfants avec cuivres et tambours : à coup sûr, ils font partie de la fanfare locale et trouvent là une occasion de jeu différente. Au cours de cette confrontation publique, ils affirment leur personnalité de musicien : conduire un cortège, c'est devenir meneur du groupe, c'est se faire remarquer pour de futures manifestations (noces ou bals par exemple), c'est ajouter une fonction nouvelle à la musique qu'on pratique et c'est participer « à fond » à la vie locale. Coll. La Thèque.

Les musiciens ambulants et leur instrument

Une irruption inopinée sur la place du village ou dans les rues des villes, un paraître doublement spectaculaire (par le son et l'image) assura toujours un impact puissant aux musiciens ambulants. Matérialisant de façon originale et forte le thème de l'errance cher aux Romantiques, ils suscitèrent aussi le rêve et l'évasion par l'éternelle fascination qu'exerce le nomade sur le sédentaire.

Tout d'abord image de la réussite des migrants du Massif central à Paris, diffusée plus tard par les groupes folkloriques, fabriquée sans interruption, la cabrette ou musette[1] ramenée au pays obtint un incontestable succès et remplaça petit à petit les autres cornemuses anciennement utilisées (la chabrette en Périgord et Limousin), non seulement dans le Massif central, mais bien au delà de ses bordures.

On imagine souvent, en oubliant par exemple l'importance du chemin de fer, que, cent ans auparavant, les déplacements étaient rares ou difficiles : il n'en était rien. Volontaires dans le cas de tous ceux qui, voulant avant tout jouer, surent agrandir leur territoire de jeu, ou forcées par l'exode rural ou la guerre, les migrations (ou l'émigration) comptent pour beaucoup dans la circulation des airs et des idées musicales. Pratiquées à une échelle modérée, ces confrontations culturelles ont participé, elles aussi, non pas à une uniformisation des répertoires, mais à un échange créatif et fertile d'esthétiques et de points de vue musicaux.

Giovanni Conte (1845?-1933), homme-orchestre italien (vielle, grosse caisse, cymbale, triangle et chapeau chinois) sillonna la France en six « campagnes » au cours desquelles il traversa dix fois la Dordogne entre 1884 et 1906. À droite, Isidore Limouzy, prisonnier lors de la Première Guerre mondiale en Allemagne, en 1916 avec trois compagnons de captivité. Fils d'un cordonnier de Saint-Jean-de-Côle, il était d'abord « monté à Paris » où le hasard le fit s'installer dans le voisinage d'un fabricant de musettes (cornemuse des Auvergnats de Paris, mise au point dans la capitale). Il apprit donc à en jouer et travailla régulièrement comme musicien dans un café/charbon faisant bal de quartier : émigré périgourdin, il sut s'adapter pour s'intégrer en utilisant les solidarités provinciales. Coll. La Thèque.

1. Assorti de l'accordéon, cet instrument est à l'origine du mot « bal musette ».

C'est surtout à Carnaval qu'est offerte à chacun l'occasion de « faire le musicien » surtout si on ne l'est pas d'habitude et, si c'était le cas, de s'essayer sans complexe à un autre instrument. La cacophonie comme art musical fait partie intégrante des festivités carnavalesques.

Les musiciens de Saint-Astier ont ajouté à leur panoplie dérisoire un costume de meunier normand du plus bel effet ! Coll. La Thèque.

Le succès des fanfares donna l'idée à un luthier parisien (M. Bigot) de fabriquer à la fin des années 1880 de faux instruments en carton fort, à l'embout desquels étaient adjointe une membrane vibrante (comme sur les mirlitons ou les kazoos). Il suffisait alors de chanter, juste si possible, pour obtenir un effet d'ensemble spectaculaire. Ainsi naquirent les ensembles de « bigophones » qui, grâce à leur faible prix de revient, égayèrent partout dans le pays les fêtes de quartiers ou de villages et élevèrent la parodie au rang de genre à part entière.

Pages suivantes, sur cette photo prise à Coursac en 1910, le musicien tient un accordéon diatonique. Le chromatique (une seule touche par note quel que soit le mouvement du soufflet, poussé ou tiré) viendra plus tard, associé au répertoire « musette ». Jeune, il affiche sa modernité en posant ostensiblement avec son instrument. Il faut remarquer aussi l'agencement immuable des photos de noces. Autour des mariés, les témoins puis la famille disposée selon le degré de parenté, enfin les amis avec au dernier rang, ceux qui déjà s'amusent. On signifie la fête en versant des « coups à boire » et la nuit de noces par la bougie, on peut voir là d'autres symboles. Au premier rang, les enfants, endimanchés eux aussi, minaudent. Derrière le groupe, deux « mais » plantés devant la maison où se déroule la noce. « En place pour la première... ». Coll. La Thèque.

Les noces, une occasion de jeu privilégiée

Autre moment important de la vie d'un musicien : les mariages. Selon l'aisance des familles en présence et la durée convenue pour la noce, un à trois musiciens sont conviés.

Deux missions leur sont dévolues : conduire le cortège qui va de chez la mariée à la mairie (un répertoire d'airs spécifiques s'ajoute aux airs de marche à la mode pour cette partie) puis, « faire la musique » au bal qui suivra le repas. Souvent les musiciens se doublent du rôle d'animateurs de la fête, de raconteurs d'histoires égrillardes, de mémoire des chansons de circonstance, etc. La saison des mariages est d'un excellent rapport pour celui qui sait acquérir une bonne réputation et l'investissement dans l'achat d'une bicyclette permet, en augmentant son aire de jeu, de multiplier la fréquence des cachets.

Musiques et danses

Depuis le Premier Empire, de nouvelles danses, en couple le plus souvent, sont apparues : valses, polkas, mazurkas, quadrilles et leurs dérivés, nées à Paris ou dans d'autres capitales européennes, elles essaiment rapidement dans toutes les couches de la société. Ce nouveau répertoire chorégraphique, digéré par les traditions locales qui l'adaptent aux possibilités des instruments existants, participe à l'avènement dans la musique de danse, des bois et cuivres issus des fanfares. En faisant cohabiter pendant cette période piston, clarinette, violon, accordéon, cornemuse, flûte ou vielle, le « son du bal », selon le lieu, l'heure et le nombre des musiciens, varie à l'infini, sans souci particulier de préservation du patrimoine de danses plus anciennes (bourrées, sautières, etc.).
Lors de la fête votive, en privé et en toutes occasions, danser c'est avant tout s'amuser, se montrer, se jauger pour se rencontrer ou tisser des relations entre filles et garçons... et plus, si affinités.

Cette photo anonyr un témoignage rare très précieux, d'un c midi familial dans l d'une maison bourg ou d'un château. H et invités ont décide danser : les adultes en position de quac la jeune fille de la m joue du violon, sa p sœur tambourine, l gouvernante, en ret observe. Les sourire la gaieté, l'intimité la scène, tout conco à affirmer la qualité moment en un inst de connivence entr acteurs et avec la photographe. Coll. La Thèque.

Aux confins de la Corrèze et de la Dordogne, bourrée à quatre au son d'une cabrette auvergnate et d'un accordéon diatonique. Carte postale ancienne. Coll. La Thèque.

La musique officielle : fanfares et orphéons

Du milieu du XIXe siècle aux années 1920 se développa un immense mouvement musical populaire, très efficacement structuré autour des « sociétés de musique », qui fut aussi le loisir culturel le plus prisé. Si une seule expression musicale devait illustrer cette période, ce serait bien celle des orphéons, des harmonies et des fanfares. Une de leurs missions principales, souvent précisée par les statuts fut d'accompagner les manifestations officielles, d'en renforcer la pompe et l'éclat par leur volume sonore, leurs costumes rutilants, leur organisation calquée sur le modèle militaire. Et comment ne l'auraient-elles pas fait, parrainées qu'elles étaient par les institutions locales, mairies en tête ?

Excideuil, 1922. Sous le dais abritant le discours officiel, figure en bonne place la bannière de la fanfare locale, décorée de ses médailles de concours. Coll. La Thèque.

Grâce à la reconversion en enseignants des musiciens militaires revenus au pays à la fin de la guerre de 1870, au soutien des municipalités à ces nouveaux ensembles instrumentaux, la prolifération des fanfares et harmonies est fulgurante. Entre 1860 et 1885, soixante et onze sociétés chorales et musicales sont créées en Dordogne (10 000 sont dénombrées en France en 1908).

Entre 1826 et 1846, Adolphe Sax (inventeur des saxophones, saxhorns et saxotrombas) et d'autres facteurs d'instruments déposent des brevets, améliorent, inventent pour donner aux instruments à vent une qualité qui eut deux effets : développer des possibilités musicales plus grandes (tessiture, justesse, chromatisme) et permettre, par une fiabilité accrue, de marier facture instrumentale et industrie.

Les places de villages, les kiosques à musique (8 en Dordogne sont construits pendant cette période) deviennent des lieux de convergence où l'on peut goûter cet art nouveau et savant, où toutes les couches sociales se côtoient sur scène et sur les chaises du public. Le succès aidant, la fanfare fut le siège de convoitises, devint un lieu de pouvoir et put susciter quelques divisions jusqu'à la création de groupes dissidents. Républicaines, cléricales, ouvrières, corporatistes ou scolaires les sociétés musicales furent adoptées par tous et rares ont été à cette époque ceux qui ne reçurent pas une formation à la musique.

Les orphéons

On désigne sous ce nom les ensembles vocaux apparus en France à partir de 1840 qui, sous la houlette infatigable d'Eugène Delaporte, devaient faire d'elle « une nation musicienne ». À partir de 1855, ce mot définit aussi les groupes musicaux à base de cuivres et de tambours qui, peu à peu, les supplantèrent. Ces chorales, cependant, continuèrent d'être très présentes jusque vers 1890, suscitant des compositions « à voix étagées » par les sommités musicales du temps, participant comme les fanfares à l'essor du mouvement orphéonique.

Ainsi la Schola du Petit Séminaire de Bergerac (ci-dessous), enregistra en 1937 deux disques 78 tours rassemblant des airs religieux et profanes composés ou harmonisés par Cyprien Boyer (1853-1926), Louis Boyer (1880-1934), Eugène Chaminade (1847-1922) et Fernand de la Tombelle (1854-1928) qui eurent tous de fortes attaches périgourdines.

Avant de recevoir « l'adoubement » de ces compositeurs (émules de la Schola Cantorum), la musique populaire a toujours eu des relations avec la musique religieuse, ne serait-ce que par le chant à l'église qui fut très longtemps le seul autre genre musical auquel eut accès le peuple. Cette influence est particulièrement audible dans les enregistrements de plusieurs chanteurs que nous avons côtoyés par un phrasé, des inflexions, un port de voix proches du monde grégorien par exemple.

Chorale religieuse à Bergerac.

Page de droite, les deux dernières cartes postales montrent deux volets du phénomène des sociétés musicales : une fanfare de village, à Saint-Antoine-de-Breuilh vers 1925 où figurent deux prêtres parmi les responsables et une Estudiantina (groupe de mandolinistes souvent féminin) celle de l'école mixte d'Hautefort en 1908. Il n'est pas besoin d'insister sur la tenue sévère, la « maîtrise » de cet ensemble appliqué, autour de sa bannière : une image publique rigoureuse faite pour attirer là (à la musique et à l'école) de nouvelles ouailles.

Orphéon de Périgueux lors d'un concours à Bordeaux en 1895.

Coll. La Thèque.

Par ses vêtements à la mode et son attitude marquant l'aisance, Pierre Bernard, vienaire de la région de Mareuil, accompagné d'une jeune femme, affirme son identité de musicien, résolument de son temps. Coll. La Thèque.

Les mouvements régionalistes
Ils utilisèrent à maintes reprises la musique traditionnelle en donnant à voir et à entendre au public des instruments supposés disparus et choisis comme uniques porte-parole d'une « vraie et authentique musique périgourdine » (un processus similaire eut cours dans d'autres régions françaises). Affectés à un répertoire limité, affublés d'atours symboliques, désignés comme devant exprimer l'identité, « la race » locales, ces instruments perdirent en même temps toute capacité attractive, en particulier auprès de la jeunesse. Par de tels excès (cet exemple n'en est qu'un aspect), le régionalisme, dont le but initial était de valoriser les ressources d'un lieu pour affirmer sa force et sa richesse face au pouvoir national, touchait là ses limites et n'obtint jamais l'adhésion espérée. Heureusement, vielles et chabrettes sonnent encore en Dordogne, renouant par-delà les décennies, avec d'autres musiciens et pour d'autres enjeux.

Les instruments de musique

Magiques « puisqu'ils parlent », décorés selon les canons esthétiques des fabricants, de la mode et de l'art populaire réunis, les instruments de musique n'ont de raison d'être que par la relation entre ceux qui les utilisent et ceux qui les écoutent. On comprend dès lors, la fascination qu'exerçaient, et exercent, ces objets « doués d'âme » et le réflexe nostalgique qu'ils suscitent aujourd'hui.

En France, cornemuses et vielles sont estampillées comme emblèmes de la musique traditionnelle. En Dordogne également, bien que ces deux instruments aient ici, sur quelques points, des parcours presque opposés.

Les résultats d'enquêtes de terrain (pour la période comprise entre 1850 et 1950) montrent que la *chabreta* (cornemuse locale) fut largement pratiquée dans la moitié est du département touchant au Limousin et au Quercy. Un type spécifique de chabrette y a même été retrouvé (musiciens et fabricants attestés). De nombreux témoignages écrits, sculptés ou peints signalent sa présence ininterrompue jusqu'à nos jours et dès avant le XIVe siècle. Un texte de 1340 note déjà des *cornamuzas* soutenant l'ardeur de troupes combattantes au siège de Razac. S'il s'agit bien pendant cette durée du même type d'instrument (une cornemuse), ce n'est pas le modèle que nous connaissons aujourd'hui qui a traversé cette période sans modification. Comme tout objet devant conserver sa fonction, la cornemuse évolua en s'adaptant ou en provoquant les évolutions musicales du moment : forme et perce du hautbois, nombre de bourdons, tessiture, esthétique, aire de jeu...

Pour la vielle, les enquêtes de terrain confortées par les sources écrites révèlent une importation récente de l'instrument en Dordogne (dernier quart du XIXe), ce qui n'exclut pas auparavant des pratiques épisodiques ou passagères. Cette implantation s'explique par la semi-industrialisation de sa facture à Jenzat (Allier), quelques opportunités individuelles, l'attraction exercée par sa nouveauté et le prosélytisme régionaliste qui encouragea la pratique de cet instrument... « du Moyen-Age » ! Ajoutons qu'aujourd'hui, la vielle est largement désignée comme instrument emblématique du Périgord, c'est dire combien cet ensemble de facteurs s'est révélé efficace.

Détails d'une tête de vielle et d'une empeigne de chabrette, début XIXe siècle. Coll. Musée instrumental de La Haye. Cl. T. Boisvert.

Cette photographie montre les lauréats du concours de vielles et chabrettes organisé à Sarlat le 28 juin 1908 lors de la Félibrée du Bournat. Cette association créée en 1902 fut inspirée par le Félibrige, mouvement linguistique et intellectuel bâti en Provence dès 1854 autour de Frédéric Mistral, pionnier et théoricien de nouvelles revendications régionalistes occitanes. A Jumilhac-le-Grand, à Excideuil , à Thiviers, d'autres concours de « musique pittoresque » relevés pendant cette décennie, préfigurent les mises en scène folkloriques en copiant le système efficace mis en place par les sociétés musicales orphéoniques.
Carte postale ancienne. Coll. La Thèque.

Ce magnifique trio, à Saint-Jean-de-Côle, vers 1910, associe à ses talents d'acteur et de musicien celui de luthier/ bricoleur pour l'unique cordeau d'une trompette marine dont on aimerait avoir entendu le son. A droite, Antoine Lacombe, chabretaire de Saint-Cyprien. Coll. La Thèque.

P. D. S. - Dordogne. - Type du Périgord. - **Un Joueur de Cornemuse**

On l'aura compris, les musiques populaires (au pluriel), en Dordogne comme ailleurs, ne sont ni cloisonnées, ni préservées des influences extérieures, ni confinées à une zone réduite, ni représentées par un seul instrument. La qualité première d'une expression musicale vivante est sa pratique qui force, sauf cas de surdité avérée, à la perméabilité des genres entre eux. Les passerelles qui mènent du sacré au profane, du rural à l'urbain, du local à l'universel, de l'écrit à l'oral, etc., tissent des réseaux relationnels ténus ou solides, temporaires ou définitifs qui assurent la pérennité des genres, s'ils existent : on ne peut en aborder une partie sans toucher à la voisine. Donnons en pour preuve la triple casquette de tel musicien d'un chef-lieu de canton qui était chantre à l'église le dimanche, clarinettiste de bal pour arrondir ses fins de semaine et musicien au sein de la fanfare chaque fois que possible !

La musique est aussi affaire de négoce

Avant les droits d'auteur, feuilles volantes, « petits formats », chansons ou airs notés étaient vendus sur les places par les musiciens eux-mêmes, plus rarement chez les luthiers ou dans des officines spécialisées. Ce système commercial faisait la fortune des éditeurs, rarement celle des compositeurs d'autant plus qu'une grande partie des répertoires joués se transmettaient « d'oreille », directement entre musiciens.
Le cas de Ribérac, alors sous-préfecture de la Dordogne, est original. Ici, de 1870 à 1930, s'est développée une forte industrie de l'édition musicale (pour les bals) autour de la réussite et de l'intelligence commerciale d'un novateur du cru : Elie Dupeyrat. Cinq maisons ayant une audience nationale y ont vu le jour, à qui l'avènement de la radio et du disque microsillon portèrent un coup fatal. Un inventaire des publications de la maison Dupeyrat recense 2 722 airs de danse édités !
Comme de nos jours, les magasins proposaient le nécessaire et l'accessoire destiné aux pratiquants : des partitions aux cordes, des anches aux tenues de fanfare, des instruments aux médailles de concours...
En Dordogne, les facteurs de vielles ou de cornemuses repérés pratiquent cette activité en annexe d'un premier métier. L'atelier de lutherie (souvent une pièce transformée en...), se révèle cependant être un lieu d'avancées musicales, essentiel à une bonne approche des musiques traditionnelles. C'est ici que le musicien et le facteur d'instruments confrontent des idées, proposent des innovations, s'inquiètent de la qualité d'un son, essayent, inventent, imaginent,... ajustant sans cesse les possibilités techniques de l'un aux exigences acoustiques de l'autre. Et inversement.

Les groupes folkloriques

À sa création en 1928, « Le Chaleï », premier groupe folklorique du Périgord, fut essentiellement préoccupé par la langue et le théâtre occitans. Un peu plus tard et surtout après la Seconde Guerre mondiale, en compagnie d'autres groupes, il s'appuya aussi sur la danse et la musique. Par leur nombre, par leur travail initial de recherche et leurs structures de formation, les groupes folkloriques (perçus aujourd'hui à juste titre comme mainteneurs du folklore local), ont eu un rôle indispensable pour lequel ils doivent être loués.

A Bergerac, le magasin de la maison Sirventon, vers 1930. En vitrine : partitions, chansons, instruments, des réclames pour les pianos Focké ou les marques Pathé et La Voix de son Maître qui annoncent l'arrivée des disques et de la TSF. La musique va encore changer... Coll. La Thèque.

Parce qu'elle n'est pas arrivée là *ex-nihilo*, parce qu'elle ne s'arrête pas aux quarante années traitées dans cet article, la musique « photographiée » évoquée ici n'a cependant rien de « figée ». Il faut y déceler sa continuité en amont et en aval, sa capacité à renaître en permanence. Pour les mêmes raisons, il n'y a pas de « point de départ miraculeux » qui, au fil du temps, se serait amélioré ou perverti jusqu'à nos jours.

Il n'y a que la musique, les musiciens qui la font, ceux qui les écoutent, ceux qui la dansent : ensemble, ils sont à l'image des sociétés auxquelles ils appartiennent et, à chaque instant, ils construisent leurs propres lendemains musicaux.

Thierry Boisvert

3
Langue et littérature

Jean Roux et Bernard Lesfargues

1. ═══ *limite oïl-oc*
2. ++++ *limite nord-oc./sud-oc. : charjar/cargar*
3. . . . *limite nord d'articulation de s- devant consonne*
4. - - - *limite sud de vocalisation de -l : manteu/mantèl*
5. ∞∞ *ligne au nord de laquelle a long passe à è.*
D'après G. Guillaumie, Contribution à l'étude du glossaire périgourdin, *A. Picard, Paris, 1927.*

Langue

Géographie linguistique du Périgord

Le Périgord appartient tout entier au domaine de l'occitan, ou langue d'oc. Il touche dans sa partie ouest à celui de la langue d'oïl ; et c'est cette appartenance linguistique, et non la limite administrative entre départements, qui définit dans cette zone l'identité « périgourdine ».

Il se trouve de plus traversé par la ligne qui partage le territoire de l'occitan en deux grands ensembles dialectaux sur un critère linguistique précis : la palatalisation de *ca* et *ga* latins en *cha* et *ja* : *vacha* (vache), *jauta* (joue)... qui caractérise l'ensemble nord-occitan (limousin, auvergnat, alpin), alors que les dialectes sud-occitans (languedocien, provençal, gascon) conservent *ca* et *ga* : *vaca, gauta...*

La « frontière » oil-oc

Partant de Puynormand, elle passe entre La Roche-Chalais et Saint-Aulaye, suit à peu près le cours de la Dronne de Chenaud au nord de Petit-Bersac, puis la limite du département jusqu'à la hauteur de Palluaud. A partir de là, elle cesse de coïncider avec la limite du Périgord. S'infléchissant à l'est vers Jugnac, puis repartant au nord vers Julhaguet, Dignac, passant entre Dirac et Sers, elle sépare la Charente limousine de l'Angoumois.

Des îlots occitans
Dans une zone assez large autour d'Aubeterre, Pillac, Montignac-le-Coq, il y a presque jusqu'à Chalais et Courlac, des « îlots » occitans entourés de hameaux « charentais ».

Ce n'est pas une ligne continue, mais contrairement à ce qui se passe plus au nord, dans la partie dite du « Croissant », entre Limousin et Poitou, Marche et Berry, Auvergne et Bourbonnais, il n'y a pas ici de parlers intermédiaires : d'un village à l'autre on passe d'un parler d'oïl de type poitevin-saintongeais à un occitan bien distinct. La différence est très nette dans la façon même de parler le français : on reconnaît immédiatement à l'oreille un « Charentais » d'un « Périgourdin ». Par sa façon de prononcer les « e » muets, les voyelles nasalisées (an, in, on...), de répartir les é/è et o ouverts et fermés, l'« accent » périgourdin est de type « méridional », et très différent de celui de l'Angoumois et de la Saintonge.

La limite entre nord et sud-occitan

Elle traverse le Périgord d'ouest en est en passant approximativement entre Villefranche-de-Lonchat et Montpeyroux, Saint-Rémy et Saint-Médard-de-Gurçon, Les Lèches et Lunas, Villamblard et Montagnac, Vergt et Saint-Michel, La Douze et Mauzens, Rouffignac et Les Eyzies, Montignac et La Chapelle-Aubareil, Nadaillac et Salignac. Il ne s'agit pas d'une limite tranchée, mais d'une zone où l'usage hésite souvent entre formes du nord et du sud.

Au sud de cette zone, le Bergeracois et le Sarladais appartiennent à l'occitan central (languedocien au sens large) et se caractérisent essentiellement par
- les formes en *ca* et *ga : vaca, gauta, cargar* (charger)...
- le maintien de *-l* final : *caval* (cheval), *capèl* (chapeau), *gal* (coq)...
- l'articulation de *-s-* devant consonne : *castèl* (château), *escòla* (école)...
- la confusion entre *v* et *b* prononcés semblablement [b]. Toutefois, comme en nord-occitan, on n'y prononce pas les occlusives finales ni les *-s* de pluriel.

Le Sarladais se distingue par
- une tendance plus marquée à la fermeture des *a* prétoniques vers [ɔ] : *camarade* prononcé [kɔmɔradɔ]...
- l'articulation « expirée » de *s* devant consonne : *castèl* prononcé [kɔh'tɛl], *escòla* prononcé [eh'kɔlɔ].
- le « chuintement » des sifflantes *s, z : Sarlat* prononcé [ʃɔr'la]...
- la tendance à l'amuissement de *g* entre voyelles *: diguèt (il* dit) prononcé [di'ɛt], *pagar* (payer) prononcé [pɔ'a]...

La particularité principale du Bergeracois est le pluriel de l'article défini et des possessifs en *lei(s), mei(s), tei(s), sei(s)* pour les deux genres. On y remarque aussi l'emploi du verbe *faltar* (falloir) au lieu de *faler, caler/chaler.*

La partie nord-occitane du Périgord est de dialecte limousin, dont les principaux traits communs, outre l'amuissement des consonnes finales déjà cité, sont
- les formes en *cha* et *ja* : *vacha, jauta, charjar...*
- la chute de [z] résultant de *d* latin entre voyelles *: suar* (suer), *auvir* (entendre), *rejauvir* (réjouir)... (sud-oc *: susar, ausir, regausir...*)
- *a* prononcé long et très ouvert dans la terminaison *-as : las femnas* prononcé [la: 'fɛnna:].

La plus grande partie de cette zone se rattache au haut-limousin par
- la vocalisation de *-l* final : *chavau, chapeu, jau...*
- l'amuissement de *-s-* devant consonne, avec allongement de la voyelle précédente (-es- diphtongué en [ej]) *: chasteu* prononcé [tsa:'tɛw], *tustar* (frapper) prononcé [ty:'ta], *escòla* prononcé [ej'kolɔ]...
- la chute fréquente de *a-* initial : *'nar* pour *anar* (aller), *'chabar* pour *achabar* (achever)..., en particulier dans les démonstratifs : *queu, quò, quí...* pour *aqueu, aquò, aquí...*

A l'est, un triangle comprenant Thenon, Terrasson, Montignac se rattache au bas-limousin de Brive et du sud de la Corrèze par le maintien de *-l* final et de *-s-* devant consonne : *chastel...*

Le français régional
L'occitan imprègne le français local : si vous êtes pêcheur, en vous raletant (glissant discrètement) derrière un vergne (aulne) ou un asselet (occitan *assaleç*, saule nain), vous prendrez un cabot (chevesne) ou une acée (occitan *aceja* / *acéia*, vandoise, dard) à la sautiquette (en faisant *sauticar*, sautiller, une mouche ou une sauterelle à la surface de l'eau), pendant que les *drolles* (enfants) pêchent les gardèches (occitan *gardescha*, vairon) dans le rigaillou (occitan *rigalhon*, petit ruisseau). Et si vous cherchez les champignons dans les nauves (fonds humides), prenez garde à ne pas gauiller (occitan *gaulhar*, emplir d'eau ses chaussures).

A l'extrême nord, une zone comprenant Nontron, Saint-Pardoux, Jumilhac présente un trait commun avec l'ouest de la Haute-Vienne et le nord de la Charente limousine : le passage à [lɛ:] des *a* longs, en particulier celui des féminins pluriels : *las femnas* prononcé [lɛ: fɛnnɛ:]... Pour les Périgourdins, c'est la partie « limousine » du Périgord.

Cette situation « frontalière » et cette diversité dialectale rendent les Périgourdins attachés à la fois à leur identité linguistique commune et aux nuances qui les distinguent.

Cette langue a façonné pendant des siècles la mémoire collective, les façons de sentir, de penser, de s'exprimer des gens de ce pays. Elle est restée largement majoritaire, et pour une grande part de la population unique, jusqu'au premier quart de ce siècle : la génération de ceux qui ont appris le français à l'école est encore bien présente. Si le français l'a progressivement supplantée, elle continue d'être employée quotidiennement aussi bien que littérairement, et beaucoup de ceux qui ne la parlent plus la comprennent.

Les noms de lieux, des témoins historiques

Comme les couches sédimentaires de son sol, les noms de lieux conservent une trace des peuples qui s'y sont succédé depuis les temps préhistoriques.

Avant l'époque celtique

Les plus anciens toponymes[1] désignent essentiellement les cours d'eau et les reliefs.

On retrouve une racine *dor / dr* dans Dordogne, Dronne, Dropt. La base *bol / bolb / borb* est présente dans les noms de ruisseaux le Boulon, le Bourboulou, et sans doute le Boulanger. Le nom de la rivière l'Isle, en occitan *Eila*, remonte non pas au latin *insula* mais à une origine beaucoup plus ancienne.

Dans le domaine du relief et de la nature du sol, on trouve la racine pré-indoeuropéenne *kal* (pierre) dans Calès / Chalais. Cunèges est formé de *kun* (colline), *Sar / ser* (ligne de crête) est la base de Sarlat et de Sarlande. *Kuk* (hauteur) se retrouve, répété par *mont*, dans Cumond (*kuk-mont*), comme dans Montcuq. Et c'est cette base qu'il faut voir sans doute, plutôt que le nom de l'oiseau *cocut* (coucou) à l'origine des noms de lieux Le Cocut, Montcocu et Cantecoucut.

Une série remarquable est celle des composés de *cante- / chante-*, comme Cantecoucut, particulièrement nombreux en Périgord : pas moins d'une quarantaine de lieux-dits, dont une dizaine de Cantelauve / Chantelauve ou -lauvette (occitan *Cantalausa / Chantalauva, -lauveta*) traduits en Chantalouette. Il faudrait voir dans le premier élément non le verbe *cantar / chantar,* mais la base pré-indoeuropéenne *kant* : terrain rocailleux ; et le second viendrait non pas de l'*alausa*, diminutif *lauseta / lauveta* : alouette, mais de la *lausa :* pierre plate. Cela explique les Cantaloup, Chante-

1. Il s'y trouve peut-être des vestiges de la langue parlée par les hommes qui ont peint Lascaux.

loube, où il s'agirait non de l'animal *lop, loba*[2] : loup, louve (les loups ne chantent pas !) mais de la base *alp / lap / lup* : hauteur, qu'on a dans Alpes. Beaucoup d'autres : Chantelauzel (l'oiseau), Cantegrel (grillon), Chantemerle, Chantepoule, Chantepie... seraient de même de fausses interprétations par homophonie avec des bases pré-indoeuropéennes signifiant « pierre » ou « hauteur ». Mais ces interprétations se sont imposées anciennement en occitan même, et ont servi certainement de modèle à des créations nouvelles. Citons encore Canterane / Chanteraine (*rana* : grenouille), Cantocardil (*cardil* : chardonneret), Chantemiaule (*miaula* : buse), Chanteperdrix...

Quelques-uns de ces éléments se sont conservés jusque dans le lexique occitan, et ont produit des toponymes bien postérieurs. Ainsi *kal-m*, à travers le gaulois latinisé *calmis* (plateau dénudé) a donné en ancien occitan les variantes dialectales *calm / caum / chalm / chaum*. C'est ce nom, féminin à l'origine qu'on a dans Lacaut / Lachaud (*la caum / la chaum),* Le Calme, au pluriel Lascaux, Lascauvieillas *(las caums vielhas),* et les dérivés Les Chaumes, Calmette / Chaumette, etc.

Sar / ser (ligne de crête) a donné *sarra / serra* (espagnol *sierra) :* Serre, Lasserre, Sarraute *(sarra auta :* haute), Serrevent (hauteur ventée)... *Tuk* (sommet) se retrouve dans La Tuque, Le Tuquet. *Kar* (pierre), croisé aves le latin *quadr-,* a donné *caire* (pierre de taille, pierre d'angle, rocher en saillie, angle droit) : Le Cayre, les dérivés Queyrat / Cheyrat, Queyrel, Queyrou / Chéroux... (en occitan *Cairat / Chairat, Cairèl, Cairon / Chairon.* Les graphies *-ey-* notent la prononciafion fermée [ɛj] de *-ai-* protonique). Les composés Queyrelevat (*caire levat* : pierre dressée), Cayrefour (*caireforc* : carrefour), etc.

Carte postale ancienne.
Coll. particulière.

2. *Loba* désigne aussi en limousin une grosse pierre dépassant la couche de terre arable.

La période celtique

Elle est bien représentée, et d'abord par Périgord et Périgueux, du nom de la tribu gauloise des *Petrocorii.* Viennent aussi de mots gaulois Condat *(condate :* confluent), Beauronne (*biber-onna :* rivière des castors), Eygurande (*equo-randa* : limite de territoire, généralement matérialisée par un cours d'eau), Le Bugue (mauvaise coupure de *albuca* : marne blanche), Chambon (*cambo* : courbe de terrain), Jaure (*gabros :* chèvre[3]). *Oialo* (clairière) a donné le second élément *-uelh,* francisé en -euil, d'un grand nombre de composés : Mareuil *(maros :* grand), Excideuil (premier élément obscur), Nanteuil *(nantos :* vallée), Valeuil *(aballos :* pommier), Sireuil *(Sirus,* nom d'homme), Verneuil *(vernos :* aulne), etc. *Vernos* est aussi l'origine de Vergt (orthographe fantaisiste) et du ruisseau le Vern. Et c'est le nom de la déesse gauloise *Belisama,* assimilée à Minerve à l'époque gallo-romaine, que l'on retrouve dans Beleymas.

3. Le toponyme peut venir de l'emploi du mot comme surnom latinisé, à l'époque gallo-romaine.

Le toponyme Périgueux vient du nom de la tribu gauloise des Petrocorii. *Mareuil est composé de* maros, *grand et de* oialo, *clairière.*
Cartes postales anciennes. Coll. particulière.

Des témoins de l'identité linguistique du pays
Même les toponymes dont l'origine est antérieure à l'existence de la langue occitane sont parvenus jusqu'à nous par son intermédiaire, et leur forme actuelle a été façonnée par les évolutions phonétiques qui lui sont propres. Ainsi, le suffixe gallo-romain -acum, qui a formé des noms de domaines sur celui du propriétaire, a abouti à -ac en occitan, à -ay, -ey, -é, -y... en langue d'oïl. Savignac (de Sabiniacum : le domaine de Sabinius) est la forme occitane correspondant aux formes françaises Savigny, Sévigné, comme Vitrac à Vitry ou Vitré, Issac à Issy, Creyssac à Crécy... On y retrouve également les particularités dialectales de l'occitan : aux formes sud-occitanes Cayroux, Lascaux, Calmette, Cavaroque, Bouygues, Garrigue, correspondent en zone nord-occitane Cheyroux, Lachaux, Chaumette, Chavaroche, Boueyges, Jarrige, etc.

Beaucoup de mots gaulois latinisés sont passés en occitan. *Vaure* : ravin (Le Vaur(e), Lavaur), *bruelh* : bois clos (Le Breuil), *gòrsa* : haie vive (Gorse, Lagorce), *boiga / boija* : défrichement (Bouygue, Boiges, Boueyges) étaient employés au Moyen Age. *Comba* (vallon), *landa* (lande), *nauva* (fond marécageux), *bruga / bruja* (bruyére), *casse, garric / jarric* (chêne), *vernhe* (aulne), etc. sont toujours usités et ont donné des toponymes jusqu'à l'époque moderne.

La période gallo-romaine

Elle a laissé les noms de domaines en -ac, très nombreux en Périgord : près d'une centaine de noms de communes et plus encore de hameaux. Certains sont orthographiés -at selon une prononciation ancienne (-c et -t finaux se sont confondus dans une même prononciation [-t] avant de s'amuir) : Abjat, Doissat... La forme francisée Bergerac a subi une métathèse : la forme occitane est restée *Brageirac*. La plupart sont formés sur un nom de personne latin ou gaulois latinisé, plus rarement sur un caractère du lieu, comme Ribérac (de *riparia* : rivière, vallée).

Carte postale ancienne. Coll. particulière.

Le latin *castra* (camp fortifié) a donné Chatras, Châtre, et les dérivés sud-occitans Carlux, Carlucet / nord-occitan Chalu(p), Chalusset (de *castellucium)* et Le Châtelar(d), Le Chalar(d) (de *castellare ;* Cayla(r) est la forme sud-occitane correspondante)[4], etc. Coulounieix (de *columna,* avec un suffixe) rappelle une colonne romaine ou borne miliaire. Sont aussi des formations latines : Neuvic (*novus vicus* : nouveau village), Aubeterre (*alba terra.* terre blanche), Auberoche (*alba rocca* : roche blanche), Fossemagne (*fossa magna :* grand fossé), Epeluche (*spelunca :* caverne), Montpon (*mons pavonis* : mont du paon, l'oiseau consacré à la

4. *Castelar / chastelar, caslar / chaslar* sont devenus des noms communs en ancien occitan et ont pu donner des toponymes plus tardifs.

déesse Junon), Villetoureix (*villa turrensis* : domaine de la tour ; cette tour gallo-romaine existe toujours et se trouve incluse dans le château de La Rigalle), Firbeix (oc Firbes, évolution normale de *finibus :* « à la frontière », entre la tribu gauloise des *Lemovices,* Limousins, et celle des *Petrocorii,* Périgourdins)...

Le toponyme Liorac vient du nom de domaine Liberacum. *Quant à la forme Bergerac, elle a subi une métathèse : la forme occitane est restée* Brageirac.
Carte postale ancienne. Coll. particulière.

Les toponymes germaniques

Rappelant le royaume wisigoth et la conquête franque, ils sont moins nombreux : quelques noms de domaines formés sur des noms d'hommes germains avec le suffixe *-ens* (du germanique *-ingos)* : Maurens, Mauzens, suffixe mal orthographié dans Festalemps, Vanxains. On a également Douville (nom germain *Dodo* + latin *villa* = domaine), Marville (nom germain *Maro* + latin *villa*), Beaucourt (oc *: Buòucort,* du nom germain *Bovo* + bas latin *cortem* = domaine), Allemans (occitan *Alamans)* du nom de la tribu des Alamans[5]...

Plus tardivement, en période déjà occitane, on a formé des noms de domaines avec l'article et le suffixe féminin *-ia* sur le nom du propriétaire : *La Renaudia* (francisé en La Renaudie) = la propriété de Renaud. Les formations de ce type sont particulièrement nombreuses en Périgord, et beaucoup sont devenues des noms de famille : Jaumarias (de *Jaumard,* dérivé de *Jaume,* forme occitane de Jacques), Leymarie (*L'Aimaria,* de *Aimar),* La Guionie (de *Guion,* diminutif de Gui), La Rigaudie, La Durantie, Les Eyzies (*Las Aisias* : les terres de Aitz patronyme attesté en Périgord au moyen-âge) etc. Le suffixe *-aria*, francisé en -erie, correspond aux noms de personne en *-ier*, noms propres : La Gonterie (de Gontier), ou noms de métier ou de fonction : La Viguerie / Vigerie (sud-occitan *La Vigariá* / nord-occitan *Vijariá :* la demeure du *viguier / vigier :* officier de justice seigneuriale).

5. Beaucoup de noms de personnes d'origine germanique sont restés en usage bien postérieurement : Reynard, Rigaud, Renaud, Arnaud, Meynard, Archambaud, Giraud, Albert, Robert, Raymond, Jaubert, Aymar... ; ils sont devenus des noms de famille et certains sont des prénoms encore usités ; ainsi Audrix, du nom germain Aldrik (*ald* : vieux + *rik* : puissant), ne remonte pas forcément à l'époque wisigothique ou franque ; c'est aussi l'origine du nom de famille Audric / Audry.

La microtoponymie, véritable conservatoire de la langue occitane

Jusqu'à l'époque moderne c'est le lexique occitan, les mots vivants de la langue, qui ont fourni depuis dix siècles la multitude des appellations de lieux-dits. Mais, derrière les altérations possibles, en raison des transcriptions plus ou moins francisées qu'ils ont subies de façon incohérente, il faut retrouver la vérité des formes occitanes, en recourant à l'usage oral des gens du lieu.

On ne peut donner ici qu'un faible aperçu de la richesse et de la diversité des noms de lieux-dits.

Une interprétation souvent difficile

Si la forme occitane se trouve parfois conservée au moins phonétiquement : Las Fargeas, Viradis (de *virar* : tourner), Bosviel (*bòsc vielh* : bois vieux), le plus souvent articles et terminaisons sont francisés (*-a* en -e, *-ariá* en -erie ; *-au* et *-eu* sont francisés pareillement en -eau, et la confusion est fréquente avec -aud, etc.) : Les Farges, Combenègre (*comba negra* : vallon noir), ou les mots occitans traduits en français : Les Forges, Moulin-Neuf...

Lorsque les formes occitanes et françaises sont semblables, la simple prononciation française (mont, champ...) ou la francisation de la terminaison (La Lande, La Roche...) aboutit en fait à une traduction. Mais il peut arriver que le terme correspondant n'ait pas exactement le même sens en occitan et en français.

La forme écrite conserve parfois une graphie occitane « classique », comme dans Las Combas, Cornut, Cocut, Le Coderc (pré clos attenant à la ferme, pré communal) où la lettre o est conservée pour représenter [o] fermé ancien passé à [u], alors que dans Larouchillas (les petites roches), Cantecoucut, Coudert, etc. il est noté selon la graphie française ou. C'est le cas aussi de *lh* pour noter [lj], comme dans Javerlhac, Jumilhac... Cela entraîne généralement une prononciation en français qui ne correspond plus à la réalité phonétique occitane : on entend de plus en plus Javerlac.

On peut remarquer à ce sujet que les formes nord-occitanes, présentant davantage de sons complexes malaisés à transcrire ont été plus souvent traduites que les formes sud-occitanes correspondantes : *Del pueg* est conservé phonétiquement Delpech, tandis que *Dau puei* est traduit Dupuy ; Castel se maintient, *chasteu* prononcé [tsa:tɛw] est traduit systématiquement château, etc.

Ainsi, transcriptions approximatives des sons[1], fantaisies orthographiques[2] et prononciations francisées ont souvent altéré gravement les formes occitanes. Un des exemples les plus frappants est le nom de *Senta-Eulàlia,* transcrit déjà en occitan selon la prononciation locale *Senta Aulaya* (XVe siècle), francisé en Saint-Aulaye, puis prononcé [sɛtole].

La pauvre Eulalie en a même changé de sexe dans l'aventure !

Ces altérations sont souvent aggravées dans les transcriptions les plus récentes. Ainsi *Puei dau Rey* : le Puy du Roi (sobriquet), noté Pey-du-Rey sur les cartes d'état-major, est devenu Péduré sur un panneau. Si dans Chap-de-Leygue on peut identifier *chap de l'aiga* = tête, point de départ de l'eau, qui désigne la source d'un cours d'eau, comme Capdrot (*cap* de Dropt), c'est moins évident dans Chadelègue. Dans Engauthier, on reconnaît la particule honorifique *En* devant le nom *Gauthier* = Messire Gauthier, ce n'est plus le cas avec Angoutier.

Cela entraîne de fausses traductions. L'une déjà ancienne est la confusion entre *òume* = ormeau et *òme* = homme : dans L'Homme-Mort, Cap-de-l'Homme et sans doute Saint-Laurent-des-Hommes. *Buòu cornut* (bœuf cornu) devient Beaucornu. *Ganha pan* prononcé [ˈgaɲɔ pɔ] = gagne pain, transcrit prudemment Gagne-Po, est devenu Gagnepot. *Los aigaus* = canaux d'arrosage, de Les Eygauds est passé à Les Egouts.

1. C'est le cas surtout des diphtongues, particulièrement fréquentes en nord-occitan à cause des vocalisations de consonnes qui lui sont propres. Ainsi *au* [aw, ow] est transcrit au, ou, ou o : Jaumard / Joumard... Le son [ej] tantôt noté ey, tantôt réduit à é ou e, peut provenir soit de *ei*, soit de *ai* (réalisé [ej] en position prétonique), soit de *es* (réalisé anciennement déjà [ej] en haut-limousin). On trouve *Faujairòlas* (collectif de *faugièra :* fougère) transcrit Faugeyrollas, Fougeyrolles, Fougerolles...

2. Les consonnes finales amuies sont parfois conservées de façon étymologiquement correcte : Cornut, Viradis... Mais souvent elles ne sont pas notées ou sont remplacées par une « fantaisie » orthographique ; ainsi les différentes terminaisons occitanes *-on, -ot, -ol, -ós* toutes semblablement réalisées [u] en limousin peuvent se trouver transcrites indifféremment -ou, -oux, -out : Queyrou pour *cairon,* diminutif de *caire,* Betoux pour *betol, etc.*
La terminaison -eix, particulièrement fréquente en Périgord et Limousin, peut représenter : *-eis* (Le Fleix = *fleis,* du latin *flexus* : repli, tournant ou méandre), *-és* (Bourzeix = *borgés, bourgeois), -eit / -ech* (Beneix = *beneit / -ech* : Benoit), *-et, -ets* (Duponteix = *dau pontet* ou *pontelh :* du petit pont), *-elh* (Duteix = *dau telh* : du tilleul, ou *dau tech / teit* = du toit), parfois même *-er, -ers* (Sirieix = *cirier(s)*: cerisiers).

Le sol et l'eau

Les lieux-dits peuvent désigner les formes et la nature du sol : Le Terme (colline), La Valade (vallée), La Rebière (rives d'un cours d'eau), La Plane, Plagne (plaine), Planèze (*planesa :* petite plaine) Le Cros, La Crose (*cròs, cròsa :* creux), Le Cluseau (*clusel / cluseu :* abri souterrain aménagé), La Balme / Baume (*balma / bauma :* abri sous roche)... La Grave, Les Grèzes (*gresa* : sable aggloméré), La Peyre (*peira* : pierre), La Roque (sud-occitan) / Roche (nord-occitan), La Sagne / Saigne (*sanha* : boue), Les Gaulies (*gaulha* : bourbier), Molière, Moulière (*molhiera :* endroit humide), Les Argiloux (*argilós :* argileux), L'Herm (*erm* : lande, désert)...

Certains toponymes donnent des précisions sur les eaux : Laygue / Leygue (*l'aiga* : l'eau), Le Rieux, Rioux (*riu* : ruisseau), La Font (fontaine), La Douze (*la dotz :* la source), La Gane (*gana* : ruisseau, surtout endroit large et peu profond : gué ou lavoir , mare), Le Gour (*gorg* : trou d'eau profond), La Serve (*serva :* mare, bassin aménagé), Les Poux (*potz :* puits), Pouzadou (*posador,* de *posar :* puiser, endroit de la rivière où on vient puiser l'eau)...

La végétation

Nombreux sont les noms qui rendent compte de la végétation : la Selve / Sauve (du latin *silva :* forêt), Le Bos(t) (*bòsc :* bois), La Thière (*tiera :* file, rangée d'arbres), Le Tailladis (*talhadís :* taillis), La Cassagne / Chassaigne (*cassanha / chassanha :* chênaie), Garrigue / Jarrige (*garric / jarric* : chêne), Le Royer, Rouves (*roier / róver / ròure :* chêne rouvre), Thauzy, La Tauzinade (*tausin :* chêne noir), Le Castang / Chastain (*castanh / chastanh* : châtaignier), Le Fau(x), Fage, Faye, Las Fayas (*fau* : hêtre, *faja / fàia :* hêtraie), Le Fraysse (*fraisse :* frêne), Les Vergnes, Vernets (*vern / vernhe :* aulne), la Salesse (*as-saleç :* saule à feuille cendrée), L'Aubar (saule blanc), Sauzet (*sause :* autre variété de saule), Le Theil (*telh :* tilleul), Lhoume (*l'olme / òume* : ormeau) Le Tremouil, Tremolat (*tremol* : peuplier tremble), Le Calpre / Chaupre (charme), Besse, Betou(x) (*beç, betol* : bouleau), Nouguier / Nougier (noyer), Le Cirier (cerisier), Le Périer (poirier), La Veyssière (de *vaissa :* coudrier), Vimieras (oseraies, de *vime*: osier), Coudonier (*codonhier* : cognassier), Nèples, Mesplier, Menesplet, Mespolet (de *nespla, mespla, menespla, mespola :* nèfle), Boissière, Bussière (buis, broussaille) , Bruguière / Brugère (de *bruga / bruja :* bruyère), Le Griffoul, La Grafeuille, Darfeuil (n. de famille) (*(a)grifol, (a)grafuelh, arfuelh* : houx), La Genèbre (*genebra* : genévrier), La Geneste, Gineste, Ginette *(genest / gi- :* genêt), Balayes (*balài* : genêt à balai), Le Penau(d), (*penal / penau :* lieu couvert de *pena,* autre nom du genêt), Touilles (*tóia* : ajonc nain), Roumégoux (*romegós :* couvert de *romecs* : ronces), Les Lèches (*lesca / lescha* : laîche, carex), La Tranuge (*tranuga / -ja* : chiendent)...

Tous ces noms ont de nombreux dérivés, en particulier les collectifs en *-eda* : Aubarède, Bessède, Freyssenède, Pomarède, Calprenède, Oulmède... et *-òl, òla* : Nougeyrol, Fayolle, Fougeyrollas...

La faune
Des toponymes sont formés sur des noms d'animaux : Loubat, La Loubière (de *lop, loba :* loup, louve), La Voulperie (de l'ancien occitan *volp* : renard), Teyssonnière (terrier du *tais, taisson,* blaireau), Cabirol, Chabrol (chevreuil), La Lèbre (lièvre, féminin en occitan), Le Chavan(t) (chat-huant), La Graule (*graula :* corbeau ; La Graulière, Le Grolau(d) sont des endroits fréquentés par les corbeaux), Las Senzilhas (*sensilha* : mésange), Le Grel, Les Greils (*grelh* : grillon)...

Les activités humaines

Les cultures sont à la base de nombreux toponymes : Couture (du latin *cultura)* désigne les bonnes terres. Les Bouygues / Boiges / Boueyges (*boiga / boija* : défrichement), Lanouaille (*noalha*,du latin *novalia* : terres nouvelles) évoquent les grands défrichements du Moyen Age. La Rège (*rega / reja)* est le sillon, les Tauveras (*talvèra / tauvera*) sont les bordures de champ restées non labourées, la Sesteyrade (*sestairada*) est la surface que l'on peut ensemencer avec un Seytier (*sestier*: setier) de grain. Le Plantier, La Plantade, comme Le Vignal / Vignau(d) désigne le vignoble, Sen(n)adis (*semnadís,* de *semnar,* semer) un semis, une pépinière, Le Ségala(t) (*segalar*) la terre à seigle, Sivadals, Civadeau (*civadal / -au*) la terre à *civada* (avoine), Le Rastouil (*rastolh*) l'éteule ; Les Ourtalous (*ortalon,* diminutif de *òrt*: jardin) ou Les Verdiers, Vargiers sont les jardins potagers où l'on cultive, entre autres, Les Pourats, Pourades (*porrat, porrada* : poireau) ; le Paysse (verbe *pàisser*: paître, pris comme nom) ou Le Pastural est le pâturage ; Le Prat, La Prade (*prat, prada* : pré, prairie) ont de nombreux dérivés...

Les activités artisanales et industrielles ne sont pas oubliées : Le Mouly, La Mounerie (*molin* : moulin, *monariá* : meunerie) ; Le Trouille / Treuil (*trolh / truelh :* pressoir à vin ou à huile) et ses diminutifs Trouillet, Trouillol ; Le Paradou(x) (*parador* : moulin à foulon) ; La Ressègue (*ressega* : scie de long) ; La Tournerie (*tornariá* : poterie) ; Leyfourcerie (*l'esforçariá :* l'atelier de *l'esforcier,* celui qui fabrique les *esfòrces* : ciseaux à tondre les moutons), La Ferrière (*ferriera* : lieu d'extraction et de traitement du minerai de fer), La Fargue / Farge (*farga / farja* : forge) ; Veyrinas, Veyrières (*veirina, veiriera* : verrerie) ; Le Mazel / Mazeau (*masèl / maseu :* boucherie, abattoir, ou diminutif de mas)...

Les établissements religieux
Des noms précisent les établissements religieux : Le Monge (*monge* : moine), La Mongie / Monzie (*mongia* : couvent), Le Moustier, Monestier, diminutif Menestérol (*mostier, monestier, monestairòl* : monastère), La Badie (*l'abadia* : l'abbaye), Loradour (*l'orador* : l'oratoire), Le Clautre (*claustre* : cloitre), La Gleyze (*(e)gleisa* : église)...

Les habitations

Sont signalées également les habitations et leurs dépendances : La Ville / Vialle (*vila / viala* a gardé le sens latin de domaine rural jusqu'au XIe siècle), Vil(l)ar(d) / Vial(l)ar(d) (*vilar / vialar* : écart du domaine, hameau), Le Maine (*maine* : manoir, hameau), Le Barri (*barri* : faubourg), Les Bitarelles (*(a)bitarela* : relais, hôtellerie), La Case, Chaise, Chèze (*casa / chasa / chesa* : maison), L'Oustal (*ostal* : maison), La Teulade *(teulada* : toiture de tuiles), La Caminade / Chaminade (cheminée, ou maison située au bord du chemin), Le Soulier (*solier* : maison sur étage), La Borde, La Borie, Le Mas (*bòrda, bòria, mas* : ferme), L'Escure (*escura* : grange), Le Cazal, Cazeau, Chazal, Chazau(d) / -eau (*casal / casau / chasal / chasau* : jardin attenant à la maison), Le Clau(d) (*claus :* clos), La Clède (*cleda* : barrière à claire-voie), Le Barrail, Barradis (*barralh, barradís :* enclos, de *barrar* : fermer), le Jas, la Jasse, le Jassat (jaç, jaça, jaçat abri de berger), La Trappe (*trapa* : hutte, cabane), Mazière (mur de pierres sèches, enclos, masure), le Chadeuil (*chapduelh* : donjon, ou maison principale d'un domaine).

Voies et chemins

Les toponymes indiquent aussi les voies et chemins : Le Caminel, le Chamissou (diminutifs de *camin / chamin* : chemin) ; La Planque / Planche (*planca / plancha* : planche, passerelle de bois sur un ruisseau ou parcelle labourée longue et étroite) ; L'Estrade (*estrada* : route pavée) ; La Caussade / Chaussade (*cauçada / chauçada :* chaussée empierrée) ; Charriéras conserve au pluriel la forme occitane, francisée en Charrière (nord-occitan *charriera*) / Carrière (sud-occitan *carrièra*) : voie charretière, cour fermée empierrée, en ville rue assez large pour le passage des chariots ; La Pouge, La Poujade / Pouyade (*poja, pojada, poiada* : montée, chemin de crête, dérivés de *pueg / puei) ;* la Virade, le Viradis (*virada, viradís* : tournant) ; La Fourcade, La Cafourche (*forcada, caforcha* : carrefour) ; La Croux (*crotz* : croix, croisée de chemins ou calvaire), dont La Crousille (*crosilha*) est un diminutif...

Des noms pittoresques et évocateurs
Badefol (de badar : béer, rester bouche bée, et fòl : fou), Bouffevent (*bofa-vent* : souffle-vent), Toutifaut (*tot-i-fau* : tout-y-manque), Bramefond (mauvaise transcription de brama-fam : crie-la-faim), Tue-Femme (sans doute fausse traduction de *tua-fame* : tue-la-faim), et le délicieux Espinguelèbre, littéralement : danse-lièvre (*espingar* : gambader, danser).

Dérivés et composés

Beaucoup de ces noms, grâce à la richesse exceptionnelle de la suffixation occitane, offrent un grand nombre de dérivés augmentatifs, diminutifs, collectifs, péjoratifs...
La série la plus remarquable est sans doute celle de La Peyre (*peira* : pierre) : Le Peyrel, Le Peyret, le Peyretou, Le Peyraud, La Peyrasse, la Peyroutasse, La Peyriche, Les Peyrichoux, La Peyruche, Le Peyrussel, Le Peyrat, La Peyrade, Le Peyroux[3], La Peyrouse, Le Peyroudal, Les Peyrolles, la Peyrière / Perrière, etc. Plusieurs mots de cette série ont des variantes en Peyr- / Perr- / Per-, et il y a pu avoir des confusions orthographiques entre Perrier (dérivé de *peira*) et Périer (*perier* : poirier). De plus il y a des homonymies entre des dérivés de *peira* et de *Peir / Peire* : Pierre, le nom de baptême ; ainsi *peiron* = perron, et *Peiron* diminutif de *Peire* = Pierrot ; La Peyronie est plus vraisemblablement « le domaine de Pierrot » qu'un derivé de *peira ;* même chose pour Peyronnet et Peyronneau, noms de personnes (doubles dinùnutifs). Enfin Peyrol peut représenter soit *peiròl* = lieu où il ya beaucoup de pierres, soit *pairòl* = chaudron, et Les Peyrouliers *peiroliers* dérivé de *peiròl,* ou *pairoliers* = chaudronniers.
De même *pueg / puei* = puy donne : Le Pouget, Le Pouchou, Le Pouyol, Le Poujoulet, Le Poujoulou, La Pouyade, Le Pouyadou, Le Pouyaud, etc. Le Mont, Le Prat, La Faye en sont aussi très riches.
Nombreux sont aussi les composés : Montpeyroux (*peirós :* pierreux), Puyagut, Piégut (*puei agut :* puy pointu), Combescure (*comba escura* : vallon sombre), Peyrelevade (*peira levada,* désigne un menhir ou un dolmen), Cavaroque / Chavaroche (*cava / chava* : creuse), Prigonrieux (*riu prigond* : ruisseau profond), Fonbréjade (*font brechada* : fontaine couverte), Bosredon (*bòsc redond* : bois rond), Madelpech (*mas del puèg* : ferme de la colline), Veaupeytourie (*vau-pestoria :* vallon de la boulangerie), Castelnau(d) (*castel nòu* : château neuf, ou *naut* : haut)...
Existe aussi une formation fréquente avec le nom du propriétaire : Villamblard = le domaine d'Amblard, Puyguilhem = la colline de *Guilhem* (Guillaume), Monpazier = le mont du *pasier* (juge de paix) ou le mont qui assure la paix (définition du rôle de la bastide), Mouleydier *: Mont-Leidier* = le mont de Leidier (nom germanique), ou du *leidier* (percep-teur de la *leida,* impôt féodal), Montastruc = le mont d'Astruc (*astruc* : né sous un bon astre), Magimel *: Mas-Gimel* = la ferme de Gimel, Majouan *: Mas-Joan* = la ferme de Jean, etc. C'est le cas de Pécharmant, le cru bergeracois bien connu : *Puèg-Armand* = la colline d'Armand.

3. Ce nom peut représenter soit l'adjectif *peirós, -osa* = pierreux, -euse s'appliquant à un terrain, soit le nom *peiron* = perron, caractéristique d'une maison.

P. D. S. - La Dordogne
Village sur un roch
avec une gr
par Simon de Montf

esque. - **Château Féodal de Castelnaud** (en Sarladais)
ninant la Dordogne - Château ruiné des XIIe et XVe siècles
our cylindrique de la dernière époque, pris en 1214
astelnaud est la Patrie du brave Capitaine huguenot Vivant

Les noms de personnes

Beaucoup de ces noms de lieux sont devenus des patronymes : Lasserre, Lapouge, Poujade, Lachaud, Lapeyre, Delpeyrat, Lafont, Laygue, Lacombe, Descombes, Boissière, Brugère, Lafaye, Lavergne, Vergnaud, Vergnon, Dufreysse, Dujarric, Prat, Duprat, Laprade, Pradeau, Coudert, Delpech, Delbos(t) / Dubost, Delmas / Dumas, Laborie, Bordas, Laguionie, Magimel, Puygauthier, Viala, Vialard... pour ne citer que quelques-uns des plus fréquents.

Inversement, les hommes ont donné leur nom aux lieux qu'ils ont habités.

Ainsi à travers les noms de lieux (en particulier les noms de saints[1] donnés aux paroisses et aux églises) et de familles on retrouve les formes occitanes.

L'anthroponyme Vialard vient de vilar / vialar *: écart du domaine, hameau.*

Des noms de baptême

On peut citer Guilhem (Guillaume) ; Géry (*Geri* : Gilles) ; Jory (*Jòri* : Georges) ; Andrieux (*Andriu /-ieu* : André) ; Estèphe, Estève (*Estefe /-eve* : Etienne), Rougier (*Rogier* : Roger) ; Nadal / Nadau(d) (Noël), Jam(m)e(s), Joume *(Jacme, Jaume* : Jacques), dont Jaumard / Joumard est un augmentatif ; Berthoumieux (*Bertomiu / -ieu* : Barthelémy) ; Jof(f)re, Jaufre (*Jaufre* : Geoffroy). Marty, Seguy, Maury, Rouby... transcrivent la prononciation occitane de *Martin, Seguin, Maurin, Robin* (diminutif de Robert)... Peyronneau, Peyronnet sont des diminutifs de *Peir / Peire* (Pierre), et Sempé représente *Sent-Peir* (Saint-Pierre). Jouannel / Jouanneau est un diminutif de *Joan* (Jean) ; Couleau de Nicoulau(d) (Nicolas) ; Méry, Mérigot de *Aimeric* ; Marot de *Aimar* ; Cybranet *de Cibran* (Cyprien) ; Nardou[2] de Bernard ; Marsalou, Marsaudon, Saudou de *Marçau* (Martial) ; Naud, Naudet, Naudou(x), Naudounet de Arnaud ; Mondounet (-eix) de Raymond...

Des noms de métiers ou de fonctions

En voici quelques-uns : Boyer (*boier* : bouvier ; en occitan c'est précisément le conducteur de boeufs de labour) ; Chabreyrou (*chabreiron*), diminutif de Chabrier (chevrier) ; Pradier (tenancier d'un pré), Favier (producteur ou marchand de *favas* = fèves) ; Sartre (tailleur) ; Sudret, Sudreau, diminutifs de Sudre, Sudour (*sudre, sudor* : cordonnier) ; Sabatier (savetier) ; Roudier (*rodier*, fabricant de *ròdas* = roues, charron) ; Chapuzet (charpentier, de *chapusar* =

1. La forme ancienne *Sench* (saint) conservée en liaison avec un nom commençant par une voyelle a donné lieu a de fausses coupures : Saint-Chavit pour *Sench-Avit,* Saint-Chamassy pour *Sench-Amassy* ; la forme orale occitane toujours usitée pour Saint-Astier est [senʃa:tje], représentant *Sench-Astier,* mais interprétée anciennement déjà *Sent-Chastier.*
2. Formation typique des diminutifs occitans des noms de baptême : avec le suffixe *-on* prononcé [u] et la chute de la syllabe initiale ; ils sont toujours en usage même en français : Ricou (*Ricon*) pour Henri (occitan *Enric),* Milou (*Milon*) pour Emile, Calou (*Calon*) pour Pascal, Gustou (*Guston*) pour Auguste, etc.

équarrir, tailler grossièrement le bois), Cruvelier (fabricant de *cruvels /-eus* = tamis) ; Boussier (fabricant de *bossas* = corbeilles à grain de paille tressée) ; Escoubeyrou (*escobeiron,* diminutif de *escobier,* fabricant ou marchand d'*escobas* = balais) ; Pourteyron (*porteiron,* diminutif de *portier)* ; Fabre / Faure (forgeron) ; Teissier, Texier (*teissier* : tisserand) ; Pestour (*pestor* : boulanger), dont Pestourel, Peytoureau (*pestorèl / -eu*) sont des diminutifs ; Mercadier, Marchadier (marchand) ; Ducher / -ez (aphérèse de *conduchier :* hôtelier) ; Vinatier (marchand de vin), Salinier (marchand de sel), Balestier / Baleytier (arbalétrier, ou fabricant d'arbalètes), Mège (*metge :* médecin), Viguier / Vigier (officier de justice seigneuriale), Bayle, Beyle (*baile* : intendant, bailli), Mage (*màger* : maire), Mestre (maître)...

Des surnoms

Les formes francisées Roux et Moreau (*maurel / moreu :* au teint de more, basané) sont parmi les plus fréquents. Sont bien attestés localement : Bourrut (*borrut* : velu), Chabaneix (*chabanés :* l'homme de la cabane), Pagès (*pagés* : villageois, paysan), Bourzeix (*borgés :* bourgeois), Douvezy (*dau vesin* : du voisin), Troubat (*trobat* : trouvé, enfant trouvé), Subrenat (né en sus, dernier né tard venu), Nouyrigat (*noirigat* : nourrisson), Besson, Bisson (jumeau), Nebout (*nebot* : neveu), Couzy (*cosin* : cousin), Rey (*rei* : roi), Gagnayre (*ganhaire :* gagneur, a pris le sens de cultivateur), Tardieu (*tardiu :* tardif, lent), Savy (*sàvi* : sage) ou *Savin* (ancien nom de baptême, du latin *Sabinus* nom de deux saints), Lamouroux (*l'amorós* : l'amoureux), Sabouroux (*saborós*[3] : savoureux), Nerpeix (*neir peis* : poisson noir), Douvezy (*dau vesin :* du voisin), Passerieux (*passa-riu* : passe-ruisseau), Pépoudat (*pè podat :* pied (de vigne) taillé, surnom de vigneron), Cramaregeas (*crama-rejas* : brûle-sillons, sans doute qui laboure vite)...

Des appellations d'origine

Signalons : Lemouzy (*lemosin* : limousin), Peytavy (*peitavin* : poitevin), Bretou(x) (*breton* : breton), Bourdaleix (*bordalés :* bordelais), Jaurès (*jaurés* : originaire de Jaure), Les Français (venus du pays d'oïl)... Si Biarnès (*biarnés*), Béarnais est si fréquent comme nom de lieu ce n'est pas, comme le veut la légende, parce qu'Henri IV est passé par là, mais parce que c'est devenu un nom de métier : celui de castreur de moutons, dont les Béarnais venus en travailleurs saisonniers ont eu longtemps la spécialité.

3. *Le saborós* a désigné l'os de jambon ou le morceau de couenne avec lard que, dans les familles pauvres, on mettait à bouillir dans la soupe de légumes pour l'« engraisser » un peu, puis qu'on retirait et qu'on conservait pendu dans la cheminée pour le faire resservir ; c'est là sans doute qu'il faut voir l'origine du surnom.

IN CONSILIO IMPIORUM ET IN
uia peccatorum non stetit. et in cathe
dra pestilentie non sedit. Sed in lege
domini uoluntas eius. et in lege eius meditabi
tur die ac nocte. Et erit tanquam lig
num quod plantatum est secus decursus
aquarum. quod fructum suum dabit in tempore suo.
Et folium eius non defluet. et omnia quecumque faci
et semper prosperabuntur. Non sic impii non sic. sed
tanquam puluis quem proicit uentus a facie terre.
Ideo non resurgunt impii in iudicio. neque
peccatores in consilio iustorum. Quoniam nouit

Littérature en occitan

Le temps des troubadours

Au XIIe siècle s'épanouit dans les pays de langue d'oc une civilisation brillante et raffinée, bientôt admirée et imitée dans l'Europe entière. Son expression privilégiée est la poésie et la musique, indissociables, des troubadours (en occitan *trobadors,* du verbe *trobar,* trouver). Dans la seconde moitié du XIIe siècle, Périgord et Limousin sont le foyer le plus important du trobar, tant par le nombre que par la qualité des troubadours. Pour le seul Périgord, on n'en compte pas moins de seize, dont quatre figurent parmi les plus grands : Arnaut Daniel, Giraut de Bornelh, Arnaut de Mareuil et Bertran de Born.

Au temps des troubadours correspond l'art roman, décelable dans plus de la moitié des quelque huit cents églises qui s'élèvent en Périgord. Les abbayes se multiplient, qui jouent un rôle important dans la vie culturelle : Cadouin, Boschaud, entre autres ; mais celle de Dalon occupe une place privilégiée parce que des troubadours célèbres s'y retirèrent à la fin de leur vie : Bernard de Ventadour, Bertran de Born et, très probablement, Arnaut Daniel.

Le temps des troubadours est aussi celui des croisades. Ducs d'Aquitaine et comtes de Toulouse y mènent leurs armées et s'y taillent des principautés : on parle oc à Tripoli. Les troubadours y suivent volontiers leurs protecteurs : Giraut de Bornelh prend part à la troisième croisade, le Sarladais Elias Cairel à la sixième.

Renonçons à la vision, induite par le romantisme, du troubadour pauvre hère chantant de marché en château pour gagner une maigre pitance. Les troubadours sont souvent de grands seigneurs et, même s'il leur arrive d'interpréter eux-mêmes leurs œuvres, il ne faut pas les confondre avec les jongleurs (*jaglors*) qui ne sont que des exécutants[1]. Bertran de Born, par exemple, avait son jongleur attitré : Papiol.

Les troubadours, poètes et compositeurs, jouent un rôle de premier plan. Leur renom contribue à l'éclat des cours qu'ils fréquentent.

Page de gauche, bréviaire à l'usage de l'abbaye de Cadouin, XIIe siècle. Coll. ADD.

1. S'ils se montrent doués, les jongleurs peuvent aussi accéder au rang de troubadours.

Une grande variété d'origines sociales
Bertran de Born est seigneur d'Hautefort ; Arnaut Daniel, *gentil óm* ; Arnaut de Mareuil, clerc ; Sail d'Escola, fils d'un marchand de Bergerac et le merveilleux Giraut de Bornelh est dit *ome de bas afar* (homme de basse condition).

Mais si les plus grands seigneurs s'adonnent au *trobar*, les troubadours peuvent être issus de n'importe quelle classe de la société, fût-ce la plus humble.

S'ils trouvent protection dans les cours seigneuriales d'Occitanie, les troubadours sont aussi accueillis et honorés en terres étrangères où leur renommée les précède. Ainsi Alphonse II d'Aragon (1154-1196), lui-même troubadour parfaitement estimable, accueille à sa cour les Périgourdins Giraut de Bornelh, Elias Fonsalada, Arnaut de Mareuil, Aimeric de Sarlat et Elias Cairel. Ce dernier se rendit aussi à Milan, auprès de l'empereur Frédéric II Barberousse, puis à Montferrat, d'où il accompagna le marquis à Malte, en Sicile et jusqu'en Thessalie, avant de revenir finir ses jours à Sarlat.

Puisant à des sources diverses, les troubadours ont su créer un art nouveau et cela est l'essentiel. En un siècle où l'Europe cherche à se définir comme la chrétienté, ils « opèrent un retournement spectaculaire par rapport au milieu culturel qui les a formés, dans la mesure où, en même temps que le groupe social qui les porte... ils rompent avec l'univers clérical » (Philippe Martel, *Histoire d'Occitanie*). Plus encore qu'un art nouveau, c'est l'amour qu'ils inventent, a-t-on pu dire, en tout cas une nouvelle façon d'aimer. Tout l'Occident en a fait l'expérience et ne s'est toujours pas totalement débarrassé de cette conception des relations entre les sexes.

Le thème fondamental de la poésie des troubadours est la *fina amor*. Par l'idéalisation de la femme et l'exaltation de l'amour comme source d'élévation spirituelle et de bonheur, ces poètes rompaient avec le culte guerrier de la supériorité virile et la méfiance religieuse à l'égard de la femme.

Cet amour « à la fois mystique et sensuel, exaltant et dépressif, source de joie et de douleur extrême »[2], est aussi une école de perfectionnement intellectuel et moral.

Les troubadours ont souvent traité d'autres sujets que l'amour et se sont abondamment exprimés sur les événements et les problèmes de leur temps, dans leurs *sirventés* : satire sociale, politique ou littéraire, réflexion morale ou religieuse. Le Périgourdin Bertran de Born est le maître incontesté du *sirventés*.

Arnaut Daniel

Selon sa *Vida*, Arnaut Daniel était « de l'évêché du Périgord, d'un château qui a nom Ribérac ; et il était noble ». Paradoxalement, alors que de son vivant même il fut très célèbre, on sait peu de choses sur sa vie. Sa carrière s'étend de 1180 à 1216 environ, c'est un contemporain du règne de Richard Cœur de Lion. Il semble avoir mené, par moments au moins, une vie de bohème désargentée.

Nous connaissons de lui dix-huit pièces, seize cansos, un sirventés scabreux et la fameuse sextine : « *Lo ferm voler qu'el cór m'intra...* ».

« Six strophes de six vers terminés par six mêmes mots du premier au dernier vers selon une permutation qui reconduit la septième strophe au modèle de la première. Arnaut Daniel reprend à l'envoi les six mots clés disposés sur trois vers »[3]. Cette forme

2. Pierre Bec dans *Nouvelle anthologie de la lyrique occitane du Moyen Age.*

connaîtra un énorme succès : Dante et Pétrarque écrivent des sextines, et Sannazaro, et Le Tasse ; on en écrit en espagnol, en anglais (Barnaby Barnes entre autres), on n'a jamais cessé d'en écrire. Aussi ne s'étonnera-t-on pas qu'Arnaut Daniel ait été tenu par Dante pour « il miglior fabbro dei parlar materno » et que Pétrarque loue son *dir strano e bello*. Il est en effet le troubadour le plus représentatif du *trobarrie* ; considéré longtemps comme un poète obscur, il est aujourd'hui reconnu comme un des plus savants ouvriers en vers du Moyen Age : tout simplement un grand poète.

Giraut de Bornelh

« Giraut de Bornelh était de la contrée d'Excideuil », nous dit sa *Vida* qui précise : « Il fut le meilleur troubadour de tous ceux qui vécurent avant et après lui ; c'est pourquoi il fut appelé maître des troubadours et l'est encore par ceux qui comprennent les dits subtils et bien fondés en amour et en esprit. »

De modeste condition, il fit de solides études dans une abbaye limousine, puis alla tenter sa chance dans les cours méridionales, celle de Beaucaire, puis celle d'Orange, où il se lia avec Raimbaut d'Aurenga, avant de devenir le troubadour attitré du roi d'Aragon Alphonse II. En témoigne la *tenso* : *Be me plairiá, senh'En reis*, où le roi discute habilement avec Giraut sur un thème délicat : un roi peut-il être un fidèle de la *fina amor* ? Les dames ne l'accepteront-elles pas par obligation plutôt que par amour ?

En 1188-1189, Giraut de Bornelh accompagna la vicomte Adémar V à la croisade que dirigeait Richard Cœur de Lion. En 1192, il se retira en Limousin.

Il nous reste de lui soixante-seize compositions, dont cinquante chansons, des *sirventés*, deux *planhs*, et surtout une aube (*alba*) célèbre (voir ci-contre).

D'après Robert Lafont[4] « Giraut de Bornelh excelle à provoquer une émotion de haute qualité chez le lecteur. Émotion esthétique liée à la beauté des images, à l'extraordinaire variété des rythmes et des rimes, à la rigueur de l'expression, et, autant qu'il nous soit permis d'en juger, à la splendeur de la mélodie. »

Une aube de Giraut de Bornelh

Reis gloriós, verais lum
e clartatz,
Dieus poderós, Sénher,
si a vos platz,
Al meu companh siatz
fizèls ajuda,
Qu'ieu non lo vi, puèis
la nuèch fo venguda
E adès serà l'alba !

Roi glorieux, lumière
et clarté véritables,
Dieu puissant, apportez
s'il vous plaît,
Seigneur, votre aide
fidèle à mon compagnon,
Car je ne l'ai pas revu
depuis que la nuit
est tombée,
Et bientôt poindra l'aube.

Arnaut de Mareuil

Il était originaire de Mareuil-sur-Belle. De basse extraction, il se fit troubadour. Il vécut à la cour d'Azalaïs de Burlatz, épouse de Roger II Taillefer, vicomte de Béziers et Carcassonne, qui devint son inspiratrice. Si l'on en croit une *razo*, le roi Alphonse II d'Aragon, amoureux lui aussi de la comtesse, mit celle-ci dans l'obligation de congédier Arnaut, qui en fut « *sobre totas dolors dolens* ». Et il se réfugia à la cour de Guillaume VIII de Montpellier (mort en 1202).

Arnaut de Mareuil, dont la carrière poétique s'étale entre 1170 et 1190, nous a laissé vingt-cinq chansons, cinq épîtres dites « saluts

3. Pierre Lartigue dans *Ce que je vous dis trois fois est vrai*.
4. Dans *Trobar*.

d'amour » et un *ensenhamen*. Il fut le maître incontesté, sinon l'inventeur, du genre du salut, « genre mineur peut-être, mais qui permettait (aux troubadours) d'exprimer néanmoins, et d'une manière plus libre et plus discrète, leurs sentiments à l'égard de leur dame »[5].

Bertran de Born

Ainsi débute sa *Vida : Bertrans de Born si fo uns castelans de l'evescat de Peiregòrs, sénher d'un castèl que avià nom Autafòrt*. Par sa qualité de seigneur d'Hautefort et la part qu'il a prise aux événements de son temps, on connaît assez bien la vie de Bertran de Born. Il naquit vers 1140. Intrigant et d'humeur belliqueuse, il joua les boute-feu dans de nombreux conflits, particulièrement dans les démêlés familiaux des Plantagenêt. Il prit le parti du fils aîné

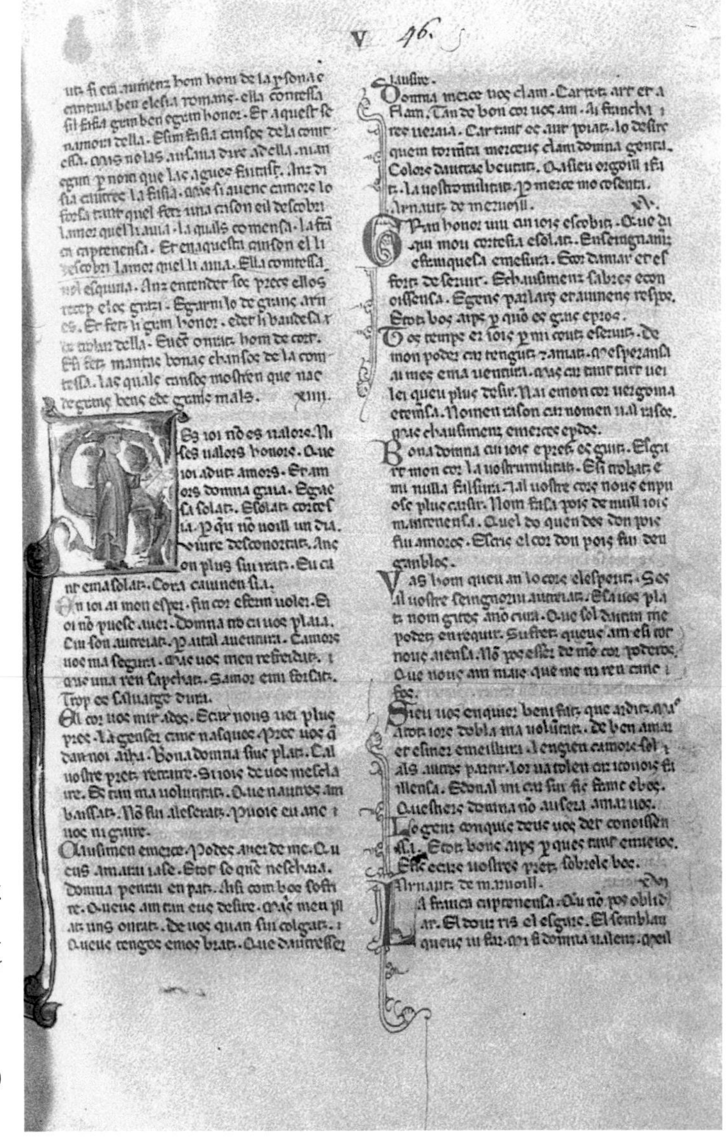

Coll. BNF.

5. Pierre Bec dans *Les Saluts d'amour du troubadour Arnaut de Mareuil.*

du roi Henri II et joua un rôle de premier plan dans la coalition qui se forma en Limousin en faveur du « jeune roi ». Celui-ci mourut à Martel en juin 1183. Le mois suivant Richard Cœur de Lion s'emparait du château d'Hautefort. Bertran de Born sut retourner la situation et, dès 1184, il reprenait possession de son château et servait les intérêts du roi d'Angleterre. Renonçant à la vie mondaine, il se retira vers 1194 à l'abbaye de Dalon, où il se fit moine. « *Visquèt longament el sègle e puèis rendèt se a l'ordre de Cistèl.* »

Ce hobereau batailleur fut un grand poète. Six de ses compositions (sur une quarantaine que nous avons conservées) sont consacrées à l'amour, mais il est surtout le maître incontesté du *sirventés.* La politique et la guerre lui fournissent ses principaux thèmes. Contre ses ennemis, il manie l'invective avec violence. Il déborde de mépris pour ceux qui s'intéressent à l'argent. Il exulte dans les combats (voir ci-contre).

Un sirventés de Bertran de Born

E'us die que tan non m'a sabor
Manjar ni beure ni dormir
Coma quant aug cridar :
« A lor ! »
D'ambas les parts et aug ennir
Chavals vòitz per l'ombratge,
Et aug cridar : « Aidatz ! Aidatz ! »
E vei chazer per los fossats
Paucs e grans per l'erbatge,
E vei los mòrts que pels costats
An los tronços amb los cendats.

Je vous le dis, je ne me délecte pas autant
À manger, boire et dormir
Qu'à entendre crier : « Sus ! »
Des deux côtés, hennir
Les chevaux démontés sous l'ombrage
Et crier : « Au secours ! Au secours ! »
Et à voir tomber humbles et grands
Dans l'herbe des fossés et à voir,
Fichés dans les flancs des morts,
Les éclats des lances avec leurs flammes.

Bertran de Born. Extrait de l'exposition « Périgord, terre des troubadours ». Coll. BNF.

Ce personnage étonnant a hanté l'imagination des écrivains et des artistes de toute l'Europe et s'est prêté à bien des interprétations. Dante l'a placé dans son *Enfer :*

« Oui, je vis, et il me semble encore que je le voie, un corps sans tête marcher comme marchaient les autres du douloureux troupeau, et il tenait sa tête coupée par les cheveux, suspendue à la main, comme une lanterne, et elle nous regardait en disant : "Hélas de moi !".

Et pour que de moi tu portes des nouvelles, sache que je suis Bertran de Born, celui qui donna au jeune roi les conseils perfides. »

Augustin Thierry en a fait un patriote défendant l'indépendance de l'Aquitaine. D'autres ont préféré voir en lui un patriote français. Des drames en diverses langues lui ont été consacrés, des romans... Ezra Pound l'a exalté et Aragon l'a mué en résistant. Étrange destinée posthume que celle de ce troubadour périgourdin qui n'a sans doute suscité tant d'intérêt que parce que, à travers sa complexité et ses contradictions, il est particulièrement représentatif de son pays et de son temps.

Histoires et légendes

Dès le milieu du XIIIe siècle, les vies des troubadours font l'objet de récits légendaires qui ont nourri, dans la sensibilité et l'imagination européennes, les mythes et les fantasmes de la passion amoureuse.

Sceau des Rudel, seigneurs de Bergerac. Coll. ADD.

Tout le monde connaît *L'amor de lonh*, de Jaufré Rudel, qui était de Blaye, mais apparenté à la famille seigneuriale de Bergerac. On connaît moins, en revanche, un autre cas d'amour fou que nous conte la *Vida* de Guilhem de la Tor, originaire de La Tour-Blanche. Il enleva à Milan la femme d'un barbier. Il l'aimait plus que tout au monde. Or, elle mourut. Il en conçut une telle affliction qu'il sombra dans la folie. Chaque soir, il se rendait au cimetière, tirait sa femme du tombeau, lui donnait des baisers et la serrait dans ses bras, la suppliant de lui parler... On se moqua de lui, on le chassa, on lui fit croire qu'elle ressusciterait s'il se livrait à de minutieuses pratiques religieuses, et « lorsqu'il vit que ce qu'on lui avait enseigné ne lui était d'aucun secours, il tomba dans le désespoir et se laissa mourir ».

L'histoire de Jaubert de Puèicibot n'est pas moins étonnante mais elle donne dans le réalisme et présente tous les ingrédients du mélodrame. Jaubert était originaire de Saint-Pierre-de-Frugie, dans le Nontronnais. Moine défroqué « par désir de femme », il se fit jongleur, fréquenta les cours et « composa de bonnes chansons ». Devenu chevalier, il épousa « une demoiselle noble et belle ». « Il advint que Jaubert se rendit en Espagne, et la demoiselle resta. Un chevalier d'Angleterre la courtisait ; et tant il dit et tant il fit qu'il l'enleva. » Puis il l'abandonna. En revenant d'Espagne, cherchant un soir une fille dans une maison de prostitution, c'est sur sa propre épouse qu'il tomba. « Ce fut pour eux grande douleur et grande honte. Jaubert passa cette nuit-là avec elle. Le lendemain, il la conduisit dans un couvent. » « *E per aquela dolor laissèt lo trobar e'l cantar.* »

Aussi ne s'étonnera-t-on pas que Jaubert de Puèicibot ait écrit contre les femmes, de même qu'un autre troubadour originaire d'Hautefort, appelé Pèire de Bossinhac ; ses *sirventés* sont d'une misogynie féroce. Ces poèmes s'inscrivent dans un courant anti-conformiste que les travaux de René Nelli et de Pierre Bec ont mis en évidence. Voilà qui nous entraîne loin des fadaises sirupeuses qu'on a trop longtemps répétées sur les troubadours, et que le mot même de « troubadour » connote encore chez certains.

Les troubadours mineurs

Peire de Bragairac, dans la seule pièce que nous conservons de lui, fait preuve d'un talent plus vigoureux que subtil, qui s'apparente à celui de Bertran de Born. Mais les *Vidas* sont muettes à son sujet. Elles nous donnent en revanche quelques brèves indications concernant Sail d'Escola (« *Fo de Barjarac, fils d'un mercadier. E fez se joglar e fez de bonas cansonetas.* »). De ses *cansonetas*, une seule nous est parvenue. Le moine de Montaudon, qui avait la dent dure, écrit : « de jongleur il s'est fait bourgeois à Bergerac, où il achète et vend ; et quand il a vendu sa marchandise, s'il s'en va ensuite en Narbonnais avec, comme présent, un chant faux ».

D'Elias Fonsalada, il ne reste que deux chansons adressées à un roi d'Aragon. Sa *Vida* précise que « *no bons trobaire mas noellaire fo* » c'est-à-dire qu'il conta, et sans doute écrivit des nouvelles : dommage qu'elles n'aient pas été conservées.

A Sarlat, nous trouvons Aimeric, Elias Cairel et Giraut de Salignac. D'Aimeric nous conservons quatre pièces, six de Giraut, et d'Elias Cairel, quatorze.

Ce dernier fréquenta de grands personnages, tels le roi d'Aragon Alphonse IX et Guillaume IV marquis de Montferrat. Il fut aussi en relation avec un trouvère, Conon de Béthune, grand seigneur qui s'exprimait en « mots d'Artois » et qui, ayant pris part à la quatrième croisade dont il fut un des principaux protagonistes, finit ses jours en Romanie (l'empire de Constantinople). Notre Elias Cairel, lui aussi, « *en Romania estèt lonc temps* ». La dame qu'il aimait, Isabelle, s'était établie « *en terra grega* ». C'est d'un pays lointain que le dernier des troubadours périgourdins nous fait un dernier signe. Après quoi viendra le temps, comme le dit Conon, de la « parole franchoise », et des écrivains « norris a Pontoise ».

Aux premiers rangs
« Dans la série des troubadours périgourdins, Peire de Bragairac viendrait peut-être, si nous le connaissions mieux, au second rang, après les chefs du chœur, Bertran de Born et Giraut de Bornelh, un peu au-dessous d'Arnaut de Mareuil et d'Arnaut Daniel. Sail d'Escola et Elias Fonsalada s'avanceraient ensuite, au troisième rang, parmi Elias Cairel, Aimeric de Sarlat, Uc de la Bachellerie..., c'est-à-dire encore en fort honorable compagnie. » René Lavaud dans *Lou Bournat* (1906).

La fin des troubadours

La croisade dite des Albigeois porta un coup mortel à la civilisation occitane. Même si elle ne toucha directement que l'extrême sud du Périgord (Domme, Castelnaud, Beynac), notre région n'en subit pas moins ses conséquences politiques et culturelles. Dans les années 1220-1230, Elias Cairel et Guilhem de la Tor composent leurs derniers poèmes.

L'Europe tout entière avait adopté les thèmes de l'amour courtois et s'était mise à imiter les formes poétiques inventées par les troubadours. Mais l'Occitanie s'était tue : Montségur tomba en 1244. Le Périgord, devenu silencieux, oublia jusqu'au nom des très grands poètes qui y étaient nés et en avaient écrit la langue.

Bernard Lesfargues et Jean Roux

La prose médiévale en occitan

Le plus ancien document du Périgord en occitan, un « terrier », est daté de 1185. C'est surtout aux XIVe et XVe siècles que l'occitan supplante très largement le latin dans les textes juridiques et administratifs. Cette évolution est liée essentiellement à l'essor économique et politique de la bourgeoisie des villes et au développement des institutions municipales. Elle a produit une langue « officielle » relativement unifiée, tout en conservant ses caractères dialectaux, sur le modèle toulousain.

Les deux sources les plus importantes de cette prose en Périgord sont les conseils des villes de Périgueux et Bergerac, dotées d'une organisation consulaire dont les registres, du milieu du XIVe siècle au début du XVIe siècle, sont rédigés majoritairement en occitan. Outre les actes juridiques et administratifs de la vie municipale, les consuls y consignent les événements liés aux conflits de l'époque : démêlés sanglants entre les bourgeois de Périgueux et les hommes du comte, et surtout péripéties, après la rupture du traité de Brétigny, de la guerre franco-anglaise qui divise et déchire le Périgord.

La lourdeur répétitive des formules figées cède alors le pas au style plus vivant d'une chronique narrative. C'est le cas de nombreux articles du *Petit Livre Noir* de Périgueux (entre 1360 et 1450), et du passionnant *Libre de vita* (Livre de vie) de Bergerac où le scribe de la jurade a consigné les plaintes et les témoignages sur les malheurs et exactions dont la ville a été victime entre 1378 et 1382 (voir page 47).

La suprématie grandissante de l'administration royale sur les pouvoirs locaux va entraîner la prééminence progressive du français sur l'occitan dans les actes de la vie publique.

Le français commence à apparaître dans les registres consulaires, à Périgueux comme à Bergerac, dans les dernières années du XVe siècle. Il y supplante définitivement l'occitan dans le premier quart du XVIe siècle, devançant l'édit de Villers-Cotterêts (1539). Mais il reste fortement marqué d'occitanismes.

Au XVIIe siècle, théâtre en occitan

Pierre Rousset et La Feuillade

Grâce au prêtre sarladais Pierre Rousset (1625-1684), l'occitan refait surface dans la vie littéraire de notre région avec, entre autres, une élégie, une églogue, *La Dispute de Bacchus et de Priape* (qu'est-ce qui vaut le mieux, l'amour ou le vin ?), des fragments d'une pastorale sur le thème de Narcisse et, surtout, *Lou Jolous otropat ou los Omours de Floridor et d'Olympo, de Rozilas e d'Omelito et de Grizoulet et lo Morgui* : parée de ce titre qui n'en finit pas, une comédie en cinq actes et en vers.

« Rousset se montre fort bon observateur des mœurs et des caractères et soucieux des nécessités scéniques... Il fait songer à la tradition théâtrale espagnole ou italienne. » (R. Lafont et C. Anatole, *Nouvelle histoire de la littérature occitane.)*

Il faut mentionner *Capiote,* dont le sous-titre est « pastorale limousine », en fait une comédie de mœurs écrite en Nontronnais par un certain La Feuillade. La première édition connue de *Capiote* date de 1684. Après Rousset, après *Capiote,* l'occitan retombe dans un silence épais, jusqu'au XIXe siècle.

Jean Beausoleil et Jasmin

Le réveil de la langue occitane

Avant Mistral, avant le félibrige, c'est Jasmin, né en 1798 à Agen, qui incarne le réveil de la langue occitane. Il jouissait d'un prestige immense, même si ce qu'il écrivait nous semble aujourd'hui d'une regrettable facilité, d'une éloquence dépourvue de grâce. Partout on le réclamait, partout on l'acclamait. Extrêmement généreux[1], il consacrait les recettes de ses récitals à soulager la misère, à construire des hôpitaux. Ses fréquentes visites en Périgord, à partir de 1843, sont ponctuées par des poésies de circonstance qui s'adressent aux villes de Bergerac, de Ribérac, de Nontron, de Montignac... Jasmin eut donc des disciples en Périgord. Le plus émouvant, Jean Beausoleil, bergeracois, était un poète ouvrier à qui l'auteur des *Papilhôtos* rendit un hommage tardif :

A ! dins sa vila que m'escota,
Ai besonh de getar de flors de sovenir
Sul clòt d'aquel Solelh *encrumit tròp matin !*
Ah ! dans sa ville qui m'écoute
il me faut jeter des fleurs de souvenir
sur le tombeau de ce *Soleil* qui s'est voilé trop tôt !

Jules Clédat, poète engagé

Jules Clédat naquit à Montignac en 1822. Journaliste, il se battait pour la République. L'arrivée au pouvoir de Louis-Napoléon Bonaparte le contraignit à l'exil. Il ne rentra en France qu'en 1860 et vécut à Montignac pendant douze ans. La mort le surprit à Paris en 1887.

Poète, il écrivait en occitan : son engagement marqua son œuvre, une œuvre dont le contenu politique et social n'étonne que si l'on oublie qu'à cette époque beaucoup d'écrivains « patois »[2] étaient engagés à gauche. Clédat annonce donc en quelque sorte le « félibrige rouge » des années 1980. On doit à ce Montignacois des chansons et des légendes, et *la Coumtesso de Mountignac,* long poème qui glose un épisode de la vie de Bertran de Born[3].

Deux Mussidanais : A. Chastanet et R. Benoît

Auguste Chastanet (1825-1902) est de Mussidan, ville dont il fut maire de 1860 à 1870. Dans le n° 2 du *Bournat,* Dujarric-Descombes écrit un long article sur le majorai qui vient de mourir : « Le souffle régénérateur qui, grâce au chantre virgilien de *Mireille* a passé sur la vieille langue d'oc, toucha l'âme de Chastanet, qui n'avait pas oublié le passage à Mussidan, en septembre 1858, du grand précurseur du félibrige, le poète agenais Jasmin. »

Chastanet est un écrivain abondant, auteur de contes, chansons, fables... Il a fait rire avec *Lou Curet de Peiro-Buffiero,*

1. Le clocher de Vergt porte son nom, il fut édifié grâce à ses dons, « *La gleisa descapelada* », dans les odes de *Las Papilhôtos.*
2. On ne disait pas alors « occitans ».
3. Léon Clédat, chartiste, publia en 1878 une étude intitulée *Du rôle historique de Bertran de Born.*

il a ému avec *Lous Bouqueis de la Jano.* Il a écrit pour le théâtre des comédies encore jouées, telle *La Depousicioun dou Frisat.* De 1875 à sa mort, les éditions se succèdent, ses œuvres complètes sont publiées en 1906.

Robert Benoît, autre Mussidanais, né en 1862, a lui aussi beaucoup écrit. Coiffeur de son métier, il publie en 1903, en écho aux *Papilhôtos* de Jasmin, *Lous Bigoudis,* que suivront *D'autreis bigoudis.* Puis il change de registre et, dans la veine de la *Mirèio* de Mistral, donne *Servilhoto* (1907) et *Francilho* (1910), longs récits en vers à la lecture desquels on peut encore prendre quelque plaisir. Contes, chansons et poèmes se pressent sous sa plume complaisante. Il écrit aussi pour le théâtre : une vingtaine de comédies dont certaines ne manquent pas de piquant et figurent assez fréquemment au répertoire des troupes d'amateurs. Benoît meurt en 1942.

En Bergeracois

Jules de Termes, en marge du félibrige
Né à La Force en 1812, mort à Lyon en 1893. Il débuta par un roman, *Albert ou onze mois sur la Dordogne* (1835), romantique à souhait, et sur ses vieux jours écrivit en langue d'oc, mais en marge du félibrige, de beaux poèmes.

Le Bergeracois le plus connu reste Méry de Bergerac, de son vrai nom Rémy Desplanches (1865-1940). Son recueil le plus ambitieux, le plus réussi, en dépit de faiblesses évidentes, a pour titre *De Rampan a Guilhanèu* (Des Rameaux au nouvel an) ; il a été publié en 1928. Comme tant d'autres écrivains périgourdins, Méry a écrit en vers des histoires comiques plus ou moins salées : un genre qui a un public d'auditeurs plus que de lecteurs.

Jan Guichard est originaire de Villamblard (1883-1965). Ses poèmes, d'excellente facture, restent malheureusement dispersés dans des journaux et des revues. Il a néanmoins publié des récits de longue haleine, en vers : une « chanson de geste », *Bertran de Born,* 1920, et *Milou,* 1956, une belle histoire d'amour et de mort.

En Sarladais

Le docteur Élie Boissel (1872-1939) était aveugle et dictait ses poèmes. On les trouvait dans les journaux du Sarladais, beaucoup les apprenaient par cœur et les récitaient. En 1936, ils furent enfin rassemblés et édités : *Lou Ser ol contou* (Le Soir au coin du feu). Poésie simple, amusante ou émouvante, écrite dans une langue savoureuse.

Louis Delluc (1894-1978), instituteur, publia en 1931 une ode, *A la Dordonha,* superbement illustrée par le graveur Maurice Albe. Son œuvre poétique, abondante, est inégale, tiraillée entre la traditionnelle rhétorique félibréenne et la leçon de dépouillement et de pureté d'un J.-S. Pons et d'un Max Rouquette. Mais Louis Delluc est avant tout un prosateur. Son *Tibal lo garrel* (Tibal le boiteux) est le premier roman en langue d'oc écrit en Périgord. Il voit le jour en 1958 mais il faudra attendre 1968 pour pouvoir prendre connaissance de l'œuvre complète. *Tibal,* écrit dans une langue efficace et d'une belle venue, soutient la com-

Page de droite, page de titre de Tibal lo garrel*. Coll. particulière.*

Lois DELLUC
TIBAL
Lo Garrel

paraison avec *Jacquou le Croquant*. Entre ces deux éditions, Joan Sales avait traduit, ou plutôt adapté, *Tibal* en catalan et l'avait publié à Barcelone dans une collection prestigieuse (1963).

Louis Delluc, qui a écrit, en français et avec beaucoup de bonheur, des romans pour adolescents dont l'action se déroule dans le monde hispanique : *Lo Mousse de la Niña, Des caravelles autour du monde*... a aussi donné en occitan d'excellentes versions de Cervantes, de Juan Ramôn Jiménez *(Argental e ieu)* ; du galicien, il a traduit des poèmes médiévaux et des poèmes de la grande Rosalia de Castro. Passionné par les liens entre l'Espagne et l'Occitanie, il a écrit une étude sérieusement documentée sur un compagnon du Cid : *Un monje-cavalher : en Jeròni de Perigus* (Valencia, 1951). « Avec Delluc, l'insertion du Périgord dans l'architecture commune de la littérature occitane contemporaine est accomplie. » (Lafont et Anatole, *Nouvelle histoire de la littérature occitane.)*

Lou Bournat
En 1854, Mistral et ses amis fondaient le Félibrige. Sous cette bannière, les Périgourdins, de plus en plus nombreux à écrire en langue d'oc, songeaient eux aussi à s'unir. Ils y parvinrent en 1901, en créant l'école félibréenne _Lou Bournat doû Périgord_ ; le président était Auguste Chastanet. Le premier numéro du bulletin, pareillement appelé _Lou Bournat_ (La Ruche) parut en avril 1902.

L'œuvre de Pierre Miremont (1901-1979), une trentaine de volumes publiés, comporte plusieurs recueils de poèmes dont *Jol cel del Périgord*, 1972, *Jol solelh d'oc*, 1975, où, dans ses meilleurs moments, l'auteur ne se laisse pas emporter par les poncifs félibréens et réussit à nous émouvoir. Intarissable, Miremont a écrit des contes en vers et en prose, des comédies, et, en bon lexicographe, les très utiles *Biais de dire* (façons de s'exprimer) *en Perigord*, et *Proverbis e dittons del Perigord*.

Autour de Périgueux

André Champarnaud (né près de Brantôme en 1877 et mort en 1953) publia de 1941 à 1949 les six volumes de *Au tico taco dou mouli*, une somme typiquement félibréenne.

Albert Pestour était né en Limousin, en 1892. Après la guerre de 14, qui ruina sa santé, il vint vivre à Chante-Merle, dans la commune de Coulounieix ; il y mourut en 1968. Il est l'auteur de trois recueils de poèmes écrits en dialecte limousin : *Lous Rebats sus l'autura*, 1926 (Les Reflets sur la colline), *L'Autura enviblada*, 1930 (La Colline enchantée), et *Lous Jòcs dau dezei mai dau dezaire*, 1934 (Les Jeux du désir et du regret). Une poésie peut-être trop marquée par le symbolisme mais limpide comme eau de roche. De l'utilisation à la fois populaire et savante de merveilleux mots ancestraux naissent la beauté et la musicalité. Par contre, mieux vaut oublier les poèmes en français de cet écrivain qui, en dépit de nombreuses années passées en Perigord, était resté foncièrement limousin. En tout cas, il a exercé une influence bénéfique sur les poètes du Perigord, à commencer par Marcel Fournier.

Marcel Fournier est né à Périgueux en 1900. Instituteur, président du Bournat et majorai du Félibrige, il a été pendant des années l'animateur inlassable, très populaire et très efficace, de l'action occitane en Perigord. Pendant la guerre, prisonnier en Allemagne, il écrivit quatre volumes, un de poésie et trois de théâtre, qui furent publiés dans les années 1950 sous le titre de *Au souleil peri-*

gòrd. L'œuvre de Marcel Fournier se poursuivit avec des comédies, des farces, que les troupes d'amateurs jouent volontiers ; avec des ouvrages didactiques pour l'enseignement de la langue d'oc ; avec des poèmes malheureusement dispersés dans des revues.

Eimajeis d'un molin, 1980 (Images d'un moulin), publié un an après son décès, nous rappelle que Marcel Fournier était avant tout poète.

Las barquêtas que lo vent nina
glissen, glissen coma a l'asard,
vers la fortuna, a la deriva,
vers la mòrt sus lo fons negrard.

Les batelets que le vent berce
glissent, glissent comme au hasard
vers la fortune, à l'aventure,
vers la mort sur fond noirâtre.

Jean Monestier (1930-1992) avait pris la direction du *Bornât* à la suite de Marcel Fournier. Homme de conviction et de foi, remarquable animateur, il a laissé des contes *(Contes del Cassagraula, Contes drolatiers)* et des travaux divers (sur l'histoire littéraire...) souvent menés à bien en collaboration avec Pierre Miremont.

Les conteurs
Le livre aquitain d'expression occitane (1972) présentait ainsi la « viorle » (ou *nhòrla*) : « Burlesque authentîquement populaire tour à tour subtil et grossier, farceur ou rabelaisien, le genre traditionnel de la *nhòrla* est un court récit comique du type de la farce ou du fabliau. Souvent illustré avec talent, bien qu'il s'agisse d'un genre très mineur, il reflète un (des) aspects de la société paysanne qui a souvent fait l'objet (de) railleries méprisantes. » A toutes les « viorles » en vers (Benoît, Méry, Champarnaud, Fournier, etc.) on préférera celles qui ont été écrites en prose par Henri Countoviorlo : *Jan Picatau de Sent-Barranco* (1951), en parler du Nontronnais, et les *Contes patois* (1951) du Ribéracois Jean de Faye (le Dr Emile Dusolier). Ces deux recueils ont été réédités et transcrits en graphie normalisée.

Érudits et savants

Nombreux sont les écrivains périgourdins à avoir écrit des glossaires, des grammaires : Benoît, Delbreil, Fournier, Miremont, Monestier... Jean Daniel a publié en 1911 les *Éléments de grammaire périgourdine,* et en 1914 un utile, quoique insuffisant, *Dictionnaire français-périgourdin*. Le fondateur des études périgourdines s'appelle Camille Chabaneau, né et mort à Nontron (1831-1908). Contrôleur des Postes, autodidacte, il se passionna pour la linguistique romane, obtint une chaire à la faculté des Lettres de Montpellier et dirigea la *Revue des langues romanes.* Son œuvre, considérable, comporte une *Grammaire limousine* (1876), de nombreux travaux sur les troubadours... Il contribua à la naissance de l'école félibréenne du Périgord et en fut le président. René Lavaud, né à Hautefort en 1874, mort en 1955, professeur de lettres, étudia et publia les troubadours de Bergerac (1904) et ceux de Sarlat (1912). Puis en 1957, il donna les *Poésies complètes du troubadour Peire Cardenal* et, en collaboration avec René Nelli, la monumentale édition de textes occitans médiévaux parue en 1960 et 1965 dans la « Bibliothèque européenne », à Bruxelles. Gaston Guillaumie (1883-1961), titulaire à Bordeaux de la chaire de langue et de littérature du Sud-Ouest, a publié divers travaux dont on retiendra surtout l'indispensable *Contribution à l'étude du glossaire périgourdin,* canton de Saint-Pierre-de-Chignac, en 1927.

Portrait de Camille Chabaneau. Extrait de Lou Bournat, *août 1908. Cl. Dorsène.*

Jean Ganiayre.
Coll. particulière.

Des contemporains qui écrivent en occitan

Né en 1941, médecin à Bourdeille, conseiller général du canton de Brantôme, Jean Ganiayre (en occitan Joan Ganhaire) est un prosateur de qualité. Il a débuté sa carrière d'écrivain avec un recueil de nouvelles, *Lo Reirlutz* (1979), en français sous le titre de Portes de l'ombre, un chef d'œuvre « où le fantastique devient le degré suprême de la réalité ». Suivent d'autres livres, dont on retiendra *Lo Vent dins les plumas*, 1992, sorte d'épopée bouffonne plus sérieuse historiquement qu'on pourrait le croire, et on retrouve les mêmes « héros » dans *Las Islas jos lo sang*, 2006, qui fait écho à *Vingt ans après*, le roman si connu d'Alexandre Dumas. Les six nouvelles réunies dans *Lo Viatge aquitan*, 2000, truculentes et tendres, témoignent de l'habileté du conteur et de sa maîtrise de la langue.

Michel Chadeuil, né à Agonac en 1947, est à la tête d'une œuvre extrêmement abondante dont la qualité langagière ne se dément jamais. Il est poète (*Lo Còr e las dents*, 1968), auteur de chansons qui ont souvent été interprétées par Jean-Paul Verdier ou le groupe Peiraguda. Il a écrit des romans : *De temps en temps*, 1973 ; *La segonda luna*, 1980. Mais le genre dans lequel il excelle, c'est dans les billets d'humeur et d'humour, dans les chroniques, dans ce qu'il appelle ses colères : *Coleras*, 1997. Ce redoutable polémiste est un tendre ; pour s'en convaincre il suffit de lire *Un temps per viure* (Un temps pour vivre), 1997. Michel Chadeuil touche aux thèmes les plus variés : la mimologie, où il excelle, la cuisine paysanne, l'alimentation traditionnelle, les simples, les jeux et les jouets d'antan...

Frédéric Figeac, originaire de Daglan, dans le Périgord noir, est le plus doué des jeunes écrivains occitans du Périgord. Son recueil de poèmes *La Fabrica de petaç*, publié en 2006, fait preuve d'une maturité stupéfiante, et sa langue est d'une magnifique authenticité.

Bernard Lesfargues

Des revues qui durent
***Lou Bournat*, devenue *Lo Bornat*, paraît toujours ; *Paraulas de Novelum* (Paroles de renouveau) organe de la section départementale de l'Institut d'Études occitanes, créée en 1969. Félibres et occitanistes travaillent ensemble, regroupés dans l'officiel « Comité du Périgord de la langue occitane ». Une autre revue, de très bonne tenue, *Lo Leberaubre*, veut « *balhar de las raïç au leberon e far corre l'aubre la nuech* » (enraciner le loup-garou et faire courir l'arbre la nuit). *Lo Leberaubre* paraît, quand il y pense, depuis 1975.**

Bernard Lesfargues.
Cl. A. Kaiser.

Bernard Lesfargues est né à Bergerac en 1924, d'une famille dont l'occitan était la langue quotidienne et qui a participé activement au félibrige périgourdin. Au cours de ses années de formation à Paris, il fréquente les Amis de la Langue d'Oc. Il y rencontre des pionniers du mouvement occitaniste qui se développe à la fi n de la guerre autour de l'Institut d'Estudis Occitans, auquel il adhère dès sa création (1945). C'est alors qu'il décide d'écrire en occitan et compose ses premiers poèmes. Il crée une revue littéraire dont fe dernier numéro, en collaboration avec Robert Latont, est une anthologie de la Jeune poésie occitane. Bien que sa carrière universitaire se soit déroulée à Lyon, il est toujours resté fidèle à ses racines bergeracoises. Il publie en 1961 le *Florilège des Poètes occitans du Bergeracois,* anthologie commentée. Et c'est de la maison familiale, à Église-Neuve-d'Issac, où il s'est retiré, qu'il poursuit une activité multiple de traducteur, spécialiste des littératures espagnole et catalane contemporaines[1], d'éditeur[2] et d'écrivain.

L'écrivain, comme l'éditeur est discret et exigeant. Il a publié, à de longs intervalles, six recueils de poèmes, la plupart en occitan : *Cap de l'aiga* (1952), *Cor prendre* (prix Jaufre Rudel 1965), *Ni cort, ni costier* (1970), *Bergerac et autres lieux* (1993), *La brasa e la fuòc brandal* (prix Joan Bodon 2001), *La plus close nuit* (2006). Une poésie dont l'ambition est d'arracher l'expression d'une langue passionnément aimée aux poncifs d'un particularisme réducteur, et de l'ouvrir à la modernité et à l'universel.

Si sa discrétion a fait longtemps méconnaître sa juste valeur, l'écrivain occitan Yves Rouquette est convaincu que « de toute la poésie produite en langue d'oc par sa génération... c'est la sienne la plus assurée d'un futur ». En témoignent aussi pour l'ensemble de son œuvre les hommages publics qui lui sont rendus tant en France qu'en Catalogne.

Jean Roux

1. Prix Halpérine-Kaminsky, il a traduit pour Gallimard, Le Seuil, Actes Sud entre autres une vingtaine d'ouvrages en espagnol, dont des romanciers sud-américains ; et par ses traductions de Joan Sales, Salvador Espriu, Mercé Rodoreda, Alex Susanna, Jaume Cabre, ses articles dans diverses revues et ouvrages collectifs, il a été l'introducteur en France de la littérature catalane.
2. Il a créé en 1975 les éditions Fédérop, et son moindre titre de gloire n'a pas été d'être le « découvreur » en France du grand poète espagnol Vicente Aleixandre, futur prix Nobel. Sur plus de 200 titres déjà édités, beaucoup de textes rares (le premier roman publié en tamazirt), tous de qualité internationale, un bon quart est en occitan, ou concerne l'occitan.

Littérature d'expression française

Des humanistes périgourdins

Au XVIe siècle, le Périgord entre de plain-pied dans la littérature française. Depuis que les troubadours se sont tus, on ne trouve plus, entre 1300 et 1500, de textes en langue d'oc que dans les actes notariés et dans les cahiers de délibérations des consulats des villes. Mais tabellions et secrétaires n'attendent même pas l'édit de Villers-Cotterêts (1539) pour abandonner l'ancien idiome : à partir de 1505, les *Jurades* de Bergerac sont rédigées en français.

Montaigne, un écrivain universel

On a tellement écrit sur Michel de Montaigne que les quelques lignes qu'on lui consacre ici ne peuvent que sembler dérisoires. Il ne fait pas de doute que cet écrivain appartient au patrimoine universel et qu'il serait inconvenant de le réduire au seul rang d'écrivain périgourdin. Mais, périgourdin, il l'est incontestablement. Par le lieu de sa naissance, d'abord, en 1533, dans un château sis dans l'actuelle commune de Saint-Michel-de-Montaigne, à quelques centaines de mètres de la Lidoire, qui délimite Dordogne et Gironde. Ce château fut la proie des flammes en 1884 et seule en subsiste la tour où l'illustre écrivain rédigea les *Essais*.

Périgourdin, Montaigne l'est par son amitié avec La Boétie, qu'il côtoie au Parlement de Bordeaux où il est conseiller en 1557, après l'avoir été pendant trois ans à la Cour des Aides de Périgueux Il est périgourdin par les nombreuses années qu'il passa retiré sur ses terres, à partir de 1571, si souvent enfermé dans sa « librairie » qu'on a de la peine à se le représenter courant les routes (ce qui lui arrivait assez souvent) et voyageant longuement, de juin 1580 à novembre 1581, de Paris jusqu'à Rome.

Périgourdin, enfin, il l'est parce que « les événements dont le Périgord est le centre ont trop agi sur sa pensée pour qu'il soit possible de le séparer de notre province ». C'est ce qu'écrivait Pierre Barrière dans *La Vie intellectuelle en Périgord* ; et il ajoutait : « Sans

Tour du château de Montaigne, Saint-Michel-de-Montaigne. Cl. OT Bergerac

le Périgord, nous n'aurions vraisemblablement pas les *Essais*, ou du moins nous ne les aurions pas dans leur forme actuelle. »

Ces « événements », ce sont les troubles qui déchirent et ensanglantent la France après la Saint-Barthélémy (1572). Le Périgord est particulièrement secoué et la pensée de Montaigne subit l'influence de ces guerres civiles qui tantôt s'apaisant, tantôt s'exacerbant, laissent toujours une trace dans la rédaction des *Essais*. Alors qu'autour de lui tout n'est que meurtre, pillage et incendie, Montaigne se consacre avec délectation à l'écriture qui le détourne de la réalité et en même temps lui permet de l'appréhender et de l'analyser. Et de s'analyser.

Pour nous en tenir à un exemple, reportons-nous dans les *Essais* (III, 12) au passage qui débute par « un quidam délibéra de surprendre ma maison et moy ». Feignant d'être talonné « par un sien ennemy », il s'introduisit dans le château et y introduisit ses hommes. Mais il en repartit sans avoir mené à bien son entreprise parce que, dit Montaigne, « mon visage et ma franchise luy avaient arraché la trahison des poings ». Montaigne raconte l'histoire en y intercalant un paragraphe sur « la fortune », entre les bras de laquelle il se « laisse aller à corps perdu ». Et, dit-il, « l'ay trouvée plus avisée et plus amie de mes affaires que je ne suis ». Tout l'art de Montaigne réside dans ce va-et-vient entre l'anecdote et la réflexion qu'elle suscite.

Montaigne et le gascon
Il loue le gascon qu'on parle « vers les montaignes », « un gascon que je trouve singulièrement beau, sec, bref, signifiant, et à la vérité un langage masle et militaire plus qu'autre que j'entende ». Ce gascon-là, c'est évidemment celui de Pey de Garros, un dialecte qui a fait ses preuves littéraires. Pour ces lignes des *Essais* aussi célèbres que mal interprétées, nous ne pouvons que renvoyer à l'analyse qu'en fait Robert Lafont dans *Renaissance du Sud*. Il démontre comment « la surestimation d'un dialecte tourne à la dépréciation des autres et, ne laissant dans l'œuvre qu'une nostalgie, favorise le passage au français ». Mais, cela ne fait pas de doute, un passage somme toute heureux dans le cas de Montaigne.

Les Derniers moments de Montaigne *par Fleury. Ecole française 1797-1850. Coll. Musée du Périgord. Cl. S. Michaut.*

La langue de Montaigne est, quoi que certains aient pu dire, relativement peu marquée de périgordinismes. L'éducation qu'il avait reçue ne le permettait pas : « J'avois plus de six ans avant que j'entendisse non plus de François ou de Perigordin que d'Arabesque. » Et du périgordin il nous dira qu'il n'en a pas plus d'usage que de l'allemand, « et ne m'en chaut guère ». Il devait pourtant le connaître, sinon dans quelle langue aurait-il conversé avec domestiques et voisins ?

La Boétie, poète en latin et en français

Célèbre est l'amitié qui lia Michel de Montaigne et Étienne de La Boétie, son aîné de deux ans. Il était né en 1530, à Sarlat. De solide formation humaniste, il avait appris le grec (comme tant d'autres Périgourdins, tels Fayard et Amelin) et il traduisait Plutarque et Xénophon. Sa culture juridique lui permit d'accéder

Maison de La Boétie, Sarlat. Cl. CDT.

en 1554 au titre de conseiller au Parlement de Bordeaux. C'est là que La Boétie et Montaigne firent connaissance. Ce dernier, dans des pages fort connues des *Essais* (I, 28), a exalté cette rencontre, expliqué ce « coup de foudre ». La Boétie, lui, écrit dans un poème en latin : « Il est telles âmes, une fois unies, que rien ne saurait disjoindre... Pour toi, ô Montaigne, ce qui t'a uni à moi pour jamais... c'est la force de nature, c'est le plus aimable attrait d'amour, la vertu. »

Étienne de La Boétie mourut en 1563, dans sa trente-troisième année. Il laissait, outre ses traductions, le fameux *Discours de la servitude volontaire,* ou *Contr'un,* qu'il avait composé très jeune et que Montaigne envisagea d'insérer dans les *Essais.* « Il escrivit (le *Discours)*... à l'honneur de la liberté contre les tyrans. » La Boétie est aussi l'auteur d'un *Mémoire sur la pacification des troubles* qui n'a été que tardivement publié (1917).

Poète en latin comme tant d'autres humanistes de son temps, La Boétie le fut aussi en français. Ses sonnets, bien dans le goût de l'époque, souffrent la comparaison avec ce que la Pléiade a produit de meilleur. Le plus beau aux yeux et au cœur des Périgourdins est celui qui fait couler en littérature la rivière Dordogne.

Je vois bien, ma Dordogne, encor humble tu vas :
De te montrer Gasconne, en France, tu as honte.
Si du ruisseau de Sorgue on fait ores grand conte,
Si il a bien été quelquefois aussi bas.

Vois-tu le petit Loir comme il haste le pas ?
Comme déjà parmi les plus grands il se conte ?
Comme il marche hautain d'une course plus prompte
Tout à côté du Mince, et il ne s'en plaint pas ?

Un seul olivier d'Arne, enté au bord de Loire,
Le fait courir plus brave et lui donne sa gloire.
Laisse, laisse-moi faire ; et un jour, ma Dordogne,

Si je devine bien, on te connaîtra mieux :
Et Garonne, et le Rhône, et ces autres grands Dieux,
En auront quelque envie, et, possible, vergogne.

Pierre de Laval

Un autre poète s'exprime en ces temps troublés : Pierre de Laval. Il est procureur à Périgueux. Ses *Rimes*, datées de 1575 (l'année même de la prise de Périgueux par les protestants) ont attendu près de quatre siècles pour être imprimées. Cette œuvre, écrit Pierre Barrière qui en est l'éditeur, « est un remarquable document sur les guerres de Religion et sur l'esprit provincial ».

Brantôme, témoin privilégié de l'histoire

Brantôme, lui aussi, nous a laissé des poésies dont le titre est *Recueil d'aulcunes Rymes de mes Jeunes Amours*. Leur première édition intégrale date seulement de 1927. Poète parce qu'il convenait de l'être bien plus que par vocation, néanmoins ami de Ronsard, pétrarquisant à souhait, souvent banal, il lui arrive de nous séduire ; par exemple, avec le sonnet « Doulce Limeuil et doulces vos façons... ».

Pierre de Bourdeille, notre Brantôme, était né vers 1540 dans une famille de haute noblesse périgourdine. Ses aînés servaient à l'armée, sa sœur Madeleine faisait partie de l'« escadron volant » de Catherine de Médicis. En 1556, Henri II lui donne l'abbaye de Brantôme en commende. Brantôme fréquente la cour, s'attache aux Guise, voyage (il accompagne Marie Stuart en Ecosse, se rend en Espagne, part défendre Malte en compagnie de son ami Philippe Strozzi...). En Périgord, il assiste au siège de Mussidan en 1569. Après s'être acquitté de quelques missions de certaine importance, d'une importance qu'il a tendance à exagérer, Brantôme tombe en disgrâce et rompt avec Henri III (1582). Il se retire sur ses terres, se consacrant à l'édification du château de Richemont (dans l'actuelle commune de Saint-Crépin-de-Richemont). Un accident de cheval l'immobilise, il en profite pour dicter ses mémoires. Il meurt en 1614. Et il faudra attendre 1665 pour que paraisse, à Leyde, la première édition de ses œuvres.

Aujourd'hui il est connu surtout par ses *Dames galantes* qui constituent le second volume du *Recueil des Dames,* le premier étant consacré aux *Dames illustres.* Mais son œuvre est infiniment plus étendue : il a écrit (ou dicté) *Les Vies des grands capitaines étrangers, Les Vies des grands capitaines françois, Les Discours sur les colonels de l'infanterie de France,* etc.

MEMOIRES

DE

Meſſire Pierre de Bourdeille, Seigneur de BRANTOME.

CONTENANS

Les Vies des Hommes Illuſtres & grands Capitaines eſtrangers de ſon temps.

A LEYDE,

Chez JEAN SAMBIX le Jeune, à la Sphere.

M. DC. LXV.

Coll. Bibliothèque municipale de Bergerac.

Brantôme et le Périgord
Le siège de Mussidan, avec Charbonnière le tireur d'élite ; l'affaire de Chante-Géline ; l'édification de Richemont ; son abbaye, Brantôme, occupée par les troupes de Coligny et qu'il sauve du pillage ; le massacre de La Chapelle-Faucher... et l'histoire du juge de Montravel ; et celle de Saulière, conseiller au siège présidial de Périgueux... avec tous ces passages on pourrait composer une anthologie passionnante. Et ne boudons pas le plaisir pris à tous ces traits de « bravade et jactance gasconne » que Brantôme met si souvent en scène dans les *Rodomontades* et le *Discours sur les belles retraites.* En fin de compte, Brantôme est beaucoup plus périgourdin qu'une lecture superficielle ne le laisserait croire.

Ecole des Clouet, Pierre de Bourdeille, *XVIe siècle, huile sur toile. Cl. Musée du Périgord.*

Bâti par Brantôme,
le manoir de Richemont
où il écrivit son œuvre.
Cl. J. Ganiayre.

Brantôme aime l'histoire. Et il adore les histoires. Il a essayé de mener une grande carrière à la Cour, aux armées. On ne peut dire que sa vie ait été une réussite. Mais il a l'impression d'avoir été un témoin privilégié, il ne manque pas de nous le faire savoir, et même, à l'occasion, d'en rajouter. Il nous agace par la haute idée qu'il se fait de lui-même, de sa famille, de sa caste nobiliaire. Mais il nous amuse aussi, et ses libres chroniques instruisent, passionnent et, en fin de compte, du fatras apparemment mal fagoté et dépourvu de plan que semblent être à première vue ses écrits, se dégage une authentique vision de l'histoire. C'est que, ainsi que le souligne sa biographe, Anne-Marie Cocula-Vaillières, « Brantôme prend sa revanche sur les rois, les princes et les Grands... Le chroniqueur-historien s'est dépouillé de la tenue du courtisan. Comme Plutarque... il choisit à « sa fantaisie » ceux qu'il juge dignes de figurer dans son œuvre. »

Le français que Brantôme écrit n'est pas très marqué par sa province : il a vécu à la Cour, il faut que cela se sente. Mais le Périgord lui tient à cœur et il ne manque pas une occasion d'en parler.

Le XVIIe siècle, de La Calprenède à Fénelon

Le XVIIe siècle, en Périgord, n'est assurément pas le « grand siècle ». Réduits à la plus noire misère, les Croquants se soulèvent ; les troubles de la Fronde provoquent des ravages dans les campagnes que les armées sillonnent : il faut lire à ce sujet *L'Histoire de la guerre de Guyenne,* du colonel Baltazar ; les Protestants sont persécutés : Bergerac doit raser ses murailles en 1629, démolir son temple en 1682. C'est un climat peu propice à la littérature. Mais, surtout, la centralisation se fait de plus en plus pesante, les beaux esprits abandonnent la province et essayent de faire reconnaître leurs talents à Paris ou à Versailles.

La Calprenède, dramaturge et romancier

Bien plus intéressant que Maillet est La Calprenède. Voilà un nom qui sonne « gascon », et Tallemant des Réaux l'entend bien ainsi : « Il n'y a jamais eu un homme plus gascon que cetuy-ci. » D'ailleurs, à son arrivée à Paris, il fut cadet aux Gardes : derrière lui Cyrano se profile.

Gautier de Costes de La Calprenède était né vers 1610 près de Salignac, en Sarladais. Quand il quitta le Périgord, « il savait tout juste de français ce qu'il avait appris dans les Amadis ». En tout cas, il en sut vite assez pour écrire des tragédies. La première, *La Mort de Mitridate,* fut jouée en 1636. Elle fut suivie de beaucoup d'autres, jusqu'en 1648. La plus célèbre s'appelle *Le Comte d'Essex,* jouée en 1639. Si La Calprenède connut le succès, les générations suivantes ne l'ont pas ratifié. Mais on ne doit pas oublier qu'il exerça quelque influence sur Corneille et sur Racine, ce n'est pas un mince mérite.

La Calprenède connut un succès plus grand encore avec ses romans historiques (où l'histoire était malmenée) et psychologiques, tous des romans-fleuves : *Faramond,* en douze volumes à la publication étalée sur des années à partir de 1641 ; *Cassandre,* dix volumes ; *Cléopâtre,* douze... Notre intarissable romancier mourut en 1663.

Marc de Maillet
Né à Bergerac vers 1568, mort en 1628, il est plus connu pour sa truculence et ses extravagances que pour les vers qu'il écrivit. Saint-Amant, c'est tout dire, l'appelle « le poète crotté ». Il nous a pourtant laissé des épigrammes qui ne manquent pas de piquant. Mais qu'est-ce que le Périgord a à voir avec la carrière de ce perpétuel quémandeur ?

En marge de la littérature

Le chanoine Jean Tarde, né à La Roque-Gageac en 1561, mourut en 1636. Il fut historien et cartographe, mais sa renommée était fondée sur son œuvre scientifique : astronome, il eut des rapports suivis avec Galilée, qu'il rencontra à Rome, et dont il défendit la théorie.
Le médecin Jean Rey naquit au Bugue en 1583 et y mourut vers 1645. Chimiste, il se livra à des expériences dont il publia le résultat dans *Essays sur la recherche de la cause pour laquelle l'étain et le plomb augmentent de poids quand on les calcine* (1630). Par ses découvertes, Rey se révèle comme le précurseur de Lavoisier. Il correspondait avec le père Mersenne, de même d'ailleurs que le Bergeracois Deschamps.
Au début du XVIIe siècle. Bergerac est un centre important de la R.P.R. Des théologiens catholiques s'installent dans le Bergeracois, publient des livres contre la religion réformée ; des pasteurs, l'Ecossais Primerose, Joseph Asimont, leur répliquent dans des ouvrages souvent imprimés à Bergerac, chez Gilbert Vernoy. Ces controverses religieuses ont au moins le mérite de maintenir en Périgord l'habitude de la discussion d'idées.

Fénelon, loin du Périgord

Le plus grand nom de ce siècle, c'est évidemment Fénelon. François de Salignac de la Mothe-Fénelon avait vu le jour, en 1651, au château paternel, dans la paroisse de Sainte-Mondane. Sa formation commença auprès de son oncle, François de Salignac, évêque de Sarlat, et se poursuivit à Paris. Ordonné prêtre, il fut nommé curé de Carennac, sur les bords de la Dordogne, en Quercy. C'est là qu'inspiré par la beauté des lieux, il composa l'*Ode à l'abbé de Langeron :*

Solitude où la rivière
Ne laisse entendre aucun bruit
Que celui d'une onde claire
Qui tombe, écume et s'enfuit,
Où deux îles fortunées
De rameaux verts couronnées
Font pour le charme des yeux
Tout ce que le cœur désire,
Que ne puis-je sur ma lyre
Te chanter du chant des dieux !

Château de Fénelon.
Cl. CDT.

Quand il quitte le Sarladais, c'est pour n'y plus revenir ; il ne se dérange même pas, en 1688, pour visiter le prieuré de Saint-Avit-Sénieur qui lui a été dévolu.

Page de gauche, François de Salignac Fénelon, 1718, école française du XVIIIe siècle. Coll. Musée du Périgord. Cl. Gauthier.

Peut-on dire de Fénelon qu'il est un écrivain périgourdin ? Pierre Barrière soutient cette thèse mais ne nous convainc guère lorsqu'il affirme que « c'est son amour pour le paysage sarladais qui l'a vraisemblablement poussé à décrire si longuement le paysage grec ». Pierre Barrière, qui a détecté le Périgord dans le *Télémaque,* le détecte encore dans le *Traité de l'existence de Dieu,* dans le *Traité sur l'éducation des filles,* dans les *Fables,* bref dans l'œuvre entière.

Il nous semble que Fénelon, que ce soit dans l'affaire du quiétisme, dans ses relations orageuses avec Bossuet, dans son préceptorat du duc de Bourgogne, dans ses projets de réforme de la monarchie, enfin dans son activité pastorale à Cambrai dont il était l'archevêque, est loin, très loin du Périgord. C'est peut-être, de « nos » grands écrivains, celui qui a le plus nettement rompu avec sa province natale. Lui en tenir rigueur serait aussi stupide que vouloir à tout prix l'annexer.

Laissons au bon Joubert le soin de conclure : « Sans *Télémaque,* qui est-ce qui connaîtrait Fénelon ? Mais qui lit encore *Télémaque* et qui ne connaît la pensée, la vie de Fénelon, sa disgrâce ? Qui n'aime son style ? » Ou encore : « Il a plutôt des plumes que des ailes. Habite un élément pur, c'est là son mérite. »

Le temps des Lumières

Au XVIIIe siècle, en Périgord, comme dans la plupart des provinces de France, le goût des lettres se développe. Les beaux esprits aiment se rencontrer dans des salons, comme celui de Mme de Labrousse, comtesse de Verteillac (1689-1751), ou dans des sociétés littéraires (l'une d'elles a été fondée à Périgueux en 1780) ou encore dans des loges maçonniques : Bergerac en possède une à partir de 1782, Sarlat aussi.

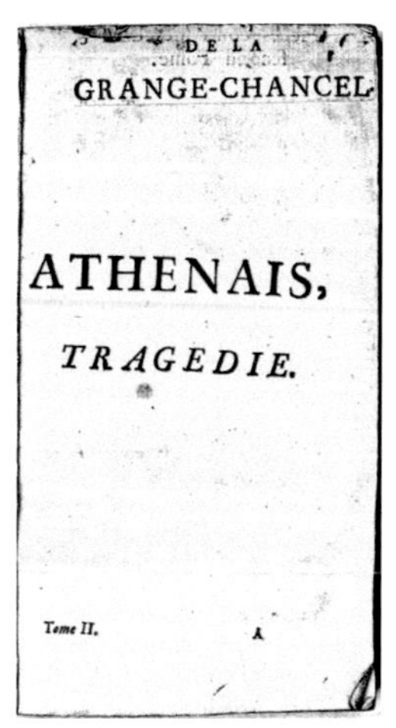

Coll. Bibliothèque municipale de Bergerac.

Deux dramaturges : Lagrange-Chancel et Labouroux

Joseph Chancel de Lagrange naquit à Périgueux en 1677. Doué pour les lettres, extrêmement précoce, il n'avait qu'une quinzaine d'années lorsqu'il écrivit sa première tragédie, *Jugurtha,* qui fut représentée en 1694 sous le titre *à'Adherbal.* Racine le complimenta et le prit sous son aile. Lagrange-Chancel donna à la Comédie-Française toute une série de tragédies qui, en dépit de maladresses évidentes, surent trouver un public. La plus célèbre, *Amasis,* date de 1701.

Mais en 1716 la chance tourna. Notre dramaturge s'en prit, à juste titre d'ailleurs, au duc de La Force, lequel usa de son influence auprès du régent pour le faire emprisonner. Assigné à résidence dans son château d'Antoniac (dans la commune de Razac-sur-l'Isle), Lagrange-Chancel écrivit une satire d'une rare violence contre le régent : ce sont les fameuses *Philippiques,* cinq odes qui furent publiées de 1719 à 1723. Cet éloquent et fougueux pamphlet attira sur son auteur les foudres du pouvoir : il fut incarcéré, réussit à s'évader et ne put rentrer en France qu'en 1729.

Dans sa retraite périgourdine, il travailla encore pour le théâtre, se perdit en procès, écrivit *La Lemovicade,* poème semi-burlesque, et surtout se consacra à la rédaction d'une histoire du Périgord qu'il n'acheva jamais et dont il légua les matériaux à l'abbaye de Chancelade.

Bertrand de Labouroux, sieur de La Roque-Cusson, « gouverneur et maire de Monpazier », écrivit une tragédie : *Alphonce et Aquitime, ou le Triomphe de la Foy* (1721).

Mais, croyez-moi, Zacut, cette divinité
Qui séduit tous vos sens est un être inventé.
Le roi du Portugal vous l'a fait à sa mode
Pour introduire ici ses lois et sa méthode.
C'est une invention de ce prince rusé
Qui veut s'assujettir un royaume abusé.
Il est temps désormais que Congo se ravise...

Mais le Congo deviendra chrétien. On peut rêver d'une représentation de cette tragédie sur la place de la bastide de Monpazier : triomphe du baroque.

Un économiste
Henri Goyon de la Plombanie, de Razac d'Eymet (1737-1808), qui tâta de la Bastille en 1762, réfléchit, dans son œuvre abondante, aux maux dont souffre la France et propose des mesures drastiques : il ne semble pas avoir été beaucoup lu. Jacques de Maleville, né en 1741 à Domme où il vécut, fit paraître en 1789 ses *Réflexions sur les intérêts et les prétentions des Trois Ordres* ; il y soutient les revendications du tiers. Il est plus connu pour sa participation à la rédaction du Code civil, il fut chargé de la partie concernant les biens et les propriétés.

De Joubert à Maine de Biran

Joseph Joubert vint au monde en 1754, à Montignac, et s'éteignit en 1824, loin du Périgord, à Villeneuve-le-Roi, où il avait passé le plus clair de son existence. Il ne publia rien de son vivant, la première édition de ses *Pensées* fut réalisée en 1838, par les soins de Chateaubriand ; on n'a pas cessé de les rééditer depuis, ainsi que sa correspondance. Bien que Joubert ait passé son enfance à Montignac et qu'il y ait exercé les fonctions de juge de paix pendant deux ans, il semble hasardeux d'en faire un écrivain périgourdin. Dans les *Mémoires d'Outre-Tombe,* Chateaubriand le dépeint comme « un égoïste qui ne s'occupait que des autres ». Et Joubert écrivait : « Il faut se faire aimer, car les hommes ne sont justes qu'envers ceux qu'ils aiment. » Nous sommes nombreux à être justes envers Joubert.

Grateloup, la résidence bergeracoise de Maine de Biran. Cl. M. Combet.

ANTIQUITÉS
DE VÉSONE,
CITÉ GAULOISE,
REMPLACÉE PAR LA VILLE ACTUELLE DE PÉRIGUEUX,
OU
Description des Monumens Religieux, Civils et Militaires de cette antique Cité et de son territoire ;
PRÉCÉDÉE D'UN
ESSAI SUR LES GAULOIS.
PAR M. LE COMTE WLGRIN DE TAILLEFER,
Maréchal des Camps et Armées du Roi.
TOME I.

A PÉRIGUEUX,
CHEZ F. DUPONT, IMPRIMEUR DU DÉPARTEMENT.
M DCCC XXI.

Coll. ADD.

Le philosophe Jean-Joseph Rey-Régis, né au Bugue en 1728, mort en 1808, a écrit une *Histoire naturelle et raisonnée de l'âme,* publiée à Londres en 1789. Son influence sur l'œuvre de Cabanis est vraisemblable, elle est avérée sur celle de Maine de Biran.

Maine de Biran, né à Bergerac en 1766, domine cette période. La Révolution mit fin à sa brève carrière militaire. Il habita le manoir de Grateloup, dans la commune de Saint-Sauveur, qu'il avait reçu en héritage. Après avoir été député aux Cinq-Cents, il fut sous-préfet de Bergerac jusqu'en 1812. Conseiller d'État sous la Restauration, il mourut à Paris en 1824. Toute sa vie, en dépit de ses obligations politiques, il se livra intensément à l'étude de soi, s'apparentant par là à Montaigne qui a exercé sur lui une assez forte influence. Son *Journal intime,* plus que ses divers traités philosophiques, a toujours des lecteurs, trop peu nombreux sans doute, mais fidèles et qui assurent la pérennité de son influence.

Un mémorialiste

Jean Martheilhe était né à Bergerac en 1682. En butte aux persécutions qui accablaient les protestants de cette ville (les dragonnades de 1682, 1685, 1700) il voulut, comme tant d'autres de ses coreligionnaires, quitter le royaume. A l'âge de dix-sept ans il fut condamné aux galères ; il y passa douze ans. Il publia à Rotterdam, en 1757, les *Mémoires d'un protestant condamné aux galères de France pour cause de religion.* C'est un livre passionnant et on comprend que Michelet l'ait qualifié de « livre de premier ordre ».

Des historiens érudits

L'histoire du Périgord, que Lagrange-Chancel n'a pu mener à terme (il s'est arrêté en 1390) devient la tâche privilégiée des Chanceladais. Le chanoine Baudeau (mort en 1792) propose un projet de recherches détaillé, cohérent, qui sera repris par le chanoine Leydet (1736-1776). On se lance dans la recherche des documents anciens. Le chanoine Joseph Prunis (1742-1815) se distingue en mettant la main sur le manuscrit du *Voyage en Italie* de Montaigne.
Ce même Prunis s'intéresse aussi aux troubadours « gascons », à Bertran de Born en particulier ; son étude, en dépit de l'intérêt qu'elle présente, demeurera inédite. Mais en quelque sorte elle annonce le renouveau occitan qui se manifestera dans le courant du XIXe siècle.
Un autre érudit à qui l'histoire du Périgord doit beaucoup est l'abbé Lespine. Né à Vallereuil en 1757, après un bref séjour à Paris en 1789, il s'exile, puis rentre en France en 1812 ; il mène alors une fructueuse carrière d'archiviste. C'est par son intermédiaire que se constitue à la Bibliothèque nationale le très riche fonds Périgord. Lespine meurt en 1831.
Un livre d'histoire, et qui a beaucoup compté en Périgord : les *Antiquités de Vésone, cité gauloise,* que précède un *Essai sur les Gaulois,* deux gros volumes imprimés à Périgueux en 1821. L'auteur, le comte Wlgrin de Taillefer, était né à Villamblard en 1761 ; avant la Révolution il avait « ramassé une quantité considérable d'inscriptions, de médailles, de pierres gravées, et autres antiquités importantes pour (son) entreprise ». « J'aurais voulu tirer ma patrie de l'oubli peu mérité » auquel elle était condamnée. « Je ne voyais, en un mot, que la gloire de mon pays. »
Sans doute, ce que Taillefer nous apprend des Gaulois fait sourire. Mais il avait du Périgord une connaissance sérieuse et il nous a laissé, en particulier sur les superstitions, des pages qui font de lui le premier en date des ethnologues périgourdins. Il mourut à Périgueux en 1833. Son œuvre préparait le terrain pour la Société historique et archéologique du Périgord qui naîtra en 1874.

Page de droite, portes de Vésone, IIIe siècle.
Extrait des Antiquités de Vesone *de W. de Taillefer, 1821.*
Coll. ADD.

Portes du péristile fortifié du temple de Mars.

del. — *Langlois sculp.*

Aux XIXe et XXe siècles

Des Périgourdins qui « montèrent » à Paris

Né à Bergerac en 1810 et mort à Paris en 1887, Prosper Faugère écrivit un *Éloge de Pascal*. Il était donc tout désigné pour étudier le manuscrit des *Pensées* et en donner la première édition fiable.

Pierre Lachambeaudie, né à Montignac en 1806, se fit rapidement un nom comme fabuliste ; ses *Fables populaires* (1839) ont connu bien des rééditions. Mais qui les lit aujourd'hui ? Raymond Dumay, dans *Ma route d'Aquitaine*, écrivait à son propos : « Professeur, employé de chemin de fer, journaliste, il courait le jour réciter ses fables dans les clubs d'ouvriers et couchait dans les hôpitaux et les asiles de nuit. Exilé après les journées de juin, il dut son amnistie à Béranger qui adressa au Prince-Président une supplique peu flatteuse pour un homme qui se croyait doué pour l'action révolutionnaire : « Prince, Lachambeaudie est un pauvre rêveur/Que l'on veut éloigner pour le frapper au cœur... ».

Un sociologue, G. Tarde
Gabriel Tarde (1843-1904) est né à Sarlat où il fut juge d'instruction, avant de « monter » à Paris, au ministère de la Justice. Ses abondants travaux de sociologue, *L'Opinion et la foule, Les Lois de l'imitation*, etc., furent assez longtemps boudés, mais aujourd'hui on y revient et ils sont appréciés. Tout Périgourdin lira avec intérêt le long chapitre des *Etudes pénales et sociales* (1892) sur « L'archéologie criminelle en Périgord ».

Portrait de P. Lachambeaudie. Extrait de Lou Bournat, *février 1908.*

Ses discutables succès ne lui firent pas oublier la « lenga mairala » et il publia, en 1857, un petit *Recueil de fables patoises*. Il mourut en 1872.

Léon Bloy naquit à Périgueux en 1846. Le futur auteur de *Mendiant ingrat*, de *la Femme pauvre* et de tant d'autres textes éblouissants, quitta la maison familiale du Fenestrau pour « monter » à Paris. Après la guerre de 70, il revint à Périgueux où il passa quelques années. De retour à Paris, il vécut dans des conditions difficiles. Proférant des imprécations et lançant des anathèmes, ce catholique intransigeant qui vomissait les tièdes est incontestablement un des maîtres de la prose française. Ne serait-il pas abusif d'en faire un écrivain périgourdin au seul prétexte de sa naissance ?

Jacques le Lorrain, bergeracois (1856-1904) fut aussi de ceux qui tentèrent leur chance à Paris : elle ne lui sourit pas, il y fut savetier. Il publia quelques recueils de poèmes, quelques romans, mais il est plus connu par son « drame héroïque » en quatre actes et en vers, *le Chevalier de la longue figure* (1904) d'où fut tiré le livret du *Don Quichotte* de Massenet. Une publication posthume, en 1926, met en scène *les Croquants* ; c'est un « drame historique » où l'on voit notre courageux Grélety (curieusement appelé Grillety) amoureux de la noble Blanche de Naugé et échangeant avec elle de sirupeux alexandrins.

Eugène Le Roy

L'écrivain cher au cœur des Périgourdins est bien sûr Eugène Le Roy. D'origine bretonne, il naquit en 1836 au château d'Hautefort, ses parents étaient domestiques. Élevé jusqu'à l'âge de onze ans dans une modeste famille paysanne, il s'imprégna de ces us et coutumes populaires qu'il saura si bien décrire et magnifier. Militaire, il fit campagne en Algérie puis en Italie. Revenu à la vie civile, il réussit le concours des Contributions indirectes, et après avoir assuré des remplacements dans divers bourgs du Périgord, il fut en poste à Tocane, à Domme, à Jumilhac où il tomba amoureux, à Montignac où il fut révoqué pour cause de mariage civil, et, réintégré, à Bordeaux. Il revint en Dordogne en 1893, percepteur à Hautefort, et c'est à Montignac qu'il prit sa retraite. Il y mourut en 1907.

Son premier livre, *Le Moulin du Frau,* parut en feuilleton dans *L'Avenir de la Dordogne,* en 1891, puis fut édité deux ans plus tard à Bergerac. Une version expurgée de beaucoup de « périgordinismes » fut publiée à Paris en 1905. C'est Alcide Dusolier (Nontron 1836, Saint-Sulpice-de-Mareuil 1918), homme politique et critique littéraire au *Figaro,* qui fit connaître et apprécier Le Roy par les milieux littéraires de la capitale. *Le Moulin du Frau* est le récit de la vie d'Hélie Nogaret : on y trouve une vibrante apologie de la civilisation rustique et des mœurs patriarcales, mais également « une protestation indignée contre l'injustice sociale et l'oppression politique » (Francis Lacoste, *Eugène Le Roy, périgourdin).*

Jacquou le Croquant, édité à Paris en 1900, connut quelque succès dès sa parution. Mistral, Daudet, Faguet manifestèrent leur enthousiasme. Mais étiqueté « régionaliste », qualification réductrice s'il en est, ce roman ne rencontra un plus vaste lectorat que grâce à la célèbre adaptation télévisée que Stellio Lorenzi en fit en 1969[1]. Alors Jacquou « deviendra le symbole de la lutte contre toutes les injustices » (F. Lacoste). On sait que le Jacquou de la Forêt Barade, le Jacquou vainqueur du comte de Nansac et acquitté à la faveur de la révolution de 1830 n'a jamais existé que sous la plume de Le Roy. Il n'empêche que les Périgourdins, et pas eux seuls, gardent de leur visite aux sombres ruines du château de l'Herm l'impression d'avoir vu un lieu consacré par l'Histoire. En réalité, celle-ci est présente mais ô combien différente : Jean Maubourguet l'a racontée dans *La Tragique histoire du château de Lerm* (1937).

Les gens d'Auberoque (1906), « roman de mœurs qui nous intéresse surtout par la peinture féroce de la bourgeoisie et sa dénonciation de la médiocrité provinciale » (F. Lacoste), est une œuvre plus laborieuse et moins captivante que les précédentes ; et il en est

Emile Goudeau, fondateur du club des Hydropathes
Emile Goudeau (1849-1906), cousin germain de Bloy, né lui aussi à Périgueux, alla chercher fortune dans la capitale. Poète, il publia *Fleurs de bitume* en 1878 et, la même année, fonda le club des « Hydropathes » où bien des talents se révélèrent. Il conta ses *Dix ans de bohème* (1888), une bohème éminemment parisienne qui n'a rien à voir avec le Périgord, « mon père le Périgord », disait Goudeau, ravi de cet innocent calembour. Le reste de son œuvre, romans et poèmes, n'offre pas un intérêt considérable.

1. Sorti depuis en DVD. Un film de Laurent Boutonnat, a aussi été réalisé en 2006.

E. Le Roy.
Bois gravé par Maurice Albe.

de même pour *Nicette et Milou* (1901). *Mademoiselle de la Ralphie,* publié en feuilleton en 1906 et édité seulement en 1921, témoigne des hésitations de l'auteur : il a mis beaucoup de lui-même dans ce roman déroutant qui dénonce avec violence les préjugés de caste.

Les quelques nouvelles écrites par Le Roy n'offrent pas un si grand intérêt. Pourtant *La Damnation de saint Guynefort,* qui pose en fait le problème du trop fameux suaire de Cadouin, est une amusante satire anticléricale. *L'Année rustique en Périgord* (1906) est un hymne à la vie paysanne scandée par les mois du calendrier républicain.

L'Ennemi de la Mort ne verra le jour qu'en 1911, après le décès de Le Roy. Ce roman ambitieux a pour cadre la Double, marécageuse et arriérée, qu'un descendant de huguenots, le docteur Daniel Charbonnière, veut rédimer en luttant contre le paludisme et contre l'ignorance. Mal lui en prend : sa vie n'est qu'une succession de terribles épreuves et il meurt dans une affreuse solitude. Roman réaliste, naturaliste, d'un anticléricalisme appuyé, *L'Ennemi de la Mort,* en dépit de son mélodramatisme et de ses lourdeurs, est à porter presque aussi haut que *Jacquou.*

Rappelons enfin que si Le Roy participa à la création de l'École félibréenne départementale, il prit vite ses distances lorsqu'elle lui sembla adopter une couleur confessionnelle. Même si sa relation avec la langue d'oc peut paraître ambiguë, une bonne part de sa popularité en Périgord est due à l'emploi de mots et d'expressions « bien de chez nous », mais qui parfois frisent l'archaïsme.

Tout Périgourdin se reconnaît ou croit se reconnaître dans cette œuvre, profondément enracinée dans un terroir qu'elle magnifie et dépasse. En dépit de ses contradictions, un conservatisme exacerbé et en même temps une foi inébranlable dans le progrès de l'Humanité, ou peut-être aussi grâce à elles, Eugène Le Roy est perçu aujourd'hui comme un écrivain qu'il est impossible d'enfermer tout entier dans le courant littéraire qualifié, souvent avec condescendance, de régionaliste.

Rachilde, chroniqueuse au *Mercure de France*

« Un corsage rouge, flamboyant, colliers au cou et aux bras, colliers d'ambre. Les cheveux coupés à la garçon, et raides, et va comme je te peigne. Toujours des cils comme de gros et longs traits de plume à l'encre de Chine. »

Tel est le portrait qu'à la date du 19 novembre 1889 Jules Renard brosse de Rachilde. Elle va avoir trente ans. Elle est l'épouse du directeur du *Mercure de France,* Alfred Vallette. Marguerite Eymery est née en 1860 au Cros (« le Trou » en occitan, nous dira-t-elle souvent), près de Château-l'Évêque. Précoce en écriture, elle « monte » à Paris où elle se fait un nom sulfureux avec la parution de *Monsieur Vénus* (1884). Ce titre lui colla à la peau, sa réputation en garda très longtemps quelque chose de trouble. Egérie des « décadents », elle n'évolua guère et son œuvre abondante (trop) est faite de romans qui choquent de moins en moins un public qui, peu à peu, se détourne d'elle. Mais il ne faut pas oublier de mentionner la chronique des livres, impulsive et généreuse, qu'elle tint au *Mercure* pendant des décennies.

Le Périgord est assez présent dans l'œuvre de Rachilde : un Périgord qui la fascine et qu'elle exècre.

Dans *Les Rageac* (1921), Rachilde raconte l'histoire de ses parents, une histoire enjolivée mais qui sonne vrai ; dans la troisième partie, elle dépeint sa jeunesse au domaine du Cros. On comprend qu'elle ait tenu à s'en évader pour devenir cette grande dame des Lettres, que Léautaud a tellement vilipendée et qui a fini ses jours, en 1953, quasiment oubliée. Rachilde émerge lentement du purgatoire, elle le mérite.

L'ignoble truffe
« A l'horizon vermeil de la Dordogne il est impossible de préférer le plafond fuligineux de Paris. On respire dans ces campagnes paisibles un air si pur ! Seulement la terre de cette contrée bénie porte à son centre un petit point noir, emblème des raffinées pourritures : la truffe, et pour chercher l'ignoble produit aphrodisiaque les porcs abondent. Ils sont de bonne qualité, du reste, ces porcs. Mais leurs gardiens, nos paysans périgourdins, la vilaine race ! poltrons, gourmands, paresseux et jamais débarbouillés… c'est le point noir qui s'étend ». Rachilde dans *A mort* (1886).

Jean Galmot, le Kipling français

Son père était instituteur à Monpazier et c'est dans la célèbre bastide que Jean Galmot vit le jour en 1879. Ses études terminées, il est journaliste au *Petit Niçois.* Il épouse une riche héritière américaine et part pour la Guyane s'occuper du placer que son beau-père y possède. Chercheur d'or, il s'enrichit rapidement, devient le roi du rhum, se lance dans de multiples affaires. Grâce à lui la Guyane prospère, les gens l'idolâtrent et l'élisent député. Sa réussite fait beaucoup de jaloux et pour ses concurrents il est l'homme à abattre. On l'accuse de spéculation, d'escroquerie, de détournement...

Alors qu'il vient d'être élu maire de Cayenne, Jean Galmot meurt en 1928, empoisonné.

Au temps de sa splendeur, il avait acheté le château de Montfort et y résidait aussi souvent et aussi longtemps qu'il le pouvait. Il manifestait de la sorte son attachement viscéral au Périgord. « Ce Périgord noir. Il y pense toujours. Il y retourne aux moments d'angoisse ou de délivrance » (Biaise Cendrars, *Rhum)*. Et il trouve le temps d'écrire deux romans : *Quelle étrange histoire* (1918) et *Un mort vivait parmi nous* (1922). Rachilde préférait le second au premier. Cendrars, pour qui « Jean Galmot est romancier, un écrivain de premier ordre », écrit dans *Rhum :* « Il y a dans ces deux livres touffus et remplis de lyrisme une originalité certaine : on pense à un Stevenson ou à un Kipling français. Jean Galmot écrivain ne doit rien à personne : il a tout tiré de son cœur et de sa vie aventureuse. »

Louis Delluc

Celui qui devait donner son nom au Goncourt du cinéma naquit à Cadouin, en 1890, où son père était pharmacien. Sa famille s'étant installée à Paris, Louis Delluc y fit ses études, fut journaliste, écrivit des romans assez vite tombés dans l'oubli (mais aujourd'hui on les réédite) et, surtout, se passionna pour le cinéma. Il en fut le critique exigeant et émerveillé, il fut un cinéaste exemplaire et on a l'impression que sans lui le Septième Art n'aurait jamais pu devenir ce qu'il est. Louis Delluc mourut en 1924. Ses livres et ses films n'ont rien à voir avec le Périgord ? Et alors ?

Portrait de Louis Delluc par Becan.

De Pierre de La Batut à Guy de Lanauve, d'autres romanciers du terroir

D'autres romanciers, originaires du Périgord et ayant développé une thématique locale méritent d'être cités même s'ils n'ont pas écrit des œuvres de premier plan. Pierre de La Batut (1890-1945), par exemple : *Le Vent se lève,* 1930, nous fait vivre à Bergerac et dans ses alentours à la veille de la Révolution, tandis que l'*Homme d'affaires,* 1943, se déroule dans le même cadre mais cent cinquante ans plus tard. Deux romans agréables et demeurés lisibles.

Lisible aussi est *Monsieur de Puyloubard,* de la marquise de Pindray d'Ambelle, publié en 1928 ; en sous-titre il porte « esquisse du vieux Périgord » et « nous sommes dans cette partie de l'ancienne province qui avoisine à la fois le Limousin et l'Angoumois », après la grande tourmente révolutionnaire, c'est-à-dire à la même époque que *Jacquou,* mais chez les anciens émigrés ayant repris possession de leurs terres.

Il faudrait citer encore Jean Sauvestre *(Lou Cardil,* 1947) et Guy de Lanauve, auteur de *Les Mémoires d'Anaïs Monribot* (1969), un très savoureux roman truffé d'occitanismes qui fait parler et déparler une vieille fille de Belvès. Qui, en Périgord, n'a pas ri à sa lecture ?

Des livres pour la jeunesse
Léonce Bourliaguet, originaire de Thiviers, fut un auteur fécond de romans et de contes qui furent beaucoup lus dans les écoles primaires du département. Dans ce domaine, aujourd'hui deux noms se sont imposés : Claude Cénac et Thalie de Molènes. La première entraîne les adolescents vers la Préhistoire, dans les cavernes de la Rivière Rouge (la Vézère, évidemment) ou les initie avec la geste des Croquants à l'histoire du Périgord. Thalie de Molènes emmène ses jeunes lecteurs, en compagnie de Ricou, sur les rives de la Dordogne, ou dans la sombre forêt Barade. Adeline Yzac a écrit plusieurs livres pour enfants et pour adolescents ; de ces derniers, je cite l'excellent *Enea la cathare*, 2000, et le fin *Mondane de Fénelon*, 2003. Régis Delpeuch, du Sarladais, fait bien rire les jeunes avec *Rififi au collège*, 1993, *A pas de loup,* 2000, et *Le voleur de dents*, 2003.

François Augiéras, un Artaud reclus en Sarladais

En 1949, à Périgueux, l'éditeur Pierre Fanlac publiait *le Vieillard et l'enfant* sous la signature mystérieuse d'Abdallah Chaamba. Ce texte fit plus qu'étonner, il choqua. Modifié, il parut ensuite aux éditions de Minuit en 1954.

En réalité, l'auteur s'appelait François Augiéras. Né en 1925 aux États-Unis, il finit ses jours en Périgord, en 1971. Il avait bourlingué du Sahara au Mont Athos, écrivant et peignant. Sa bizarrerie inquiéta, ses livres ne furent guère lus : ils déroutaient par leur panthéisme exalté, leur mysticisme visionnaire. *Le Voyage des morts* parut en 1959, *Une adolescence au temps du Maréchal,* en 1968, et deux ans plus tard *Un voyage au Mont Athos.* Le dernier, *Domme ou l'essai d'occupation* ne vit le jour qu'en 1982, bien après la mort de son auteur. C'est l'œuvre imprécatoire d'un Artaud reclus en Sarladais, qui refuse la société des hommes et se réfugie dans une caverne où il « invente un autre monde ».

« Ai-je cassé une porte ouvrant sur les vastes images de l'Univers-Divin ? Je suis seul, perdu dans la pierre, à l'ouest de l'Europe : d'autres êtres, ailleurs, sont-ils semblables à moi ? Je ramasse un caillou au fond du couloir, et je cogne contre la roche. J'appelle à coups de pierre. »

Les poètes, de Catherine Pozzi au « Poémier de plein vent »

Nombreux sont les poètes en Périgord, mais assez rares ceux qui méritent d'être sauvés de l'oubli. S'il est un nom qui rayonne, c'est celui de Catherine Pozzi (1882-1934), en dépit de la minceur de son œuvre : en tout six pièces. Mais, écrivit-elle : « Sapho n'a pas traversé le temps sur plus de mots. » Elle était la fille du chirurgien Samuel Pozzi, sénateur de la Dordogne, assassiné en 1918. La famille Pozzi possédait une propriété à La Graulet, aux portes de Bergerac, et Catherine y invita Paul Valéry en 1920. La suite de l'histoire est connue. Mais là encore nous ne tirerons pas la couverture à nous et nous refuserons de nous approprier Catherine Pozzi.

Expoésie
A Périgueux, Hervé Brunaux organise tous les ans un festival d'art et de poésie qui connait un grand succès : Expoésie. Ce festival accueille artistes et poètes de toute l'Europe.

A Terrasson naissait, en 1883, Guy Lavaud. Licencié en droit, il travailla dans l'administration préfectorale et fut chef de cabinet de plusieurs ministres. Il publia sa première plaquette de poèmes en 1907 : *Floraison des eaux,* qui fut suivie de beaucoup d'autres : *Imagerie des mers,* 1919, *Poétique du ciel,* 1930... Sa poésie, très fluide, marquée par le symbolisme, d'une versification impeccable, aurait mérité d'être analysée par Bachelard dans *l'Eau et les rêves.* Guy Lavaud est mort en 1958.

Les noms des poètes se pressent, se bousculent. Il est difficile, voire injuste, d'établir un palmarès. Faisons mention de Léonce Cubélier de Beynac (1866-1942), de Pierre de La Batut, de Germaine Kellerson, de Marthe Ranson-Nepveu, d'Armand Got. Ce dernier, né à Bergerac en 1890, a composé des anthologies généreuses (*Poètes du Périgord,* 1956) et écrit des poèmes aux sonorités parnassiennes qui célèbrent les paysages, les vins et le « trésor gourmand » de la région : *Suite périgorde* (1952).

Géraud-Lavergne était historien et archiviste. C'était aussi un écrivain délicat ; les proses limpides et musicales de *Loisirs du Périgord* (1959) sont plus chargées de poésie que maints recueils d'alexandrins sonores.

Pierre Fanlac, né et mort à Périgueux (1918-1991) consacra sa vie à imprimer et à éditer des livres : cela, en Périgord, nul ne l'ignore. En revanche, son œuvre d'écrivain est moins connue. Ses textes poétiques sont très beaux ; il faut lire, entre autres, *Couleur du temps* (1967), *A mon seul désir* (1971) et *Ferveur du Périgord* (1973).

« Le Poémier de plein vent » est une collection de recueils poétiques qui a été créée à Bergerac par Annie Delpérier, une grande dame des Lettres. Près d'une centaine de ces recueils ont déjà été publiés. A côté de Bernard Duteuil, Catherine Guillery, Catherine Hilaire, Madeleine Lenoble..., le meilleur de la production locale, on trouve Jean Joubert, François René Daillie, Jep Gouzy, Marcelle Delpastre, beaucoup plus connus. Du lot émerge Bernard Sintès ; né en 1963, il vit en Dordogne depuis 1981. C'est en poésie une valeur sûre. De son œuvre encore trop dispersée, il faut lire *Le Rameau d'offertoire*, 2005.

Près de Bergerac, à Gardonne, les éditions Fédérop publient une ambitieuse collection poétique dédiée à Paul Froment, poète aquitain d'expression occitane. Une bonne part de ces recueils sont bilingues car Fédérop édite des poètes de langues très diverses.

Livres à croquer

Tous les deux ans, se déroule à Périgueux le Salon du Livre gourmand, imposante manifestation qui contribue à assurer la renommée du Périgord dans le monde de la gastronomie.
A Périgueux fonctionne aussi l'Institut Eugène Le Roy ; il organise des colloques d'un haut niveau et aide les éditeurs à publier des ouvrages de qualité sur le Périgord. Le président de l'Institut, Gérard Fayolle, est lui-même un écrivain. En 1977 sortait son livre sur La Vie quotidienne au temps de Jacquou le Croquant, qui a été suivi de L'Aquitaine au temps de François Mauriac en 2004. Il a écrit des livres sur l'histoire politique de la Dordogne, sur l'histoire du Périgord, sur ses rivières, sur les Causses...
C'est à Périgueux que sont édités la plupart des romans, recueils de nouvelles ou de chroniques écrits par des personnes nées en Dordogne ou y résidant. Les plus intéressants de ces écrivains s'appellent Michel Testut, *Petits matins*, 2001 ; Pierre Gonthier, *Encres violettes*, 2004 ; Jacques Tardieu, *La Colline aux genièvres*, 2003 ; Hervé Brunaux, *Le Soleil de Vésone*, 2003. Chacun de ces auteurs a plus d'un livre à son actif, c'est volontairement qu'il n'en a été cité qu'un seul.
Adeline Yzac, originaire du Périgord noir, n'écrit pas que pour les enfants. Elle a publié de fort beaux romans, comme *Le dernier de la lune*, 2000, *Le Temps d'un retour*, 2002, et *Le Jardin de Jeanne*, en 2005. Ce dernier roman reprend en français le thème de *Un tren per tu tota sola* (Un train pour toi toute seule), superbe texte émouvant et tragique sur la déportation.
Quant aux éditeurs, ils sont deux qui comptent : la maison qu'avait fondée Fanlac et, bien plus récente, La Lauze.

En guise de conclusion

A la recherche d'une identité

Parvenus au terme de cette étude, de ce survol de la littérature en Périgord, qu'elle s'écrive en occitan ou en français, reste à se demander s'il est approprié de qualifier de « périgourdins » tous les auteurs examinés. Brassens parlait avec condescendance des « imbéciles heureux qui sont nés quelque part ». C'est bien parce qu'ils sont nés en Périgord que nous nous sommes intéressé à eux. A première vue, il semblerait facile de dire que sont indiscutablement périgourdins les écrivains qui se sont exprimés en occitan : les troubadours, parce que l'occitan était la seule langue qu'ils pussent pratiquer ; les autres, patoisants, félibres ou occitanistes, par suite d'un choix dont on ne peut nier qu'il témoigne d'une volonté de signifier leur enracinement en terre périgorde.

Mais ceux qui s'expriment en français ? Ne sont-ils pas aussi périgourdins que les premiers ? Sauf, bien entendu, si leur lieu de naissance n'a eu pour eux aucune importance, si, par exemple, ils ont été rapidement aspirés par Paris et ne se sont plus jamais souciés de leur « province ». Deux cas extrêmes illustrent notre propos : les deux Louis Delluc. Ils appartiennent à la même génération. L'un a surtout écrit en occitan et toute sa vie s'est déroulée en Dordogne ; l'autre s'est fait un nom à Paris.

La richesse littéraire du Périgord est grande, on l'a vu. Les écrivains qui cultivent l'oc, ceux qui s'expriment dans la langue française, qui aujourd'hui a gagné la partie et s'est imposée à toutes les classes de la société, tous à divers titres glorifient leur « province ». Il est exclu de condamner les uns au nom des autres, de décerner des brevets ou des médailles de « périgordinité » et on ne saurait admettre d'autre classement que celui de la qualité.

Bernard Lesfargues

4
Milieu naturel

Michel Genty

Vallée de la Vézère.
Cl. M. Genty.

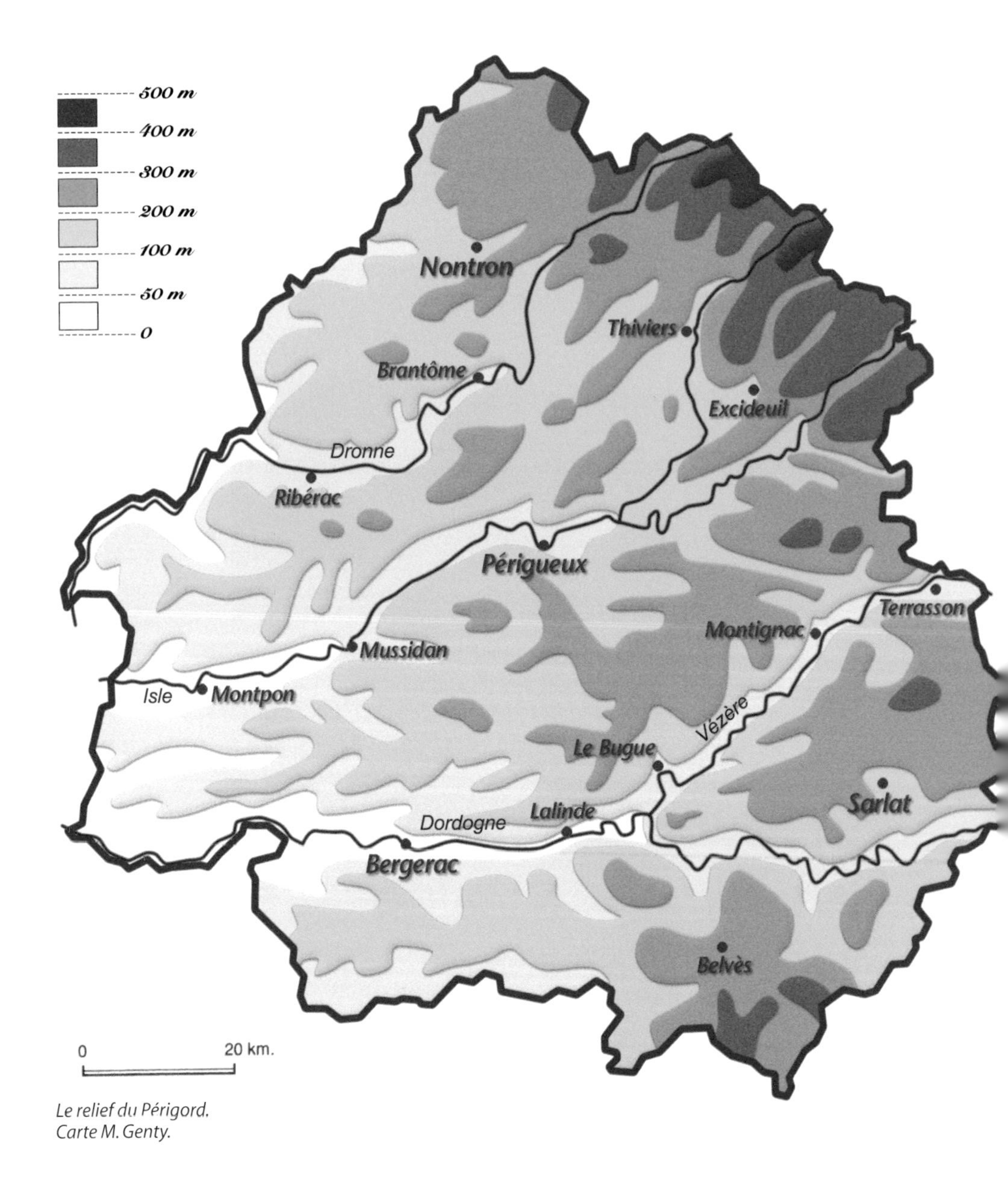

Le relief du Périgord.
Carte M. Genty.

Les traits généraux

S'étendant sur 100 km d'ouest en est et 100 km du nord au sud, le Périgord qui couvre 9 183 km^2, présente des aspects naturels très variés.

Pour l'essentiel, c'est un monde de plateaux et de collines calcaires entre les hautes terres limousines et les basses terres bordelaises ; mais ce grand département (troisième de France par la taille) offre une mosaïque de pays très divers.

Le cœur et l'armature de ce vaste palier de l'est du Bassin aquitain est constitué d'une grande diagonale de plateaux orientés du nord-ouest au sud-est ; elle correspond aux affleurements de divers calcaires du Crétacé et du Jurassique, plus ou moins épais, plus ou moins durs, recouverts ou non de dépôts détritiques. L'érosion y a sculpté de multiples collines et vallons tout en ouvrant quelques profondes vallées, larges couloirs de passage et de vie agricole d'aspect plantureux ; elle a façonné plusieurs petits pays qu'on décrira plus loin : Périgord central, Sarladais, Ribéracois, etc.

Au nord et à l'est de cet ensemble crétacé et jurassique, le Périgord englobe une grande marche de plateaux de roches cristallines, c'est-à-dire une partie du Limousin méridional ainsi qu'un chapelet de petits bassins évidés dans les roches tendres du Lias.

A l'ouest et au sud de la diagonale, un ensemble de molles collines de sables et d'argiles tertiaires s'individualise par ses forêts de pins (Double et Landais) ; au sud de Bergerac, tout un monde de buttes et de coteaux façonnés dans les molasses et les calcaires annonce l'Agenais.

Les aspects de ces grands ensembles sont l'aboutissement d'une longue histoire géologique dont il faut rappeler les épisodes afin de mieux comprendre la diversité du modelé et des sols des différents pays périgourdins.

Les grands traits de la structure

Roches anciennes et terrains primaires

La partie nord-est du Périgord appartient au Limousin ; les roches anciennes (matériaux schisto-gréseux déformés en profondeur par des phénomènes de métamorphisme) sont des gneiss, des micaschistes, des schistes traversés par des filons de quartz et des intumescences de granité ; des plissements de direction hercynienne (nord-ouest, sud-est) affectent ces terrains.

Sur la bordure méridionale de ces roches anciennes, on observe des matériaux sédimentaires du Carbonifère et du Permien : argiles et surtout grès rouge du bassin de Brive qui, géologiquement, concernent une petite partie orientale du Périgord, quelques bancs calcaires ainsi que quelques couches de charbon localement exploitées au début du siècle comme au Lardin.

Calcaires de l'ère secondaire

A l'Ère secondaire, les mers ont déposé de nombreuses couches sédimentaires d'épaisseur très variable. Les principaux éléments de cette sédimentation carbonatée sont, dans l'ordre chronologique de leur apparition :
• Lias ou Jurassique inférieur avec des calcaires dolomitiques puis des marnes et des argiles.
• Jurassique moyen et supérieur avec des calcaires oolithiques.
• Crétacé avec différents calcaires aux couleurs variant du blanc à l'ocre avec d'infinies nuances de jaune, le maestrichtien bien visible sur les falaises de Mouleydier en amont de Bergerac est un calcaire gréseux jaunâtre ; campanien et santonien sont des calcaires crayeux blancs lardés de silex noirs et sont bien représentés en Ribéracois ; le coniacien est le calcaire gréseux aux tonalités chaudes et dorées du Sarladais ; le turonien est le calcaire blanc de Brantôme...

Le pendage des couches est orienté vers le sud-ouest mais les sédiments sont affectés de nombreuses flexures (ondulations) et fractures.

Falaises dans les calcaires crétacés à Saint-Léon-sur-Vézère et à Reignac (page de droite). Cl. M. Genty.

Dépôts superficiels de l'ère tertiaire

A certaines périodes de l'Ère tertiaire, sous des climats très chauds, les calcaires ont été altérés ; ils ont été recouverts de sables, d'argiles, de concrétions ferrugineuses (parfois des pisolithes, sortes de cailloux riches en fer, jadis recherchés comme minerais) provenant des décompositions des roches locales mais aussi de matériaux transportés depuis le massif ancien : ce manteau très hétéroclite de débris constitue ce qu'on appelle des altérites.

A la même époque, dans deux zones d'affaissement situées tout à l'ouest du Périgord, de grandes quantités de graviers et de sables s'accumulaient de part et d'autre de l'Isle constituant les régions actuelles de la Double et du Landais.

D'autres dépôts superficiels ont pu encore se former : les grès de Liorac ou encore diverses meulières par enrichissement en silice de certaines roches calcaires (meulière de Bord, au-dessus de Domme, meulière de la forêt de Bessède).

Versant de plateau calcaire avec altérites (coulée de grèze). Cl. M. Genty.

Les altérites : sidérolithique et sables du Périgord

Le sidérolithique (ou pierre de fer) est constitué d'argiles rouges et de pisolithes de limonite, parfois si nombreux qu'on a pu les utiliser comme minerai de fer. On le trouve à la surface des plateaux calcaires mais, plus souvent, il est accumulé dans des dépressions karstiques aussi bien dans le Jurassique que dans le Crétacé. Ces terrains correspondent à des résidus locaux d'altération des calcaires et à des apports extérieurs, des épandages fluviatiles. On pense que ces formations résiduelles ont été en partie l'œuvre de la corrosion au Secondaire et au début du Tertiaire, sous des climats de type tropical.

De couleur jaune ou ocre, les sables du Périgord sont surtout constitués de grains de quartz avec un peu d'argile et quelques éléments de silex. Ils proviennent essentiellement de l'altération des roches calcaires sableuses du Crétacé. Parfois, des meulières ont pu se former. Sous des climats tropicaux, la silice a pu être dissoute et aller enrichir certaines roches calcaires. Cela donne des carapaces extrêmement dures, comme dans le sud du Périgord, la table de meulière de Bord sur laquelle est installé l'aérodrome de Sarlat. En raison de la complexité locale de ces dépôts continentaux, les cartes géologiques ne sont pas toujours très explicites sur la nature de ces éléments d'altération et de dépôts, regroupés sous l'appellation « sidérolithique et sables du Périgord ».

L'héritage du Quaternaire

Les glaciations quaternaires ont joué un grand rôle dans l'érosion des thalwegs et le modelé des versants. Les plateaux calcaires sont aujourd'hui entaillés par une multitude de vallons sans écoulement apparent ; ces couloirs de vie agricole (les sols argilo-calcaires sont riches) ont été sculptés lors de périodes de grand écoulement sous des climats plus humides et aussi au moment des débacles d'été, lors des périodes glacières le sol restant gelé en profondeur. Les versants au profil doux se sont feutrés de petits éclats de roches enrobées d'argile : ce sont des coulées de grèzes liées aux phénomènes quaternaires de gel et de dégel : sous le nom local de castine, ces dépôts de versants sont utilisés comme matériau d'empierrement.

Le climat

Le climat périgourdin est tempéré. Les températures mensuelles moyennes varient de 3,4° en janvier à 21,3° en juillet. Les précipitations se distribuent assez régulièrement au long de l'année avec deux petites pointes au printemps et à la saison fraîche, d'octobre à janvier ainsi qu'une baisse sensible en été. Ce climat tempéré est surtout soumis aux influences océaniques en raison du passage de dépressions nées sur l'Atlantique mais il peut être aussi marqué par des invasions d'air froid venu des contrées septentrionales ou encore par l'installation d'anticyclones qui amènent soleil et temps sec.

A cause de son relief plus élevé, la partie « limousine » enregistre nettement plus de précipitations, un peu de neige à la saison froide et, dans l'ensemble connaît plus de fraîcheur. Le Bergeracois est plus chaud et cela plaît à la vigne. Quant au Sarladais constitué de roches calcaires qui emmagasinent bien la chaleur et de collines aux expositions méridionales, couvertes de beaux chênes verts, il donne parfois l'impression d'un pays méditerranéen.

Carte des températures et précipitations en Périgord

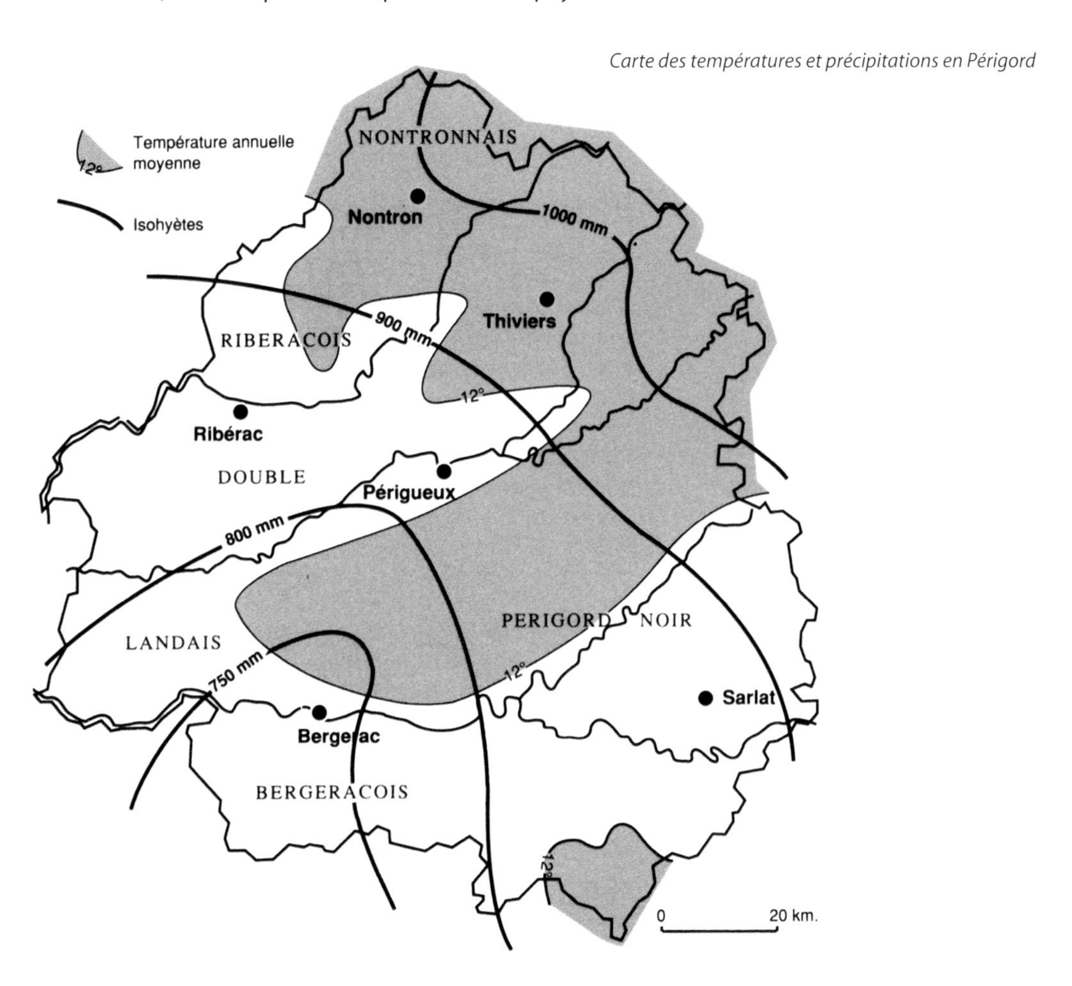

L'eau

Le Périgord est traversé par des rivières qui descendent des hautes terres du Massif central pour gagner l'océan Atlantique, et qui dessinent ainsi, avec une belle régularité, des lignes d'eau en diagonale courant du nord-est ou d'est vers le sud-ouest et l'ouest.

La Dronne. Cl. PNRPL.

La Dronne et l'Isle

Au nord-est, s'écoule la Dronne, aux eaux claires, lentes, poissonneuses dans sa traversée des campagnes calcaires du Ribéracois. Au centre, l'Isle a sculpté une belle vallée à terrasses larges, qui accueillent la grande route transversale de Bordeaux à Lyon (la N 89) des confins de la Gironde à Périgueux ; en amont de cette ville, l'Isle et ses affluents d'orientation sud-ouest/nord-est ouvrent des sillons vers le Limousin.

Mais le système fluvial majeur, le plus fourni en eau est celui de la Dordogne et de son grand affluent, la Vézère.

La Dordogne, le fleuve éponyme

La Dordogne est un véritable fleuve, long d'environ 450 km qui prend sa source dans les monts Dore et se joint à la Garonne au Bec d'Ambès pour former la Gironde. En Périgord, elle traverse de larges plateaux calcaires jurassiques et crétacés sur plus de 100 km, puis diverses formations géologiques tertiaires entre Bergerac et Sainte-Foy-la-Grande. La vallée est plus ou moins vaste en raison de l'inégale dureté des roches qui affleurent. Schématiquement, d'amont en aval, on rencontre les éléments suivants : de Carlux à Beynac, des calcaires crétacés santoniens et coniaciens ; puis, de Beynac à Saint-Cyprien, la rive droite est constituée de calcaires angoumiens et la rive gauche de calcaires jurassiques (la dissymétrie est liée à une faille) ; vers l'aval, apparaissent des calcaires marneux du Campanien et les calcaires gréseux du Maestrichtien, étage final du Crétacé.

A partir de Creysse et plus encore de Bergerac, les affleurements géologiques sont beaucoup plus tendres et la vallée a plusieurs kilomètres de largeur : il s'agit, au nord du fleuve, de formations sableuses (le Landais) et au sud, de molasses argilo-sableuses ; les unes comme les autres bordent la vallée par des coteaux aux formes plus douces que les falaises sculptées dans les calcaires crétacés. En Périgord, dans sa traversée des plateaux calcaires, la

La vallée de la Dordogne, depuis le château de Beynac. Cl. M. Genty.

Le débit moyen de la Dordogne
Il est de 350 m³/s à Bergerac mais, bien entendu, on observe de grandes variations selon les saisons : en été, au mois d'août, le débit peut s'effondrer à 100 m³ (57 m³ en 1979) ; mais, à l'inverse, les eaux sont abondantes l'hiver : on peut enregistrer souvent 1 100 m³ en décembre ou plus : 1 700 m³ en décembre 1981 et quelques pointes à 3 500 m³/s. Les hautes eaux sont liées à la vigueur des pluies en saison froide sur les hauts plateaux limousins et sur les montagnes d'Auvergne occidentale. Les mois les plus fournis sont donc décembre, janvier, février, mars mais il peut y avoir aussi de fortes poussées en automne si le pays est frappé par des dépressions en chaîne. Les neiges des monts Dore et du Cantal qui fondent en avril-mai, assurent le maintien des hautes eaux au printemps, d'autant plus que cette saison est souvent pluvieuse. L'été est la période des basses eaux : peu de pluies, chaleur et évaporation accentuées par les prises d'eau dans le fleuve pour l'irrigation. On a pu observer des débits de l'ordre de 20 m³/s à l'entrée en Périgord et de 60 m³/s à Bergerac.

Dordogne dessine de vastes méandres ou cingles (du latin *cingulum*, ceinture) : les falaises de couleur ocre ou blanche de la face concave affouillée par le fleuve contrastent avec les terrasses de la rive convexe où se déploient cultures et villages. Les plus beaux cingles sont ceux de Montfort et de Trémolat. La pente longitudinale du fleuve est de l'ordre de 0,50 m/km. Toutefois, lors du passage des roches crétacées secondaires aux roches tertiaires, le fleuve coule plus vite (la pente est de 1 m/km de Mauzac à Bergerac) avec une zone de rapides : le Pas de la Gratusse, près de Lalinde a été la terreur des bateliers du passé. Depuis le milieu du XIXe siècle, on a corrigé ce parcours par des barrages de basse chute à Mauzac, Tuilières et Bergerac et par quelques écluses installées sur un canal.

Le régime hydraulique du fleuve est de type océanique ; il est très lié aux pluies qui tombent sur le bassin versant, notamment sur les hauteurs du Limousin et de l'Auvergne.

Il a été modifié par la construction de barrages couplés à des usines hydro-électriques sur la haute Dordogne. Ces réservoirs qui fonctionnent par éclusées écrêtent les hautes eaux et soutiennent les basses eaux mais cela ne va pas sans inconvénients : il faut une demi-journée pour que les eaux aillent d'Argentat à Souillac et une journée de Souillac à Bergerac ; les lâchers trop forts bouleversent les pontes et la vie des alevins ; les eaux plus froides d'amont gênent, par un phénomène de choc thermique, certains groupes de poissons (les cyprinidés) mais favoriseraient les salmonidés ; on observe systématiquement les basses eaux le samedi et le dimanche quand les centrales ne « turbinent » plus ; enfin, les barrages d'amont arrêtent les sédiments qui contribueraient à la reconstitution des bancs de graviers dans le lit du fleuve[1].

La Vézère, un grand affluent

Dans sa traversée des plateaux calcaires du Périgord, la Dordogne ne reçoit que de petits affluents, à l'exception de la Vézère. La Vézère périgourdine est mondialement connue pour la richesse de son héritage préhistorique.

De Terrasson à Condat, la rivière coule dans un large couloir alluvial : champs de maïs et noyeraies entourent de multiples hameaux.

Après Condat, la Vézère traverse les plateaux de calcaires crétacés en un cours assez vif (de 80 m d'altitude, elle descend à 50 m au Bugue). C'est un sillon de lumière et de verdure avec une succession de défilés, de petits bassins jusqu'au Bugue ; la vallée prend un peu plus d'ampleur avant la confluence de Limeuil. Son débit varie d'une dizaine de m³ en été jusqu'à 80 m³ en moyenne en février ; mais elle peut connaître des crues sévères quand il pleut beaucoup sur le Massif central d'où elle vient.

Page de droite, damier de cultures dans la vallée de la Vézère près de Saint-Léon-sur-Vézère, depuis la côte de Jor et entre Condat et Montignac (en bas). Cl. M. Genty.

1. On a désormais interdit toute extraction pour mettre fin à la destruction des frayères. Par ailleurs, l'EDF ne doit pas faire trop baisser les débits du fleuve : 10 m³/s à Argentat, 60 à Bergerac

Fontaine de Ladoux, résurgence du Coly. A droite, le Coly. Cl. D. et M. Genty.

Bouchon de travertin en aval du Coly. Cl. M. Genty.

La source vauclusienne du Coly

Au lieu-dit La Doux, le long de la route de Coly à la Cassagne, on peut voir un petit bassin d'eau de 25 m de circonférence, signalé comme la source d'une petite rivière, le Coly, qui se jette dans la Vézère à Condat. La Doux signifie fontaine (du latin *duc*) et on compte plusieurs La Doux en Périgord.

Cette vasque d'eaux claires (7 m de profondeur) est l'émergence, la réapparition d'eaux qui se sont infiltrées dans les calcaires jurassiques de la partie nord-ouest du causse de Martel ; on estime que le bassin d'alimentation est de l'ordre de 80 km^2 (8 000 ha), constitué d'une partie amont formée d'une plate-forme tabulaire riche en dolines vers Jayac et Nadaillac (petites cavités de dissolution où les eaux s'infiltrent, mais qui peut porter des champs sur les argiles rouges de décalcification) et d'une partie aval sculptée en vallées sèches (longues, déprimées, sinueuses en contrebas de versants, sans écoulement actuel, mais relativement humides en profondeur).

Le module moyen du débit de l'émergence est de 1 m^3/seconde, mais l'écoulement peut varier de 50 l/s à 5 000 l/s. La température de l'eau est proche de 14° ; le pH est entre 7,5 et 8,3 ; la teneur en CO_2 dissous est forte ; cette eau sursaturée à un fort pouvoir incrustant.

Une grande expédition de découverte a été montée en 1991. Grâce à un nouvel appareil respiratoire à circuit semi-fermé, des spéléologues ont remonté la galerie d'alimentation sur 4 055 m. C'est un des plus longs siphons du monde. Trois secteurs sont apparus : une galerie d'entrée peu profonde (- 10 m), de forme rectangulaire ; un puits vertical ; enfin une galerie noyée à une profondeur de - 45 à - 60 m.

De la résurgence de La Doux de Coly naît la rivière de Coly, aux eaux limpides et fraîches, très appréciées des truites.

Au débouché du Coly dans la Vézère, s'est formé un spectaculaire gradin de dépôts calcaires qu'on appelle un travertin ; la rivière le franchit par une petite cascade.

Des eaux poissonneuses

La Dordogne est alimentée par des résurgences qui réapparaissent dans la vallée, sur les berges, dans le fond ou encore dans des bras morts. Ces derniers, appelés « couasnes », sont des témoins d'anciens tracés du fleuve : ils restent en relation avec lui par l'aval, et, quand il y a des hautes eaux, par l'amont : ces eaux sont riches en poissons ; elles servent de frayères et sont souvent classés réserves de pêche.

Les espèces de poissons varient selon les secteurs. Les poissons sédentaires appartiennent à l'espèce des cyprinidés (gardon, carpe, ablette, brème, rotengle, goujon), des salmonidés (truite fario) et il y a aussi des black bass, des perches soleil, des poissons-chats, des brochets, des sandres.

*La Dordogne accueille aussi des poissons migrateurs. Il y a des frayères à lamproie près de Gardonne et du Fleix mais qui seraient menacées par l'extraction de graviers. Il y a aussi des frayères à aloses entre Gardonne et Bergerac, aussi bien pour la grande alose (*alosa alosa*) que pour l'alose feinte (*alosa fallax fallax*) qu'on appelle aussi gat. Ces poissons font l'objet d'une pêche au filet, surtout au printemps.*

Enfin, la Dordogne est aussi un fleuve à saumon ; ce poisson était abondant dans le passé mais il s'est raréfié avec la baisse de la qualité des eaux (rejets des villes et de la Poudrerie de Bergerac) ainsi qu'avec les obstacles que constituent les barrages de Bergerac et de Tuilières et ce, malgré les échelles à poissons. On a refait ces dernières et on alevine en jeunes saumons en espérant que le fleuve retrouvera sa faune originelle.

Pour parfaire la reconquête biologique du fleuve, un organisme multi-régional, créé en 1991, regroupant les six départements concernés par la rivière (Puy de Dôme, Cantal, Corrèze, Lot, Dordogne et Gironde), EPIDOR (Établissement public interdépartemental de la Dordogne), installé à Castelnau-la-Chapelle, arbitre entre les différents utilisateurs du fleuve avec l'aide d'une charte de 200 articles signée par une multitude d'acteurs privés et publics. Le combat pour la réhabilitation du fleuve semble bien engagé.

Saumons et tacons.
A gauche, lamproies marines.

Cl. EPIDOR/ EPTB Dordogne, A. Bordes.

Bois et forêts

La Dordogne est le quatrième département forestier de France, avec une superficie boisée de l'ordre de 400 000 ha (après les Landes, la Gironde et le Var). Le taux départemental de boisement est voisin de 40 % mais peut varier, selon les communes, de 0 à 75 %.Les trois quarts des bois sont constitués de feuillus.

Les essences sont souvent mélangées. Les deux tiers de la forêt périgourdine sont constitués de peuplements très variés, ce qui est gênant pour l'exploitation rationnelle du bois mais séduisant pour la richesse des paysages, la variété des faunes et des flores, l'agrément du promeneur. Il y a toutefois des bois homogènes : ceux de pins maritimes de la Double, ceux de chênes pubescents ou de chênes verts en Sarladais.

Un autre trait spécifique de la forêt périgourdine est son émiettement en multiples boqueteaux qui alternent avec champs et prairies. Quelques exceptions avec les forêts massives de la Double, de la Bessède, de Liorac près de Bergerac, de Lanmary près de Périgueux ou de Born près d'Hautefort. Certes, l'exploitation forestière est techniquement et économiquement entravée par cette diversité, cette atomisation des parcelles boisées mais, en revanche, quels beaux milieux pour la flore, la faune... et le tourisme rural.

On soulignera enfin l'importance des taillis (deux tiers de la surface forestière) et la faiblesse relative des futaies ; celles de pins maritimes se retrouvent dans la Double et le Landais, celles de chênes pédoncules autour de Belvès, d'Hautefort ou encore dans la Double... Ailleurs, on a des taillis simples ou associés à quelques arbres (taillis sous futaie). Ces feuillus de châtaigniers ou de chênes ont le pouvoir d'émettre, à partir de la souche coupée, des branches en « bouquet » (une cépée), mais la régénération dure de 30 à 50 ans. Bien travaillés, les taillis de châtaigniers peuvent apporter de bonnes ressources en bois ; les taillis de chênes pubescents ou de charmes sont jugés plus médiocres.

Les essences

Les chênes sont de loin l'essence dominante ; chêne pédoncule surtout (près de 40 % de la surface des feuillus), chêne pubescent (environ 20 %), puis chêne tauzin, rouvre, chêne vert. A ces chênes, il convient d'ajouter d'importants peuplements de châtaigniers et quelques groupements de hêtres, de bouleaux, de frênes ainsi que de robiniers ou faux acacias, des charmes, des aulnes, appelés vergnes localement. Les résineux dont la superficie totale est de l'ordre de 100 000 ha, sont pour l'essentiel des pins maritimes ; s'y ajoutent des pins sylvestres, des pins noirs d'Autriche, quelques sapins, épicéas et mélèzes.

L'essence dominante : le chêne

Les sols, l'altitude, les données climatiques règlent en grande partie la distribution géographique des essences. Le chêne pédoncule (*quercus pedunculata*) est très répandu en Périgord, car, bien adapté au climat atlantique à l'humidité assez constante ainsi qu'aux sols profonds, siliceux ou argilo-sableux ; il vient bien sur les placages de sidérolithique du Périgord central, dans les sables de la Double ou du Pays de Belvès. Il est souvent associé à d'autres chênes ou d'autres feuillus. Il souffre toutefois de son « débourrage » précoce et il est parfois victime des gels tardifs qui limitent son parfait développement.

Chênes pubescents sur coteaux calcaires Cl. M. Genty.

Ces bois de chênes pédoncules offrent un couvert relativement dense, sous lequel poussent la fougère aigle, les ajoncs d'Europe, la callune en milieu moyennement humide, l'alisier et la bourdaine en sous-sol humide.

L'autre grande essence de chêne en Périgord est le chêne pubescent (*quercus pubescens*) ; il est surtout représenté au sud-

Point de vue dans le Mareuillais.
Cl. Parc naturel régional Périgord-Limousin (PNRPL).

est du Périgord car c'est un amateur de chaleur et de lumière, une plante sub-méditerranéenne. S'il trouve des sols profonds et argilo-sableux, il se développe bien, mais un peu moins que les grands chênes pédoncules. Mais, la plupart du temps, il ne trouve en Sarladais, sur les plateaux calcaires du Périgord noir, que des sols maigres ; il s'en contente et prend alors des formes rabougries. Il est un élément des formations végétales des calcaires (les garrissades) avec les genévriers, les cornouillers, les églantiers, les viornes ainsi qu'avec une strate herbacée où éclatent en juin diverses orchidées et papilionacées. Rappelons que le chêne pubescent est ici, assez souvent, le chêne truffier. Ajoutons que la valeur calorifique de son bois est exceptionnelle.

Une autre essence de chêne spécifique au Périgord noir est le chêne vert (*quercus ilex*) ou yeuse. Cette essence exige luminosité et chaleur ; c'est une espèce méditerranéenne qui est ici en position très périphérique par rapport à son aire d'origine. Elle occupe des rebords de plateaux, des versants secs de vallées, des petits sommets gréso-sableux (les pechs). Ces chênes verts contribuent, avec les troncs tordus et sombres des chênes pubescents à assombrir certains paysages du Sarladais, d'où, semble-t-il, l'appellation Périgord noir.

Une dernière variété de chênes s'observe encore en formation assez fournie en Périgord : c'est le chêne tauzin *(quercus toza)*. Il est calcifuge et ne prospère que sur les sols argilo-sableux. Il aime l'humidité et il est très sensible au gel. Son débourrage est bien plus tardif que celui du chêne pédoncule. On peut en rencontrer dans la Double et sur les plateaux argilo-sableux du Périgord central.

Châtaigniers et autres feuillus

Parmi les autres feuillus, le châtaignier *(castanae sativa)* occupe la première place. On l'avait un peu favorisé dans le passé car il procurait une nourriture d'appoint fort appréciée. C'est une essence de sols siliceux car l'arbre n'aime pas le calcaire. On le rencontre sous forme de taillis plus que de futaies depuis le déclin des grandes châtaigneraies décimées par la maladie de l'encre et négligées à la suite de l'effondrement de la consommation de châtaignes. Les taillis occupent de vastes surfaces sur des sols siliceux en Périgord central (la forêt Barade), dans le Périgord vert et le Sarladais. L'arbre est souvent associé au chêne pédoncule et au pin maritime. Les sous-bois sont relativement pauvres : fougère-aigle, callune et bruyère cendrée, ajonc d'Europe et certaines mousses où se dissimule le cèpe tant apprécié.

La panoplie des feuillus en Périgord comprend encore des charmes (dans les fonds frais et humides), des hêtres (en Périgord vert), des bouleaux en boquetaux du côté de Lanouaille, des essences de bords de rivières : peupliers, saules, frênes, aulnes ; comme partout, les ormes ont été victimes de la graphiose (invasion par un champignon des canaux où circule la sève).

Page de gauche, châtaigniers dans le Parc naturel régional Périgord-Limousin. Cl. PNRPL.
À droite, lichens sur un peuplier de la vallée de la Vézère. Cl. D. Genty.

Le Périgord est aussi riche de forêts de résineux. L'essence la plus répandue, et de très loin, est le pin maritime. Celui-ci aime les sols acides et légers, particulièrement les sables ; on le rencontre en peuplements homogènes dans la Double et le Landais où, à l'instar des Landes, on a opéré de grands boisements dès la fin du siècle dernier ; ailleurs, le pin maritime est mélangé aux chênes pédoncules et tend à remplacer le châtaignier. Les sous-bois sont constitués de fougères aigles, d'ajoncs d'Europe et de callunes ; l'humus se décompose lentement et l'acidité est forte.

Les autres types de résineux sont beaucoup moins représentés en Périgord. Sur les sols calcaires du Sarladais, souvent pierreux et maigres, se développent le pin sylvestre, le pin noir d'Autriche et le pin laricio. Sur les hautes terres du Périgord vert, prospèrent des plantations de sapins (le sapin pectine, le Douglas) et d'épicéas.

Chemin forestier.
Cl. PNRPL.
A droite, mousse sous couvert forestier
près de Saint-Amand-de-Coly.
Cl. D. Genty.

Pâturage dans une vallée limousine.
Cl. PNRPL, P. Méchineau.
A droite, mousse sous couvert forestier
près de Saint-Amand-de-Coly.
Cl. D. Genty.

Cèpes.
Cl. P.-M. Chineau, PNRPL.
A gauche, recherche des truffes.
Cl. M. Genty.

Morilles au printemps.
Cl. M. Genty.

Oronges ou amanites des Césars.
Cl. M. Genty.

Un milieu privilégié pour les champignons

Grâce à ses forêts de chênes et de châtaigniers, la Dordogne offre, à la belle saison, pour peu qu'il pleuve suffisamment, une belle variété de champignons : les plus recherchés sont les cèpes, qui alimentent un grand marché à Villefranche-du-Périgord, mais aussi les girolles ou encore les délicieuses oronges ou amanites des Césars. Et, au début du printemps, dans les haies ou prés, là où il y a de vieux ormeaux, on peut trouver les morilles blondes ou brunes.

Une société mycologique dynamique anime des sorties sur le terrain.

La *tuber melanosporum* ou truffe du Périgord est activement recherchée entre novembre et février. C'est un champignon souterrain dont le *mycelium* vit en symbiose avec certains arbres poussant en terrain calcaire, comme le chêne pubescent, le chêne vert, le noisetier, voire le pin noir d'Autriche, le charme ou le tilleul. Grâce aux travaux de l'INRA et des techniciens de la Chambre d'Agriculture, on plante de plus en plus de petits arbres myccorhisés, c'est-à-dire possédant des myccorhises, tout petits organes provenant de la colonisation des racines par les filaments du mycélium du champignon. Pendant plusieurs années, le mycélium présent dans les myccorhises va se développer : la truffe qui est le « fruit » du mycélium n'apparaît qu'après une longue période, au minimum 5 ans, souvent 10 ans, parfois 15 ou 20 ans.

La recherche des truffes ne se fait plus avec le cochon mais avec l'aide de chiens « truffiers ». On peut aussi les trouver, en repérant, sur le brûlé, avec une longue baguette la présence de mouches rousses qui viennent pondre justement à l'aplomb de la truffe mûre pour que leurs larves puissent s'en nourrir. Ensuite, il suffit de gratter (jusqu'à 10 cm en général) pour ramasser le précieux champignon.

Pays et paysages

La grande diversité des roches, la longue histoire géologique permettent de comprendre qu'il n'y a pas un seul Périgord, trop souvent réduit à des collines calcaires, mais que cette province est plurielle. La mosaïque peut être présentée en suivant la pente générale des eaux qui conduisent du Massif central à l'océan Atlantique.

Le Périgord limousin ou Périgord vert

Des hautes terres de roches anciennes

Sous ce vocable qui évoque les prairies et les forêts dans un camaïeu de vert, on désigne les hautes terres de roches anciennes, de 200 à 500 m, qui, au nord et à l'est sont à proprement parler limousines par leurs roches anciennes, leur modelé aux lourdes convexités, leur occupation du sol à dominante de bois, de prairies ceinturées de haies, bref des paysages de bocage où d'ailleurs paissent des vaches de race limousine. C'est Jules Verne qui, un des premiers, a employé ce terme de Périgord vert, mais ce sont les campagnes de promotion touristique qui ont popularisé cette appellation.

A l'est, du côté de Lanouaille et de Saint-Mesmin, les schistes, gneiss et granité sont modelés en plateaux à lourdes croupes (300-350 m), vigoureusement entaillées par les traits de scie des rivières (Auvezère, Loue, Isle) qui y ont sculpté des gorges très pittoresques aux eaux rapides se prêtant parfois à de téméraires parcours de canoë-kayak.

A l'ouest, du côté de Nontron, les plateaux constitués souvent de granité déroulent leurs vastes ondulations entre 250 et 300 m ; les roches ont parfois été altérées en arènes sableuses déblayées en partie par l'érosion en laissant en saillie des chaos pittoresques de boules de granités comme le Chapelet du Diable et le Roc Branlant à Saint-Estèphe. Des petits bassins en alvéoles se sont formés et des gorges au profil en V comme celle du Bandiat, de la Dronne, accidentent le pays.

Le Parc naturel régional Périgord-Limousin

Ce Parc s'étend sur 78 communes à cheval sur les départements de la Haute-Vienne et de la Dordogne, au cœur du triangle formé par les villes de Périgueux, Limoges et Angoulême.

Il est né d'une volonté locale des élus, associations et habitants de promouvoir un développement durable du territoire fondé sur la protection et la valorisation de son patrimoine naturel, paysager, culturel et historique. Ce projet est transcrit dans la charte du Parc, approuvée en 1998 par l'Etat, les conseils régionaux de l'Aquitaine et du Limousin, les conseils généraux de la Dordogne et de la Haute-Vienne et les 78 communes (auxquelles s'ajoutent six villes-portes et un territoire associé) qui constituent le Parc.

Le Périgord-Limousin tire sa grande richesse naturelle de sa situation de contact entre des facteurs géologique, hydrologique et climatique contrastés. La diversité que procure à ce territoire sa situation de transition est complétée à une échelle plus fine par un paysage « en mosaïque », façonné par l'homme à travers des activités traditionnelles. Ici plus qu'ailleurs, la nature est « sur le pas de la porte ». Le territoire du Parc naturel régional Périgord-Limousin présente un réseau de milieux naturels d'intérêt écologique fort, souvent discrets mais bien présents, qui concentrent nombre d'habitats naturels d'intérêt européen, et d'espèces végétales et animales d'intérêt patrimonial majeur.

Falaise calcaire à Aucors, commune de Beaussac. Cl. PNRPL.

Iris jaune, ophrys mouche et fritillaire pintade (pages précédentes). Cl. PNRPL.

Au sud-ouest, le Parc se distingue par la présence de coteaux calcaires recouverts de pelouses et de landes à genévriers qui rappellent les paysages de causse. On observe sur ces milieux, qui abritent jusqu'à 30 espèces végétales différentes au mètre carré, une faune aux affinités méditerranéennes comme le lézard ocellé. Les vallées sédimentaires de la Nizonne et du Boulou, encadrées ça et là de falaises calcaires, offrent une variété remarquable de milieux humides encore fréquentés par l'une des espèces les plus menacée en Europe : le vison d'Europe.

Sur le socle cristallin, les paysages s'organisent autour de vallées étroites et encaissées (gorges de l'Isle, de la Dronne et du Bandiat) et de vastes plateaux dominés par les boisements et les prairies vouées à l'élevage de bovins limousins. Des chaos granitiques animent par endroit le cours des rivières dont les eaux recèlent une faune exceptionnelle comme la moule perlière, le cincle plongeur ou la loutre d'Europe. L'imperméabilité du sous-sol est à l'origine d'un important réseau de petites zones humides dont des prairies tourbeuses et des landes à bruyères qui abritent une flore remarquable (drosera, gentiane pneumonanthe...).

Le Parc naturel régional Périgord-Limousin porte une attention particulière à la préservation du fragile patrimoine paysager et naturel de ce territoire. L'action du Parc passe par l'acquisition et la diffusion de connaissances, la sensibilisation, le conseil aux collectivités, expertise et avis sur projets... tant dans les domaines de l'urbanisme, de la gestion des milieux aquatiques et de la ressource en eau, que de la gestion des milieux naturels et des espèces. Outre des projets relevant de problématiques environnementales, le Parc agit aussi en faveur de la valorisation du patrimoine culturel, du développement économique et touristique et de la promotion des activités artisanales et agricoles à l'aide d'outils spécifiques qu'il est en mesure de mettre en œuvre comme la marque Parc.

Michel Moyrand,
président du Parc naturel régional Périgord-Limousin

Des formations végétales typiques

Toute cette marche limousine est affectée par un climat frais et humide (souvent plus de 1 m de précipitations) qui favorise, sur des sols acides plus ou moins profonds, certaines formations végétales typiques : des bois de chênes, de hêtres et, plus souvent encore, de châtaigniers, de résineux de reboisement comme les épicéas ou les pins sylvestres ; sur les espaces plats, des landes d'ajoncs et de bruyères et dans les endroits les plus humides des fonds, des joncs et des roseaux. Dans les sous-bois, fleurissent muguet, digitale, gentiane, campanule, arnica.

Les hameaux des agriculteurs sont installés sur des replats. Tout autour, le manteau forestier est troué de prairies permanentes et de cultures fourragères : l'élevage de bovins pour la viande est la grande activité, mais il y a aussi, de-ci, de-là, des champs de fraises ainsi que de grands vergers de pommiers comme à Essendiéras, entre Excideuil et Lanouaille.

A la belle saison, le tourisme anime ces hauts plateaux, autour d'étangs et de plans d'eau aménagés en bases de loisirs (Saint-Estèphe, Rouffiac à Lanouaille, Miallet...).

Le Bandiat.
A gauche, le lac des Nouailles.
Cl. OT Nontron.

Les pays de bordure du Périgord vert

Un paysage tout en douceur

En contre-bas des hautes terres du Périgord vert qui les dominent par des abrupts de faille, de petits bassins ont été excavés par l'érosion dans des roches tendres (argiles et marnes du Lias) ; celles-ci sont d'étendue limitée car les roches calcaires affleurent très vite au sud-ouest. Ainsi s'alignent en chapelet, selon une diagonale grossièrement nord-ouest, sud-est, des dépressions de taille minuscule : celles de Saint-Pardoux (avec la Dronne), de Saint-Jean-de-Côle, de Corgnac (sur l'Isle), d'Excideuil sur la Loue, de Cubas (sur l'Auvezère).

Le contraste est saisissant avec les croupes du Périgord limousin : sur des sols argilo-calcaires, en position climatique d'abri, à 150 m d'altitude seulement, ces petites conques sont pleines d'aménité avec leurs champs de céréales, de tournesols, leurs prairies et surtout leurs alignements de noyers, l'arbre d'or du Périgord.
Tout à fait à l'est, le contact entre le massif ancien et l'auréole sédimentaire s'opère par une dépression plus grande et plus complexe : celle du bassin de Brive qui ne concerne ici, en Dordogne, que les cantons de Hautefort et de Terrasson. C'est un pays attachant de buttes (comme celle qui porte le château d'Hautefort) et de collines, les premières surtout sculptées dans les calcaires durs du Lias et les secondes diversement entaillées dans des grès rosés et des argiles rouges du Permien et du Trias. Sur ces terres bosselées, les forêts de châtaigniers ou de chênes occupent les pentes les plus vives tandis qu'une polyculture à large palette est pratiquée sur les espaces plats (maïs, tournesol, élevage bovin, petits vergers de noyers).

Les petits causses périgourdins

Des plateaux aux sols maigres et pierreux

Dominant ces petites dépressions, sur leurs bordures ouest et sud, des petits plateaux calcaires offrent en mode mineur des paysages qui rappellent ceux des causses du Quercy. Comme eux, ils sont constitués d'épaisses couches de calcaires jurassiques (Bajocien, Bathonien), ils sont modelés en gros versants convexes grisâtres tout encombrés de pierrailles et inégalement tapissés de végétation assez chétive et xérophile car les eaux s'infiltrent rapidement dans ces roches très fissurées. Sur ces plateaux aux sols maigres et pierreux poussent des genévriers, des prunelliers ainsi que des taillis de chênes pubescents à la croissance très lente ; ces *garissades* comme on les appelle parfois prennent plus de vigueur quand les calcaires sont recouverts de dépôts tertiaires argilo-sableux ; des sous-bois de bruyères et de fougères apparaissent alors. Sur ces petits causses, se développe aussi très bien le chêne truffier. De multiples vallées très ramifiées ainsi que de petites dépressions circulaires, les dolines, accidentent un peu ces plateaux : aujourd'hui sèches, constituées de sols d'argile rouge

Pelouse calcaire dans le Mareuillais. Cl. PNRPL.

et de fragments de calcaire, elles sont des couloirs agricoles complantés de noyers et où on cultive quelques vignes.

Des rivières aux eaux claires découpent ces causses en petites tables. L'Auvezère, l'Isle ou encore le Céou coulent au milieu de petites plaines alluviales minutieusement travaillées ; elles sont bordées par des falaises assez raides d'où jaillit parfois quelque source ou résurgence. Il est vrai que les phénomènes de karstification sont développés dans ces calcaires jurassiques : gouffres, grottes, réapparition d'eaux après des parcours souterrains plus ou moins mystérieux : source du Coly à Ladoux, de la Glane à Coulaures, etc.

Ces affleurements de calcaire jurassique qui engendrent des paysages de causses ne représentent qu'un liseré modeste au nord entre Nontron et Thiviers mais peuvent prendre plus d'ampleur vers Savignac-les-Églises puis dans le causse de Thenon, de Jayac (c'est une partie du causse de Martel) enfin, tout au sud, dans le causse de Daglan. A leur tour, ces causses sont dominés à l'ouest par les affleurements des calcaires crétacés aux faciès très divers. Les inégalités de résistance des roches ont été mises à profit par l'érosion pour offrir une gamme de petits pays de Périgord crétacés aux personnalités bien affirmées : il y a un Périgord blanc, un Périgord noir et, entre les deux, empruntant ses caractères aux deux précédents, un Périgord central, le cœur même de la province.

Orchidées sur le causse. Cl. M. Genty.

Le Périgord blanc ou Ribéracois

Des plateaux aux larges horizons

Au nord-ouest, de part et d'autre de la Dronne moyenne, le Ribéracois est un pays de plateaux (150 m, 200 m d'altitude) aux larges horizons et aux douces collines blanchâtres ; ce sont les calcaires crayeux du campanien et du santonien qui donnent à ces campagnes, surtout au moment des labours, cette couleur blanche que l'on retrouve bien sûr sur les flancs des vallées, là où la roche affleure.

Ce Périgord blanc est le domaine de la grande culture céréalière mécanisée (céréales, colza, prairies artificielles). La douceur de sa lumière plus ou moins tamisée fait penser à la Saintonge voisine. C'est un vaste damier de champs ouverts, ponctué de quelques restes de landes à genévriers et de boqueteaux de chênes pédoncules. Les belles maisons en pierre de taille blanche et à tuiles canal, un peu abandonnées lors d'un exode rural très marqué, sont souvent reprises par des amateurs de résidences secondaires, dont une petite colonie d'Anglais.

La Dronne, aux eaux claires et lentes, alimentées de résurgences multiples, traverse le Périgord blanc par une belle vallée à falaises blanchâtres, avec des paliers d'alluvions bien cultivés.

Pour être complet, signalons qu'en deux endroits, à la suite de mouvements géologiques qui ont engendré deux petits dômes, les roches jurassiques réapparaissent : à Mareuil et à Chapdeuil-La Tour Blanche, deux « boutonnières » ont été évidées en deux petites dépressions entourées d'auréoles rocheuses calcaires.

Tournesols. Cl. D. Genty.

Le Périgord noir ou Sarladais

De hautes collines habillées de forêts

Le Périgord noir tire son nom du caractère sombre de ses forêts de châtaigniers, de pins maritimes et surtout de chênes, petits chênes pubescents au tronc noir qui gardent leurs feuilles mortes dorées tout l'hiver ou bien encore, dans les endroits exposés au midi, chênes verts aux feuilles persistantes.

Au sud-est de la Dordogne, entre Vézère et Dordogne, mais aussi au sud du fleuve (on peut en discuter), le Périgord noir est un monde de hautes collines massives à 300 m d'altitude, armées de calcaires coniaciens et maestrichtiens, de couleur souvent jaune ou dorée dont on goûte toutes les nuances dans les pierres blondes des vieilles demeures de Sarlat.

Un grand manteau forestier assombrit ces hauteurs parfois recouvertes de placages d'altérites ; les agriculteurs mettent surtout en valeur les vallées sèches ou quelques petites plaines issues de l'érosion dans les grès tendres du Coniacien et souvent accidentées de petites buttes en tronc de cône correspondant à des grès durs. Au sein de forêts riches en champignons, les clairières de cultures sont consacrées au tabac, au maïs, à l'élevage bovin ou à celui des canards et des oies ; le noyer est omniprésent.

Une vallée sèche près de Saint-Amand-de-Coly. Page de droite, vallée de la Vézère entre Condat et Montignac. Cl. M. Genty.

Les plateaux calcaires de ce Périgord noir ont été profondément entaillés par la Dordogne et la Vézère qui multiplient méandres et sinuosités. Jusqu'au Bugue, la Vézère est un étroit couloir de terres alluviales, encadré de falaises toutes cariées d'abris sous roche, de grottes à concrétions et, souvent, de multiples formes d'occupation préhistorique (de Montignac aux Eyzies mais aussi dans les vallées affluentes des Beunes).

La vallée de la Dordogne est plus ample, plus somptueuse, avec ses grandes murailles calcaires dessinant des cingles, sortes de grands amphithéâtres concaves comme à Trémolat ; des villages s'accrochent aux parois, tels ceux de La Roque Gageac ou de Beynac, surplombé par un château médiéval. Sur les terres alluviales irriguées l'été à partir des eaux du fleuve, alternent maïs, champs de tabac et encore, noyers et tournesols ; partout, des troupeaux de canards et d'oies.

Cingle de Trémolat.
Cl. M. Genty.

La beauté des paysages est rehaussée par celle des maisons paysannes aux murs de pierre ocre, aux toits de tuiles plates ou parfois encore de lauzes (dalles de calcaire) ; au milieu des champs, on peut voir d'harmonieuses cabanes rondes en pierre sèche (des bories), modestes abris dont l'origine se perd dans la nuit des temps.

On peut aussi rattacher au Sarladais ce qu'on appelle quelquefois le « pays au Bois de Belvès ». Au sud-est de la Dordogne, les calcaires crétacés sont recouverts de dépôts de sables, de graviers, d'argiles qui portent de grandes forêts de châtaigniers et de pins maritimes. Le plateau en meulière de la Bessède est aussi marqué par des landes et des forêts.

Le Périgord central

Vallée et bas plateau

De part et d'autre de la vallée moyenne de l'Isle, avec des traits physiques participant du Périgord blanc et du Périgord noir, s'étend un petit pays centré sur la ville maîtresse du Périgord : Périgueux.

Étroite en amont, la vallée de l'Isle s'élargit à l'aval de Périgueux : rives concaves et convexes alternent, multipliant les contrastes entre falaises et paliers d'alluvions. A environ 130 m d'altitude, la vallée est tout à la fois un large corridor de voies de communications et un couloir agricole où l'on retrouve tous les éléments de la polyculture périgourdine, actuellement « mitée » par le développement de l'urbanisation, petites villes industrielles comme Saint-Astier, Neuvic, Mussidan ou banlieues de Périgueux ;

ces dernières se font plus facilement glissées dans les espaces plats de la vallée, donnant à la ville une forme de fuseau.

Au nord et au sud de cette vallée de l'Isle, à l'intérieur d'un polygone Brantôme, Mussidan, Vergt, Thenon, Sorges, ce cœur du Périgord se présente comme un plateau assez bas (200, 250 m), modelé en longues croupes et fortement buriné par des vallées sèches. Beaucoup de bois subsistent et même encore de vastes forêts comme celle de Lanmary au nord de Périgueux ou la forêt Barade, autour de Vergt, hantée par les loups au XIXe siècle.

Sur les croupes de calcaires crétacés du Campanien, aux sols argilo-calcaires minces, pousse une végétation relativement chétive de genévriers, de chênes pubescents et quelques plantes épineuses. Quand les collines sont feutrées de gros dépôts siliceux, les forêts sont plus fournies (châtaigniers, chênes rouvres, pins maritimes de reboisement) et les sous-bois s'ornent de fougères et de bruyères. Les clairières de cultures correspondent aux vallées sèches de sols argilo-calcaires épais ainsi qu'aux nouveaux espaces conquis sur les forêts de châtaigniers et destinés surtout à la culture des fraises.

Brantôme dans la vallée de la Dronne. Cl. Spad'zone.

Double et Landais

Deux petits pays d'étangs et de forêts

Tout à l'ouest de la grande diagonale de calcaires crétacés qui arme le Périgord et dont nous avons vu les subdivisions colorées, s'étendent deux petits pays au milieu naturel original et qui, eux aussi, sont partie intégrante de la province des « Pétrocores ». Il s'agit, de part et d'autre de la vallée de l'Isle, de la Double au nord et du Landais au sud.

Les forêts sont omniprésentes et masquent le relief qui, ici, manque singulièrement de vigueur. A 100, 130 m d'altitude dans la Double et 70, 100 m dans le Landais, en contrebas d'une cinquantaine de mètres des coteaux calcaires crétacés qui les dominent plus à l'est, de douces collines ont été modelées dans une masse de sédiments détritiques descendus du Limousin à l'Ère tertiaire, sables, graviers, argiles accumulés sur 60 à 80 m d'épaisseur au pied d'une grande flexure qui ploie les roches sédimentaires crétacées vers le sud-ouest.

Dans ces pays de croupes très molles, le drainage se fait mal et les eaux stagnent, dans les parties en amont des vallées, en traînées marécageuses ou nauves encombrées de joncs, en étangs aménagés pour la pêche et les loisirs comme le grand étang de La Jemaye. Il y a, sur les parties drainées, quelques landes de bruyère mais, plus souvent, des bois de chênes tauzins, de charmes, de châtaigniers et de pins maritimes plantés dès la fin du XIXe siècle à la place de landes ; ces derniers ont été gemmés dans le passé et le vocable landais utilisé pour désigner ces espaces boisés au sud de la vallée de l'Isle évoque, bien sûr, les Grandes Landes de Gascogne boisées et exploitées de la même façon.

Quelques fermes isolées en torchis ou brique, parfois quelques hameaux, découpent les clairières : prairies naturelles et cultures fourragères permettent l'élevage bovin ; mais l'occupation de sol est faible dans ces pays d'étangs et de forêts.

Large de plusieurs kilomètres, la vallée de l'Isle s'est facilement étalée dans ces formations tendres d'argiles et de sables ; sur de larges terrasses, l'agriculture peut aisément déployer ses parcelles de maïs, de prairies artificielles et l'élevage bovin est assez développé. De belles maisons à colombages et à toits de tuile canal descendant très bas, témoignent d'une certaine aisance.

Périgord pourpre ou Bergeracois

Au sud-ouest du département, les paysages du Bergeracois préparent ceux du Bordelais et de l'Agenais. La présence d'un grand vignoble a suggéré, assez récemment, le vocable de « pourpre » pour désigner cet autre morceau du Périgord, très original et différent des autres Périgord.

L'axe majeur est la large vallée de la Dordogne (5 km), de Lalinde à Sainte-Foy-la-Grande. Plusieurs paliers de terrasses portent des vignobles et surtout de grands vergers d'arbres fruitiers (pêchers, pruniers), des cultures légumières, du tabac ainsi que

Vignoble du Bergeracois. Cl. Comité départemental du Tourisme et CIVRB, Burdin.

Lac de l'Escourroux, proche de la bastide d'Eymet.
A gauche, pont roman sur le Dropt.
Cl. OT Eymet, G. Lallemant.

des champs de maïs et de belles prairies. La vallée, bien abritée, donne une impression d'opulence ; malheureusement, de multiples constructions liées à la périurbanisation s'alignent de manière désordonnée le long de ses routes.

Au nord de la vallée, les cantons de Vélines et de Villefranche-de-Longchat offrent une multitude de coteaux et de petites tables sculptés dans les calcaires et les molasses (sortes de grès tendres) du Tertiaire ; selon les pentes et la qualité des sols, il y a des bois, des vergers ou, de plus en plus, des vignes.

Au sud de la vallée de la Dordogne, les molasses et les calcaires sont aussi modelés en coteaux et buttes. A proximité de Bergerac, le grand vignoble de Monbazillac s'étale sur les pentes méridionales. Au-delà du front viticole, les pays d'Issigeac et de Sigoulès ont des lignes de relief très aplaties dans les molasses et offrent parfois de petites tables calcaires recouvertes de landes (comme les tertres blancs d'Issigeac). Autour d'Eymet, dans les pays du Dropt, l'alternance des calcaires et des molasses modelés en collines tout comme la présence de vergers de pruniers, annonce l'Agenais.

5
Économie

Michel Genty

Vignes à Montravel.
Cl. CIVRB, Burdin.

Les cantons en Dordogne

Des hommes et des villes

La population

Avec une densité de 43 habitants au km², le Périgord appartient à la France des faibles densités, pour ne pas dire (du moins pour certains de ses cantons) à la France du vide. En déclin démographique permanent depuis le début du XIXe siècle, le pays a enregistré aux recensements de 1982, 1990 et 1999 de légers redressements qui lui ont redonné quelque espoir.

La moyenne de l'ensemble du département (43 hab/km²) est loin derrière celle de l'ensemble de la France (111 hab/km²). Cela tient dans une large mesure à la relative faiblesse des activités industrielles et tertiaires ainsi qu'à des activités agricoles en difficulté qui ont de moins en moins besoin de main-d'œuvre.

La population se concentre essentiellement dans la vallée de la Dordogne, depuis Lalinde jusqu'au département de la Gironde et dans la vallée moyenne de l'Isle, de Périgueux à Montpon : dans ces plaines alluviales à activités multiples, les densités dépassent les 60 hab/km².

D'autres espaces sont aussi peuplés mais ce ne sont que des taches, des îlots autour de petites villes comme autour de Sarlat, Thiviers, Nontron, Ribérac, Terrasson, etc. A l'inverse, le peuplement apparaît très faible dans certains cantons du Périgord vert, de la Double et des plateaux calcaires du centre et du sud : une cinquantaine de communes ont moins de 11 hab/km² et l'ensemble du canton de Monpazier, sur les confins méridionaux du département, n'excède pas 15 hab/km².

Vers un renouveau démographique

Le département de la Dordogne a atteint son maximum démographique en 1851[1]. Le dépeuplement fut ensuite continu, mais avec des rythmes variés, jusqu'en 1875. L'exode rural se fit sentir dès l'arrivée des voies ferrées et l'appel des grands foyers industriels ; il fut compensé quelque temps par des soldes naturels

1. Il comptait alors 505 800 habitants et une densité de 54 hab/km².

substantiels[2]. Le déclin démographique s'accélère vers la fin du XIXe siècle et aussi, bien sûr, avec la terrible saignée de la guerre de 1914-1918 : on dénombre 453 000 habitants en 1901, 397 000 en 1921. La dépopulation est si profonde que le Périgord devient, du moins pour certains cantons, un pays d'accueil pour des Bretons, des Vendéens ou encore des Italiens et des Espagnols.

Après 1945, comme l'ensemble des campagnes françaises, le Périgord connaît la plus grande mutation de son histoire, la transformation de son agriculture traditionnelle, sous-équipée, vivant plus ou moins en autarcie, en un secteur économique moderne, ouvert sur les marchés, consommateur de machines et d'engrais ; et, à nouveau, pour au moins trois décennies, un exode rural considérable que les villes locales ne captent que très partiellement. La dépopulation du département est inéluctable : 377 870 habitants en 1954, 373 179 en 1975 ; elle peut sembler faible car dans le même temps où les campagnes se vident, villes et bourgs proposent de nouveaux commerces et services qui offrent des emplois et fixent une nouvelle population.

Les raisons du renouveau

A quoi attribuer ce petit renversement de tendance ? La croissance, pour les trois périodes intercensitaires récentes, est due aux excédents migratoires. Désormais, le Périgord attire plus qu'il ne refoule. Le solde migratoire entre 1990 et 1999 est de 14 888 personnes alors que le solde naturel[3] est négatif (-12 960) ; le gain global de population s'élève donc à 2 020 personnes.

Depuis 1975, on enregistre une petite reprise démographique (1,1 % de croissance entre 1975 et 1982, 2,4 % entre 1982 et 1990 et encore 1 % entre 1990 et 1999) ; le département compte en 1999 388 293 habitants ; selon une estimation récente, en 2007, la population dépasse les 400 000 habitants.

Ce résultat, s'il est satisfaisant sur le plan statistique pur, n'est pas pour autant le signe d'un renouveau économique. A y regarder de plus près, ces flux d'arrivants sont surtout constitués de retraités, de gens qui, pour une part, reviennent vivre au pays après des années de vie active dans les grandes villes, surtout à Paris. Cela peut doper un peu l'économie des petites villes qui les accueillent mais ne saurait être interprété comme le signe d'une expansion économique. A noter que de petites colonies de Néerlandais et d'Anglais s'installent, le plus souvent pour l'été, mais aussi pour certains, définitivement.

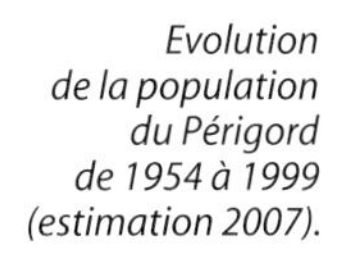
Evolution de la population du Périgord de 1954 à 1999 (estimation 2007).

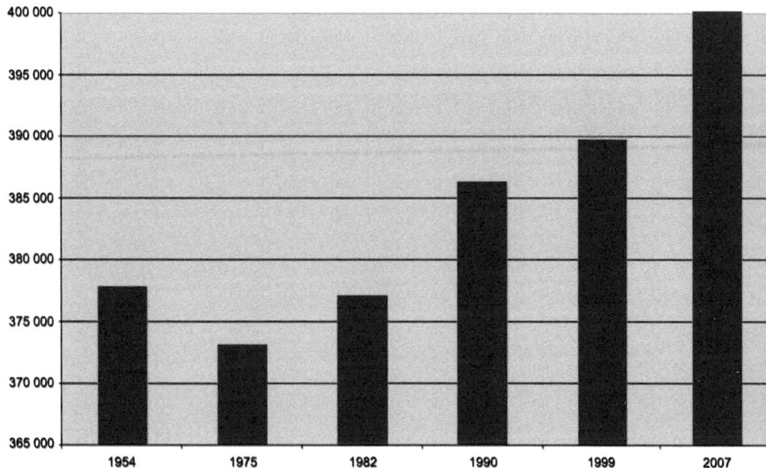

2. En 1881, le Périgord compte encore 495 000 habitants.

3. Somme algébrique naissance-décès.

Une population relativement âgée

En fait l'exode des jeunes se poursuit au moment de l'entrée dans la vie active car le Périgord ne peut fournir suffisamment d'emplois, tant en quantité qu'en qualité. L'importance relative des groupes d'âge est particulièrement révélatrice.

En 1999, la population du Périgord apparaît bien plus âgée que celle de la France : 30,5 % ont plus de 60 ans alors que la moyenne nationale n'est que de 21,1 %. Et par rapport à 1982, ce groupe du « troisième âge » s'est renforcé : il ne représentait alors que 26,4 % de la population. Faut-il alors s'étonner que le taux de mortalité dans le département soit plus élevé que la moyenne nationale ? On vit pourtant vieux en Périgord, mais les gens âgés étant relativement nombreux, on observe des taux élevés de mortalité.

A l'inverse, les jeunes sont moins nombreux : les moins de 20 ans ne représentent que 20,2 % de la population du département (24,6 % en France) ; et leur importance relative a baissé depuis 1982 (ils comptaient pour 24,4 %). Les couples en âge de procréer sont sous-représentés et les taux de natalité sont inévitablement inférieurs aux taux nationaux.

Bourgs et villes, les points forts de l'espace périgourdin

La population urbaine du Périgord peut sembler modeste : un peu plus de 47,9 % en 1999 selon l'Insee (en France : 73,4 %). En réalité, une multitude de centres de taille très diverse quadrillent les campagnes offrant commerces et services.

En Périgord, les lieux habités, hérités d'une longue histoire sont très nombreux et la dispersion des maisons et fermes est grande. En dépit de quelques fusions administratives, il subsiste encore, en 1999, 557 communes. Dans nombre de celles-ci, le centre a souvent perdu son école et ses commerçants ; seules les plus peuplées ont pu conserver un minimum d'équipements et de commerces de première nécessité (boulangerie, épicerie, café), menacés toutefois par la prolifération des supermarchés autour de la moindre petite ville et des hypermarchés à la périphérie des villes moyennes.

En raison de sa taille, le pays est particulièrement riche en petits noyaux de commerces et de services qui rayonnent peu ou prou sur quelques communes, un canton, voire plusieurs cantons ; les géographes y distinguent selon la puissance des équipements et les rayonnements spatiaux, villages-centres, petits bourgs, gros bourgs, petites villes. La carte de la distribution de ces petits centres d'encadrement du pays montre toute la richesse du Périgord dans ce domaine, richesse menacée par la dépopulation agricole mais confortée par la venue de retraités et qu'on voudrait aussi renforcer par le maintien ou l'installation d'usines ou d'ateliers.

Une constellation de petits noyaux urbains

Six petites villes et trois villes majeures qu'on peut qualifier de centres sous-régionaux dominent la constellation de petits noyaux urbains.

Thiviers (3 259 habitants), Ribérac (3 997 habitants) et Montpon-Ménestérol (5 389 habitants) sont trois petites villes qui exercent surtout un rôle de commerce et de services. La première connue pour ses marchés importants, ses abattoirs, bénéficie aussi de conserveries et des papeteries voisines de la vallée de l'Isle. La seconde est équipée de silos et d'abattoirs de grand rayonnement. Quant à Montpon-Ménestérol, elle abrite le grand hôpital psychiatrique de Vauclaire. Trois autres petites villes sont à la fois des pôles attractifs et de petits centres industriels.

Nontron (3 600 habitants) offre surtout des emplois dans ses usines d'articles chaussants très menacés par la concurrence étrangère.

Mussidan (2 845 habitants) offre une large gamme de productions : constructions métalliques, bois, chaussures.

Les plus grandes communes de Dordogne

1. Périgueux
2. Bergerac
3. Sarlat-la-Canéda
4. Coulounieix-Chamiers
5. Trélissac
6. Terrasson-Lavilledieu
7. Boulazac
8. Montpon-Ménesterol
9. Saint-Astier
10. Ribérac
11. Prigonrieux
12. Chancelade
13. Nontron
14. Neuvic
15. Thiviers

Pont-vieux et ville ancienne. Cl. OT Terrasson. En haut, vue aérienne de Nontron. Cl. OT Nontron.

Terrasson (6 182 habitants) bénéficie de ses propres usines (une grosse manufacture de pièces moulées en caoutchouc et divers petits établissement travaillant plastiques ou denrées agricoles) mais aussi du voisinage de la grosse papeterie de Condat-le-Lardin).

Sarlat-la-Canéda (9 751 habitants) exerce surtout la fonction de petit centre régional pour le Périgord noir, pays agricole peu peuplé mais vaste et relativement éloigné de Brive ou de Périgueux. C'est un important pôle de services (une sous-préfecture, un très grand lycée, un hôpital, etc.) et de commerces de détail de toute nature et qui, pour certains, profitent pleinement du tourisme estival. La ville s'anime particulièrement le samedi, jour de marché. Le développement du secteur secondaire vient heureusement épauler la fonction tertiaire : industries agro-alimentaires (conserveries de foie gras, tabac, distillerie, aliments pour animaux), fabrications diverses (sondes chirurgicales en caoutchouc ou plastique), nombreux artisans du bâtiment pour la restauration des résidences secondaires. Sarlat est une petite ville très fréquentée l'été pour son patrimoine médiéval et renaissance ; son « aura » médiatique est excellente.

Deux villes de taille moyenne : Périgueux et Bergerac

Le réseau urbain en Périgord est surtout commandé par les deux villes de taille moyenne que sont Bergerac et Périgueux qui assurent, plus que Sarlat, des fonctions de centres sous-régionaux bien étoffés; pour les fonctions supérieures, toutes deux sont, bien sûr, dans l'orbite de Bordeaux, la capitale régionale de l'Aquitaine.

Bergerac, vue de la rivière. Cl. OT Bergerac.

Bergerac (33 500 habitants pour l'agglomération) est le grand centre de commerces et de services du sud-ouest de la Dordogne, couramment désigné sous le vocable de Bergeracois. La ville joue un rôle actif dans l'animation des campagnes voisines. Le vin est analysé et « labellisé » dans un laboratoire installé dans l'ancien couvent des Cordeliers tandis que les caves coopératives de Bergerac et de Monbazillac ainsi que divers négociants se chargent de la promotion et de la vente. Le tabac est collecté par un centre de fermentation et sa culture est l'objet d'améliorations constantes grâce à l'Institut des Tabacs et à un Centre de Formation et de Perfectionnement des planteurs de tabac. D'autres produits agricoles régionaux sont collectés et traités : des céréales, des fruits, du lait tandis que diverses conserveries passent contrat avec les agriculteurs. Le secteur secondaire est varié mais décline depuis quelques années.

Marché devant Saint-Front, Périgueux. A droite, Périgueux la nuit. Cl. OT Périgueux.

Les principales activités sont celles de la SNPE (Société Nationale des Poudres et Explosifs), de quelques petites entreprises métallurgiques et textiles ainsi que de quelques usines agroalimentaires.

Avec ses 63 300 habitants en 1999, l'agglomération de Périgueux est deux fois plus grosse que Bergerac. C'est la ville-préfecture avec ses multiples fonctionnaires, des équipements scolaires d'un bon niveau, dont un pôle universitaire, un très grand hôpital, etc. C'est un important centre de grossistes qui redistribuent dans la plus grande grande partie du département et le commerce de détail très varié s'adresse surtout à 150 000 habitants regroupés dans un polygone jalonné par Ribérac, Brantôme, Thiviers, Le Bugue et Mussidan. Pour être relativement modeste, les activités industrielles ne sont pas négligeables : ateliers de réparation de matériel ferroviaire, de voies ferrées, fabrique de boîtes métalliques et aussi encore quelques conserveries et grosse fromagerie à Marsac, sans oublier l'imprimerie du Timbre venue à Boulazac en 1970.

Les quatres systèmes urbains liés aux centres régionaux ou sous-régionaux.

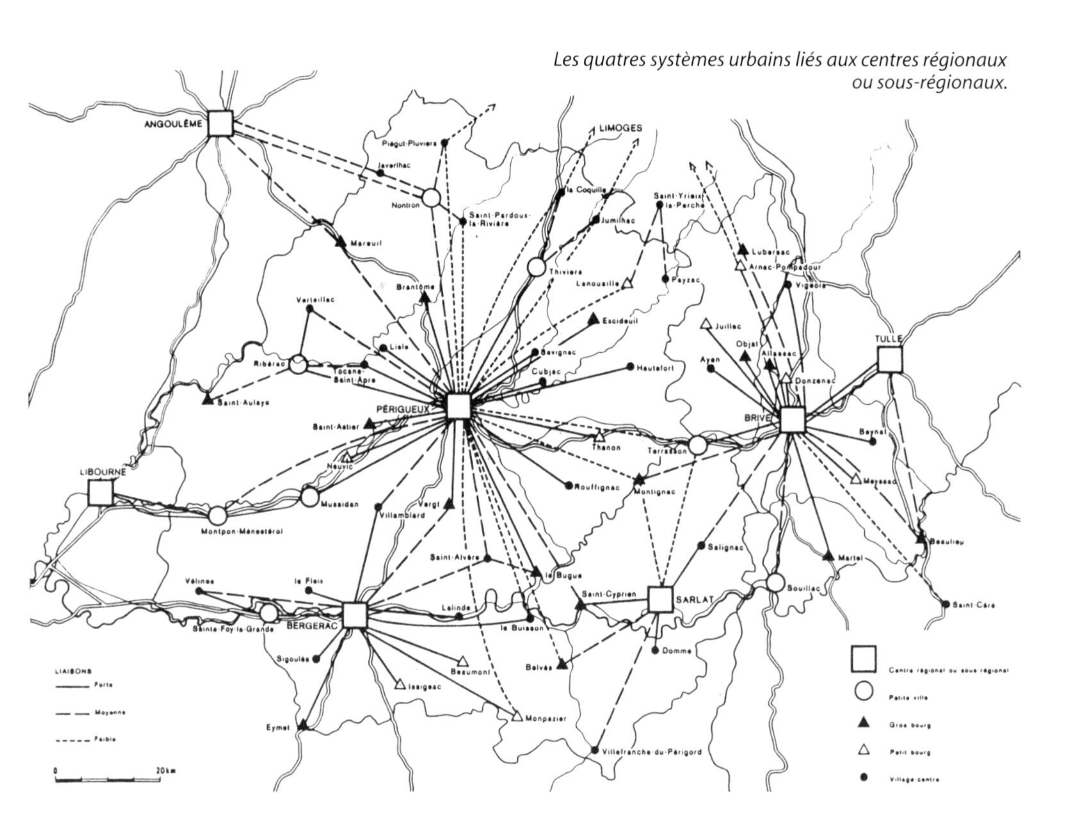

Les aires de rayonnement des centres régionaux, sous-régionaux et pluricantonaux.

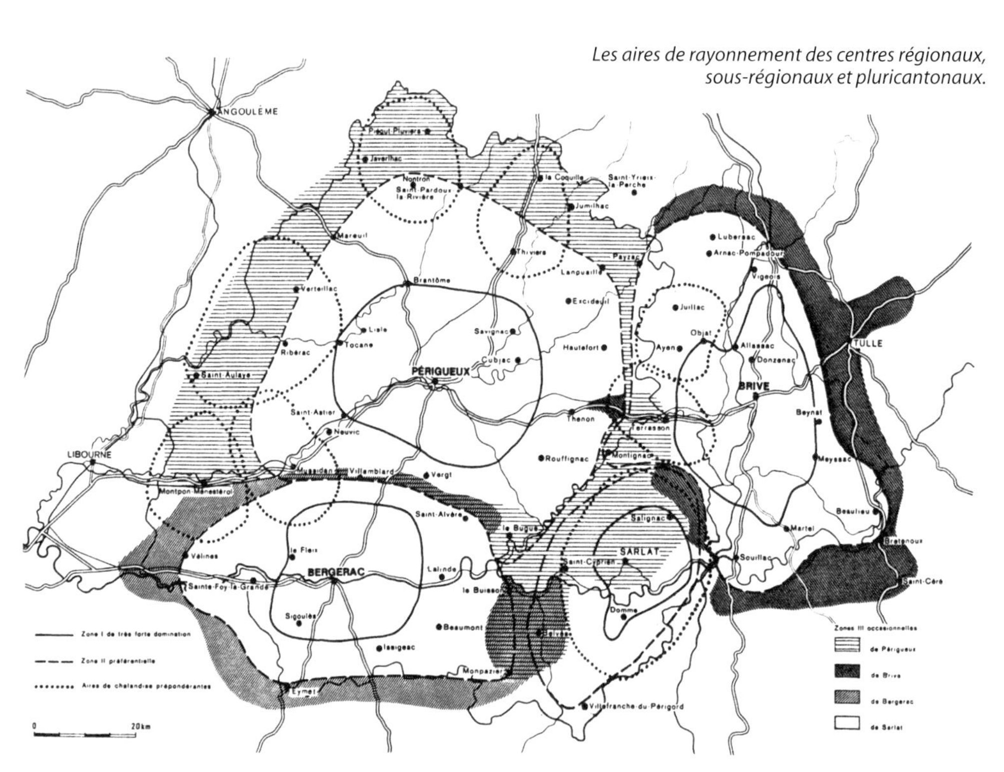

Croissance urbaine et problèmes d'urbanisme

Des germes urbains anciens, une expansion récente

Les villes du Périgord sont toutes héritières d'agglomérations anciennes, nées spontanément ou créées de toute pièce, au Moyen Age essentiellement. Périgueux fait exception car elle semble avoir connu un brillant développement à l'Époque gallo-romaine. Capitale des Pétrocores, Vésone a été, jusqu'en 276, une ville ouverte, déployant ses belles maisons et ses monuments publics sur les pentes très douces des terrasses de la rive droite de l'Isle. Les menaces d'invasions germaniques l'obligent, à la fin du IIIe siècle, à se confiner dans un petit espace clos, ceinturé de murailles s'appuyant sur l'amphithéâtre ; percée de quelques portes, l'enceinte ne mesurait guère plus de 800 m. Pour de longs siècles, les malheurs du temps allaient condamner la vie urbaine.

Celle-ci reprend avec vigueur dès la fin du XIIe siècle et de multiples petites localités apparaissent, tantôt autour de puissants châteaux (Bergerac, Belvès, Excideuil, Mareuil, Montignac, Nontron, Ribérac, Thiviers...), tantôt à côté de monastères ou d'abbayes (Brantôme, Le Bugue, Saint-Astier, Saint-Cyprien, Sarlat, Terrasson). De la même façon, la naissance d'une communauté d'artisans et de commerçants autour du tombeau et de l'abbaye de Saint-Front entraîne la construction d'une enceinte fortifiée très nettement séparée de celle qui protégeait la Cité : dans cette ville double, les luttes tournèrent finalement, en 1240, au profit

Excideuil. Cl. CDT.

La place centrale d'Eymet, un jour de banquet médiéval.
Cl. OT Eymet, P. Bacogne.
A gauche, Domme et Villefranche-du-Périgord.
Cl. CDT.

du bourg du Puy-Saint-Front qui l'emportait ainsi sur la Cité des clercs, des nobles et du comte. Au XIIIe siècle, la création des bastides est un semis volontaire de germes urbains : à côté de multiples échecs, de belles réussites. Sur les confins du Périgord et de l'Agenais, Français et Anglais créent, pour mieux tenir le pays qu'ils se disputent, des bourgades encloses au plan en damier et dotées d'une place centrale à cornières. On doit aux premiers, Villefranche-du-Périgord (1261), Eymet (1270), Domme (1281) et aux seconds, Lalinde (1260), Beaumont (1273), Monpazier (1285), Villefranche-de-Lonchat (1287).

Si l'héritage urbain médiéval est considérable, aux époques moderne et contemporaine, il n'y a pas eu de création nouvelle ; on observe même au contraire un phénomène de sélection permettant la promotion de quelques bourgades au rang de bourg ou de ville mais laissant beaucoup d'embryons urbains à leur somnolence.

C'est surtout à partir de la deuxième moitié du XIXe siècle, avec la construction des voies ferrées et l'essor industriel, bien timide en Dordogne, que la croissance des villes reprend. Mais, jusqu'à la Seconde Guerre mondiale, elle ne touche essentiellement que Bergerac et Périgueux ; la population des autres localités urbaines décline, à l'image des campagnes voisines. Depuis 1945, une incontestable reprise démographique se dessine, permettant à une dizaine de bourgs et de villes de retrouver et de dépasser leur population de 1876 ; une dizaine d'autres localités plus petites amorcent à nouveau un mouvement positif. La croissance des commerces et services, le développement de petites entreprises industrielles sont les principaux agents de ce renouveau.

Sites primitifs et développement spatial

En pleine croissance, les villes doivent remodeler leur patrimoine immobilier et concevoir de nouveaux quartiers[1].

Un premier groupe de noyaux urbains dispose d'un site primitif de rebord de plateau ou de flanc de coteau dominant vallée ou petit bassin, dans lesquelles les possibilités d'épanouissement sont diverses. Elles sont bonnes quand la plaine alluviale est large, riche en espaces bien desservis en moyens de circulation : les constructions nouvelles s'y dirigent. Il en est ainsi à Terrasson et Montignac qui s'étendent largement dans la vallée de la Vézère après s'être longtemps accrochées à l'un de ses flancs ; dans une moindre mesure, c'est aussi le cas de Saint-Cyprien qui glisse vers les amples coteaux de la Dordogne. Ailleurs, quand le noyau originel domine une gorge (celle du Bandiat à Nontron) ou surplombe de trop loin la rivière (Belvès), l'expansion se fait surtout sur le plateau ; l'évolution est de ce type pour Monpazier, Domme, Beaumont, mais ces bourgs, peu actifs, n'ont guère débordé de leur premier emplacement. Quant à Thiviers, perchée sur un promontoire, elle s'est développée selon un axe nord-est/sud-ouest, parallèlement à la voie ferrée (qui l'atteint en tunnel) et à la Nationale qui escalade le plateau bosselé ; plus récemment, l'urbanisation a gagné ses quartiers occidentaux. Enfin, dominant un petit bassin liasique où coule la Loue, Excideuil déploie ses constructions sur des coteaux calcaires et marneux, à proximité des ruines de son château juché sur une butte de calcaires jurassiques ; quelques maisons neuves s'alignent le long des routes qui la quittent.

Une deuxième grande famille de site originel est celle des terrasses de grande vallée ou de vallon affluent proche, à l'abri des inondations, proche des grands courants de trafic et bénéficiant de quelques ressauts de terrain ou de lignes d'eau faciles à protéger. Leur croissance spatiale actuelle ne pose guère de problème technique. Sur les terrasses de l'Isle, Saint-Astier, Mussidan, Montpon-Ménestérol ont pu et peuvent s'étaler aisément ; Périgueux n'a pas cette chance car la rivière est encaissée en amont et les paliers d'alluvions sont relativement étroits : la ville a donc pris la forme d'un fuseau très allongé et la conquête du plateau, très incommode sans travaux coûteux est à peine commencée. Le contraste est frappant avec Bergerac qui, dans la vallée de la Dordogne aux vastes gradins alluviaux, n'a pas ce genre de souci ; un peu en amont, Lalinde est aussi campée sur une terrasse.

Dans la vallée de la Dronne, Brantôme occupe surtout une île ; Ribérac est un peu à l'écart de la rivière, dans la petite plaine alluviale du Ribeyraguet dominée à l'est par des coteaux calcaires où s'élevait le château.

Au cœur d'un bassin modelé en petites cuvettes et en buttes, la petite ville de Sarlat a colonisé l'étroit vallon de la Cuze choisi par des moines à la recherche de la solitude. C'est un lieu pittoresque, convenable pour le bourg modeste des siècles passés mais bien inconfortable pour l'essor urbain actuel : occupant les rares espaces plats, se hasardant sur les hauteurs des pechs, les constructions dessinent un ruban très allongé.

1. L'adaptation à des sites choisis au Moyen Age n'est pas toujours aisée car, à cette époque, les préoccupations de défense l'emportaient largement.

Place du Marché aux oies à Sarlat. Cl. CDT.

Le remodelage des quartiers hérités

A une époque de mutations rapides dans les transports et l'habitat, les cœurs des villes se révèlent inadaptés à la circulation et aux nouvelles fonctions urbaines. Faut-il les détruire ou les aménager ?

A l'image de l'histoire urbaine française, les grandes périodes d'essor des villes ont été, en Périgord, les XIIe et XIIIe siècles, la Renaissance, le XIXe siècle (surtout la seconde moitié), et bien sûr, les trente dernières années.

L'héritage médiéval est surtout présent dans le maillage des rues étroites, tortueuses, souvent à forte pente car la place était mesurée à l'intérieur des murailles du Puy-Saint-Front, de Bergerac, de Sarlat, de Terrasson, etc. Au fur et à mesure des besoins, tout au long des siècles, on a remplacé les maisons, mais sans jamais altérer le plan d'ensemble de la voirie. Aux XVe et XVIe siècles, bourgeois et nobles y ont construit de belles demeures qu'il serait sacrilège de détruire et qui contribuent pour beaucoup au charme de ces vieux

Les formes de l'urbanisation contemporaine
L'empreinte du développement urbain des dernières décennies est banale : aménagement de petites zones industrielles ou zones d'activités, prolifération de grandes surfaces commerciales (surtout des supermarchés de l'ordre de 1 000 m²), quelques îlots d'immeubles d'habitat collectif essentiellement social, large prédominance de maisons individuelles en lotissements ou dispersées le long des routes et sur les coteaux. Tout autour des petites villes et des villes majeures, une auréole de périurbanisation de 10 à 30 km de rayon est nettement visible ; la circulation quotidienne avec ses mouvements de travailleurs, tantôt vers le centre, tantôt vers la périphérie, révèle cette donnée nouvelle des quinze dernières années.

noyaux urbains. Il faut attendre le milieu du XVIIIe siècle pour que l'on songe à aménager des boulevards autour et à la place des fortifications qui ne seront souvent totalement abattues qu'au siècle suivant. Vers 1750-1755, l'intendant Tourny entreprend « le tour de ville » de Sarlat et les « Allées » qui portent son nom à Périgueux ; quant aux remparts de Bergerac, place-forte protestante, ils avaient été démolis sous le règne de Louis XIII.

Timide au début, la croissance spatiale des villes s'accélère au milieu et à la fin du XIXe siècle. Avec la construction des gares, à Périgueux en 1879, à Sarlat en 1882, naissent de nouveaux quartlers à géométrie plus rectiligne et leurs larges rues attirent l'activité commerciale. Pour mieux accéder aux vieux quartiers, on entreprend des opérations chirurgicales : on perce des avenues droites dans le vieux Périgueux, comme les rues Magne et Saint-Front ; on coupe Sarlat en deux par une voie nord-sud, vite baptisée la Traverse. La généralisation de l'usage privé de l'automobile après 1950 permet un éclatement de la ville et remet en question les fonctions du noyau urbain ancien. Celui-ci, en dépit de quelques ravaudages, reste d'accès incommode ; et, par ailleurs, au moins dans certaines de ses parties, il est devenu fort vétuste ; en effet, abandonné par les gens aisés en raison des médiocres conditions d'habilité, il a été laissé à une population à revenus modestes, souvent étrangère et qui n'a pas les moyens de lui redonner son lustre passé. Qu'en faire ?

La place Francheville à Périgueux. Cl. OT Périgueux.

Une solution facile mais trop radicale consiste à tout détruire et à rebâtir : on l'adopte quand le tissu urbain semble très dégradé et dépourvu d'immeubles de valeur historique (à Périgueux dans le quartier des Rues Neuves, à Bergerac, dans celui des Frères Prêcheurs). Les problèmes sont plus complexes quand on souhaite tout à la fois conserver le patrimoine immobilier de bon aloi (surtout des hôtels et des maisons de la Renaissance) et faire venir ou revenir une population qui y exercera des activités et y vivra.

A Sarlat et à Périgueux, ces processus de restaurations sont engagés : ces deux villes bénéficient officiellement d'un Secteur Sauvegardé où s'appliquent les dispositions de la loi Malraux de 1962. Dans la petite capitale du Périgord noir, les opérations ont été exemplaires dans un secteur « opérationnel » de deux hectares ; elles se poursuivent au coup par coup dans le reste de l'ancienne ville close. A Périgueux, le vieux quartier Saint-Front recèle une floraison de vieux logis ; les travaux entrepris dans un îlot opérationnel et dans les deux OPAH (Opération programmées d'amélioration de l'habitat) Limogeanne et Mataguerre, ont métamorphosé cet ancien noyau urbain. Ajoutons que la place Francheville vient de faire l'objet d'importants travaux d'urbanisme (complexe cinématographique, espaces piétonniers, parkings souterrains).

La place Pélissière à Bergerac. Cl. OT Bergerac.

Rue Montaigne à Sarlat. Cl. CDT, M. Dozier.

Les activités économiques

L'agriculture, un pilier de l'économie

Bien que n'occupant plus directement que 10 % de la population active du département, l'agriculture demeure pour le Périgord une activité fondamentale car, au-delà de la production directe de denrées agricoles, elle fournit des matières premières pour certaines industries, stimule commerces et services et joue encore un rôle indéniable dans les attraits touristiques du pays. Mais c'est une activité économique en pleine mutation tant dans ses structures que dans ses orientations ; à certains égards, elle est en pleine crise.

Des exploitations petites et moyennes

Au dernier recensement agricole, celui de 2000, on a dénombré 11 697 exploitations. La superficie moyenne exploitée s'élevait à 29 ha, chiffre encore souvent très insuffisant pour assurer, malgré un travail acharné, des revenus décents ; en réalité, il y a une grande diversité d'exploitations selon les classes de SAU (Surface agricole utilisée) et leur rentabilité, on ne saurait l'oublier, est largement fonction de leur orientation technique et commerciale.

Le quart des exploitations en occupe moins de 5 ha : dans une large mesure, ces petits « domaines » contraignent l'agriculteur à chercher une activité complémentaire ou, s'il est âgé, à partir. A l'inverse, celles de plus de 50 ha qui semblent avoir le plus d'avenir ne représentent encore que 19 % du nombre des exploitations : elles ont sensiblement progressé (2,8 % en 1970, 5,3 % en 1979, 9,6 % en 1988). Entre 20 et 50 ha, le plus gros bataillon des exploitations agricoles connaît des fortunes diverses liées aux conjonctures commerciales. Globalement, s'opère donc une certaine concentration.

Le faire-valoir direct est largement prédominant et le métayage, jadis très développé, a quasiment disparu. En revanche,

Moins d'exploitations
Observée sur les trois dernières décennies, la chute du nombre des exploitations agricoles en Périgord est impressionnante : de 27000 en 1970, on est passé à environ 15 000 en 1990 et 11 647 en 2000. Chaque année, quelques centaines d'exploitations agricoles disparaissent.

le fermage progresse en raison de l'arrêt d'activité de nombreux agriculteurs dont les terres sont louées par des voisins ; en 2000, les terres en fermage représentent 45 % de la SAU (22 % en 1970), le métayage 1 % et le faire-valoir direct 54 %.

Sur l'ensemble des exploitations agricoles, on a dénombré en 2000, 34 700 personnes exerçant une activité ; mais on en comptait 74 400 en 1979. La population agricole familiale a ainsi beaucoup diminué. L'âge moyen des chefs d'exploitation est de l'ordre de 50 ans, ce qui est assez élevé mais on a pu noter des installations ou des reprises d'exploitations par des couples jeunes dont la femme exerce généralement un métier.

L'agriculture périgourdine utilise essentiellement la main-d'œuvre familiale ; le nombre de salariés permanents n'est que de 2 500 en 2000. Toutefois, parce qu'il y a des fraises et des fruits de verger à cueillir, la main-d'œuvre saisonnière a tendance à augmenter. Bien entendu, de nombreux chefs d'exploitation exercent une activité extérieure non agricole ; ces paysans-ouvriers ou ouvriers-paysans sont nombreux, surtout dans le Terrassonnais, la vallée de l'Isle, le Nontronnais et en amont de Bergerac, autour de Lalinde, là où l'industrie est installée en milieu rural. De nombreux aides familiaux exercent aussi un double métier.

Cultures de céréales dans la vallée de la Vézère depuis la côte de Jor, près de Saint-Léon-sur-Vézère. Cl. M. Genty.

Beaucoup de bois

Alors qu'elle atteint 60 % en France, la SAU ne représente en Périgord que 40 % de la surface totale, 375 000 pour 922 000 ha. Forêts, bois et friches sont donc répandus et, en dehors des grandes vallées de l'Isle, de la Vézère, de la Dordogne ou de certaines campagnes du Bergeracois méridional et du Ribéracois, c'est dans un cadre de clairière que s'ordonnent les champs et les prés.

Couvrant plus de 40 % de la superficie du département, la forêt est composée, dans ses bois traditionnels, de multiples essences de chênes, de châtaigniers et dans les plantations les plus récentes, de résineux ; ces derniers prédominent dans la Double et le Landais et ils couvrent de plus en plus d'espace (plus de 30 % de l'ensemble des bois) car les reboisements, au rythme de 200 à 300 ha par an, se font en pins maritimes, Douglas ou autres résineux.

C'est une forêt essentiellement privée (3 000 ha seulement sont soumis au régime forestier), assez mal entretenue et médiocrement exploitée en raison du morcellement extrême de la propriété. Beaucoup d'agriculteurs possèdent des bois et la plupart des coupes sont liées à leurs besoins de trésorerie. Forêt sous-exploitée et à faible productivité : un quart seulement est traité en fûtaie pure, le reste en taillis sous fûtaie ou en taillis simple. Le prélèvement annuel est de l'ordre du million de m^3 (20 % en bois de feu, 40 % en bois d'œuvre, 40 % en bois d'industrie pour papeteries ou fabrication de panneaux).

Champ de maïs dans la vallée de la Vézère, devant le château de Belcayre. Cl. M. Genty. Page de droite, tournesols dans le Sarladais. Cl. D. Genty.

Une large gamme de productions végétales

Pour des raisons pédologiques, climatiques, économiques et aussi par tradition, on cultive un peu de tout en Périgord ; on observe toutefois une certaine simplification des choix.

Les céréales sont cultivées sur 100 000 ha, soit la moitié des terres labourables. Orge et blé tendre occupent encore de grandes surfaces (20 000 et 30 000 ha) mais moins que le maïs (de 35 000 à 40 000 ha). Des plantes oléagineuses (colza et maintenant surtout tournesol) alternent avec les céréales. Ces damiers de céréales ou d'oléagineux recouvrent les plateaux et collines du Ribéracois, du Verteillacois, du Brantômois et du canton méridional d'Issigeac ; le maïs est aussi intensivement cultivé dans les plaines alluviales où l'on peut aisément irriguer. La collecte des céréales représente environ le tiers de la production, le reste étant utilisé pour l'élevage dans les exploitations agricoles.

La production de fourrages est aussi une grande préoccupation des agriculteurs périgourdins. En additionnant les surfaces des prairies naturelles et celles des cultures fourragères, on constate que 250 000 ha (plus de 60 % de la SAU) sont consacrés, par ce biais, à l'alimentation de base des animaux.

La production de fruits et de légumes enregistre quelques succès. Depuis 1960, de grands vergers ont été plantés. Pêchers, poiriers, pruniers et surtout pommiers couvrent de vastes espaces dans la vallée de la Dordogne en aval de Bergerac, autour de Gardonne, de Port-Sainte-Foy et secondairement dans la vallée de la Vézère, à Sauvebœuf près de Montignac et entre Limeuil et Le Bugue. Par ailleurs, sur les coteaux schisteux du Périgord limousin du nord-est, prospèrent de belles rangées de pommiers, de variété Golden, le plus souvent (à Sarlande, Lanouaille, Essendiéras surtout, près d'Excideuil). Au total, ces vergers font un ensemble de 4 000 ha dont plus de la moitié en pommiers qui donnent près de 80 000 t dont une grande partie est exportée. Par ailleurs, la Dordogne est un grand producteur de noix, entre 5 000 et 7 000 t par an. Le noyer est encore présent au milieu des parcelles de culture ou de vigne : il y a plus de 100 000 arbres, isolés, alignés ou en quinconces ; et l'architecture un peu arrondie de ces arbres est un élément majeur de l'identité des paysages ruraux du Périgord. Il y a aussi désormais quelques plantations, très souvent de variété Franquette, à grand rendement : les plus grandes sont celles de Doissat près de Belvès ou de la Durantie près de Lanouaille. C'est dans le Sarladais, sur le causse de Cubjac et dans les vallées de la Dronne et de l'Isle que la récolte des noix apporte le plus de revenus à de nombreuses exploitations.

Fraises du Périgord. Cl. CDT.

Au cours des dernières décennies, la culture de la fraise de plein champ a connu un développement spectaculaire (400 ha et 2000 t en 1962, 1 330 ha et 24 700 t en 1990) ; mais elle est tombée en 2004 à 500 ha et 8 100 t. De nombreuses petites exploitations y trouvent encore néanmoins d'appréciables rentrées d'argent. Au sein des forêts du Périgord central, les fraisiers ont été plantés sur des sols siliceux acides issus des dépôts sidérolithiques qui ne portent guère que des taillis de châtaigniers. Tous les quatre ans, il faut changer l'emplacement des plants pour éviter maladies et dégénérescence mais, grâce au bulldozer, les défrichements sont aisés. Aussi, tout autour de Vergt et de Rouffignac, dans un cadre encore tout boisé, des clairières se sont ouvertes un peu partout sur les coteaux ; on cultive aussi les fraises dans le Nontronnais et dans la vallée de la Dordogne.

Noyeraie en Périgord noir. Cl. M. Genty.

Une autre grande culture mérite quelque attention : la vigne. Il y a en Périgord un petit vignoble de qualité ; les vignes poussent un peu partout chez les agriculteurs dont beaucoup boivent encore leur vin. Le vignoble actuel n'a plus l'ampleur de celui du XIXe siècle, d'avant la crise phylloxérique ; il ne subsiste avec quelque importance que dans le Bergeracois. 14 500 ha de vignes dont 12 800 classés en AOC (Appellation d'Origine Contrôlée) fournissent, bon an mal an, de 800 000 à 1 million d'hectolitres. Plus de la moitié de la production est constituée de vins d'appellation contrôlée ; ce sont surtout des vins blancs liquoreux (Monbazillac, Côtes de Bergerac, Saussignac), moelleux ou demi-secs (Rosette, Montravel), secs (Bergerac sec) ; on produit aussi des vins rouges de qualité (Pécharmant, Bergerac et Côtes de Bergerac). Dix caves coopératives valorisent la plus grande partie des vins, mais il y a aussi des propriétaires privés qui valorisent directement leur production. Sur les confins des Charentes, sept communes des environs de Saint-Aulaye produisent des vins blancs dont les eaux-de-vie ont droit à l'appellation Cognac (de 6 000 à 8 000 hl par an).

Dans le laboratoire du Comité interprofessionnel du vin de la région de Bergerac. Cl. CIVRB, Burdin.

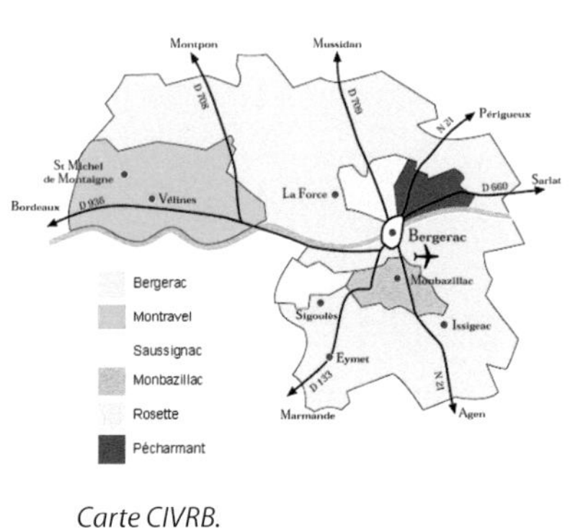

Carte CIVRB.

Monbazillac. Cl. CDT.

Puits Jaubertie. Cl. CIVRB, Burdin.

Le tabac
La production est pratiquée dans le Sarladais, le Bergeracois, les vallées moyennes de l'Isle et de la Dronne. Elle a longtemps été une ressource essentielle pour nombre de petits agriculteurs ; cette culture pose actuellement des problèmes de variétés (au tabac brun, il a fallu substituer un peu de blond plus demandé) et de débouchés.
En 1990, les surfaces plantées étaient de 1 750 ha ; elles sont tombées à 900 ha en 2004.

Par ailleurs, une autre culture, celle de la truffe connaît un petit renouveau ou du moins un engouement certain. Mais alors que le département produisait une centaine de tonnes de truffes au début du siècle, il n'en donne plus que 5 t environ, en raison d'un lent et profond déclin de l'entretien des truffières. Depuis une vingtaine d'années, sous l'impulsion du syndicat des trufficulteurs, des plantations nouvelles de chênes truffiers sont effectuées, là où ce précieux champignon apparaît, surtout dans les régions du causse de Cubjac et dans tout le Sarladais. La Maison de la Truffe (Écomusée), à Sorges, joue un rôle pédagogique certain ; des recherches se poursuivent à la station expérimentale de Glanes.

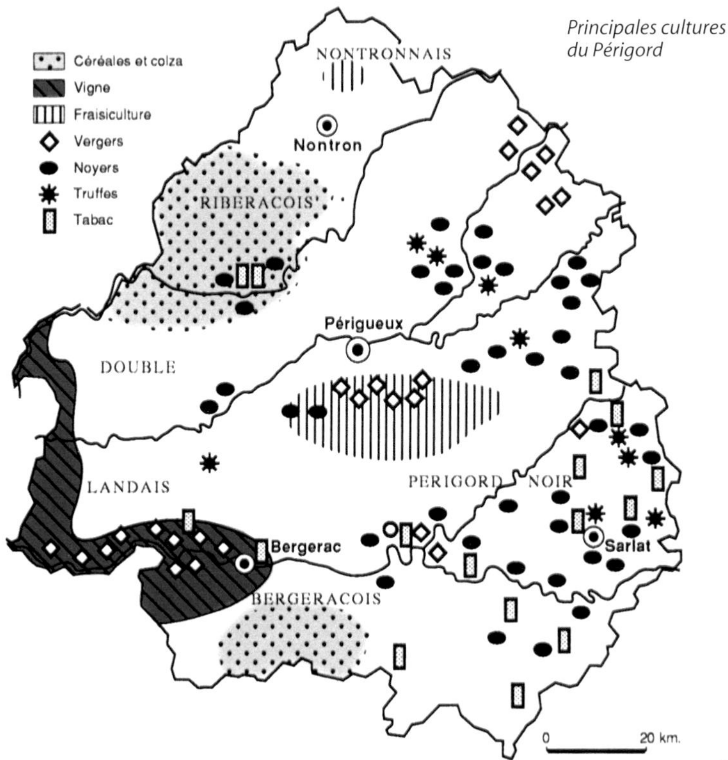

Principales cultures du Périgord

Des élevages multiples

On compte un peu plus de 250 000 têtes de bovins ; longtemps, l'élevage des vaches a été uniformément répandu en Périgord : en 1979 encore, quatre exploitations sur cinq avaient des bovins et la vente du lait était un élément déterminant du revenu de nombreux agriculteurs. La mise en place des quotas laitiers dans le cadre de la politique communautaire a provoqué de grands changements dans les modes d'élevage bovin. Et surtout, le nombre de vaches laitières a baissé ; en revanche, la taille moyenne des troupeaux s'est élevée et comme on a mieux soigné les animaux, la production de lait s'est maintenue au niveau de 2 000 000 hl/an (environ 1 827 000 hl en 2004). Les éleveurs qui ont abandonné le lait se sont tournés vers l'élevage des bovins pour la viande : le nombre de vaches « nourrices » a augmenté : 92 000 en 2004 au lieu de 88 000 en 1988.

Veau sous la mère.
Cl. PNRPL.

Tout le Périgord fournit du lait mais principalement les régions proches des laiteries (vallée de l'Isle, Bergeracois) ou les pays plus favorables à la pou sse de l'herbe qu'aux autres cultures (Landais et Double, plateaux humides et dépressions argileuses verdoyantes du nord et du nord-est, pays au Bois de Belvès et de Monpazier). Par ailleurs, près d'un tiers de la production est donnée aux veaux : on élève ainsi des veaux « fermiers », de race limousine, pendant trois mois ; la blancheur de leur chair est particulièrement réputée pour ceux qui viennent du Nontronnais,

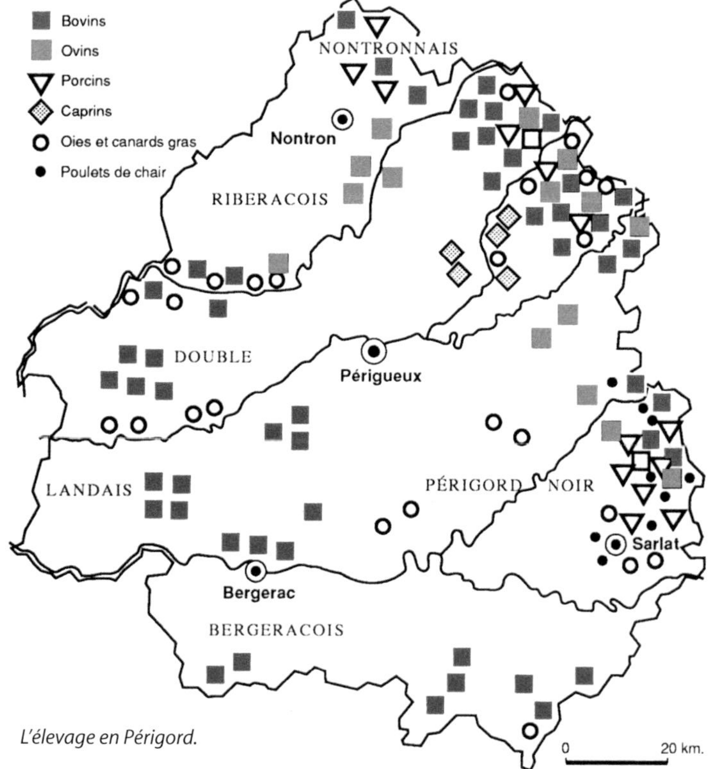

L'élevage en Périgord.

Troupeau de bovins de race limousine à Saint-Jory-de-Chalais. Cl. PNRPL.

du Ribéracois et de la Double. A côté de cet élevage de luxe, on engraisse des veaux de « batterie », nourris aux laits reconstitués contenant des matières grasses d'origine végétale.

Sur les plateaux « limousins », tout autour de Lanouaille, on alimente, surtout à l'herbe, de jeunes bovins de race limousine, vendus à 6/9 mois (veaux dits « de Saint-Étienne ») ou à 10/14 mois pour les veaux dits « de Lyon ». Au total, en tenant compte des animaux plus âgés mis à l'embouche (bœuf de trois ans) et des vaches de réforme, la production de viande bovine du département s'élève à 25 000 t dont 13 000 t pour les veaux. Des groupements de producteurs, basés principalement à Thiviers et à Périgueux assurent une bonne partie de la valorisation commerciale de ces viandes bovines.

Les élevages de porcs, ovins, caprins sont relativement mineurs au niveau du département mais peuvent être de grand rapport dans certains cantons. Un troupeau porcin de 90 000 têtes donne, bon an mal an, plus de 15 000 t de viande. Chaque exploitation engraisse encore un, deux ou trois cochons pour ses propres besoins mais l'élevage porcin est devenu l'affaire d'ateliers très spécialisés : fermes à porcelets dans le Nontronnais, établissements d'engraissement dans toute la partie nord-est, « limousine », du département et surtout dans le Sarladais oriental. Le revenu principal de l'élevage ovin (90 000 têtes) est fourni par la vente d'agneaux de lait et de moutons adultes. Les grands troupeaux se rencontrent sur les plateaux du nord-est, dans certaines régions calcaires du Périgord blanc, autour de Brantôme et de Champagnac-de-Belair ou, dans des conditions physiques voisines, sur le causse du nord du Sarladais, autour de Salignac. Depuis 20 ans,

Troupeau d'oies.
Cl. CDT, M. Dozier.

l'effectif des brebis baisse car les prix de l'agneau ne sont pas très incitateurs. Presque disparu en 1945, l'élevage caprin a repris dans le causse, autour de Coulaures et de Négrondes, stimulé par les besoins de la grande fromagerie de Marsac : 17 000 chèvres donnent 100 000 hl de lait par an.

L'élevage de basse-cour est traditionnel en Dordogne mais, depuis 30 ans, il a pris un essor exceptionnel et des formes semi-industrielles. Ainsi, dans le Sarladais surtout, on élève des « séries » de poulets de chair, valorisés par différents abattoirs comme celui de Terrasson. Dans le Nontronnais, on a choisi d'installer des batteries de poules pondeuses. Le département produit près de 12 000 t de poulets.

Le développement de l'irrigation

Comme partout en France, l'irrigation s'est développée ; on a pu observer un doublement des surfaces irriguées entre 1979 et 1988 ; en 2000, on compte 31 231 ha irrigués au lieu de 26 000 ha en 1988. L'irrigation est surtout développée dans la vallée de la Dordogne, non sans engendrer d'ailleurs des conflits entre les divers utilisateurs des eaux du fleuve.

Mais la grande affaire est, désormais, l'élevage des volailles grasses car la demande en foies gras et confits ne cesse de grandir et qu'il y a mille manières de valoriser le produit final de la vente à l'industriel conserveur, au touriste de passage ou encore dans le cadre d'une table d'hôte quand l'agriculteur se fait un peu restaurateur. En 2004, la production annuelle est de l'ordre de 60 000 pour les oies (90 t de foies), de 570 000 pour les canards (900 t de foies). Les petites régions périgourdines concernées par l'élaboration de ces produits de luxe dont raffolent les touristes sont surtout les cantons du Périgord noir autour de Sarlat et aussi quelques communes du Nontronnais, du Ribéracois et des environs de Lanouaille ou encore d'Excideuil.

Les activités industrielles

Au dernier recensement de 1999, le secteur secondaire regroupait environ 34 000 personnes, moins de 22 000 dans la rubrique « industries de transformation » et un peu plus de 12 000 dans le groupe « bâtiment et travaux publics », soit respectivement 15,5 % et 8,6 % de la population active du département (au total, 24,1 % pour le secteur secondaire). Ces chiffres illustrent la médiocrité globale des activités industrielles du Périgord qui, par ailleurs, sont aussi en déclin (43 000 travailleurs en 1975, 29 % de la population active).

Des établissements modestes

Les établissements de petite et moyenne dimensions dominent. Ne dépassant les 200 salariés qu'une vingtaine d'usines dont les plus notables sont la papeterie du Lardin et la fromagerie de Marsac ou encore une usine de produits chimiques de Terrasson.

Les origines des implantations industrielles sont liées tantôt aux richesses locales, tantôt à d'heureux accidents historiques. Dans une optique manufacturière, les dons de la Dordogne sont modestes ; si les ressources de l'agriculture et de la sylviculture sont abondantes et précieuses, celles du sous-sol sont médiocres : on exploite de plus en plus les calcaires et argiles mais on a renoncé, depuis longtemps à extraire le charbon du petit gisement du Lardin et le lignite des divers sites du Sarladais. Par ailleurs, si les minerais de fer ont fait naître aux XVIIe et XIXe siècles d'importantes fonderies et forges, ils se sont avérés trop maigres dès le Second Empire, ce qui n'a pas permis le développement d'une sidérurgie moderne. La révolution industrielle du siècle dernier a ainsi largement ignoré le Périgord.

D'heureuses initiatives ont quelque peu compensé cette pénurie de matières premières, notamment dans le domaine de la confection et de la fabrication de chaussures. Des apports extérieurs ont aussi été les bienvenus, comme celui de la Compagnie du Paris-Orléans, transférant en 1865 ses ateliers de réparation de matériel ferroviaire de Viviez (Aveyron) à Périgueux ; de même, la création de la Poudrerie de Bergerac en 1916 ou encore des implantations liées à l'approche de la Seconde Guerre mondiale : achat de l'usine Marbot de Neuvic-sur-l'Isle par le groupe Bata en 1938, transfert d'ateliers ferroviaires d'Alsace à Chamiers en 1939.

Aujourd'hui, tout un ensemble de mécanismes fiscaux et financiers a pour but de favoriser la création d'emplois industriels en Périgord : État, Conseil régional, Conseil général, collectivités locales distribuent primes, exonèrent de taxes professionnelles, proposent des terrains ou des locaux. Au cours des trente dernières années, la Dordogne a ainsi réussi à attirer quelques industriels parisiens, à inciter les entreprises locales à se développer ; néanmoins, et mise à part la décentralisation exceptionnelle de l'usine du Timbre, à l'époque où le maire de Périgueux était ministre des PTT (1970), le bilan est modeste et bien des zones industrielles sont en partie inoccupées.

L'arrivée de l'autoroute A89, achevée au printemps 2008, suscite des espoirs : des espaces à vocation industrielle sont aménagés, surtout à proximité des échangeurs autoroutiers.

L'industrie en Dordogne bénéficie de quelques atouts : de l'espace bon marché, une grande autoroute transversale qui la relie à Bordeaux et Lyon, un grand aéroport à Bergerac-Roumanières. La main-d'œuvre est relativement abondante et « peu coûteuse », mais la mondialisation des échanges rend cet avantage de plus en plus obsolète. Par ailleurs, de sérieux handicaps freinent l'expansion. L'un des premiers et non des moindres, est l'éloignement des marchés : vêtements, chaussures, conserves gagnent les grandes régions urbaines, surtout l'ensemble parisien éloigné de 500 km et les dirigeants doivent s'y rendre fréquemment. Parmi les autres contraintes, relevons l'incommodité des dessertes ferroviaires ou encore de certaines liaisons routières en Bergeracois et Sarladais ainsi que la difficulté à mettre en place une liaison aérienne bon marché entre Périgueux et Paris.

La diversité industrielle

Relativement faible par ses effectifs, l'industrie du Périgord est cependant assez variée. On peut distinguer, non sans quelque arbitraire, un premier groupe d'activités manufacturières reposant sur les richesses du sous-sol, de l'agriculture, des forêts ; un second ensemble surtout demandeur de main d'œuvre ; enfin, dans un lot disparate, on a réuni des activités sans rapport avec le milieu environnant et dont le coût en travail est infiniment divers.

Dans le groupe des industries liées aux ressources locales, les industries extractives et les fabriques de matériaux de construction emploient un peu plus de 1 000 personnes. Le travail des argiles anime de nombreuses petites usines dont les plus notables sont les tuileries-briqueteries de Montpon-Ménestérol, Saint-Pardoux-la-Rivière et surtout la grande fabrique de briques réfractaires pour fours industriels de Saint-Aulaye. Les calcaires marneux sont exploités pour la fabrication de chaux à Terrasson et surtout à Saint-Astier. A Bergerac et Périgueux, se développent des fabriques de matériaux de construction en béton.

Occupant environ 5 000 salariés et un nombre difficile à apprécier de saisonniers, les industries agricoles et alimentaires ont un rôle de premier plan. Des conserveries travaillent des matières premières nobles comme le foie gras d'oie ou de canard, la truffe, les champignons et s'intéressent aux plats cuisinés : il en est ainsi à Sarlat, à Eymet, à Périgueux, à Thiviers, etc. Le travail des légumes et des fruits, présent à Périgueux et à Excideuil est surtout le fait de quelques grosses usines bergeracoises valorisant l'apport d'agriculteurs voisins, très souvent sous contrat.

Les industries laitières ont connu un spectaculaire essor au cours des dernières années : c'est l'œuvre d'une fabrique de fromage frais à Saint-Antoine-de-Breuil (à l'ouest de Bergerac) et surtout de la fromagerie Fromarsac (filiale Bongrain), célèbre par son « tartare », fromage enrichi d'ail et de fines herbes. On peut encore rattacher à ce groupe d'indus-

Sur le site Fromarsac, à l'ouest de Périgueux, 400 personnes environ fabriquent des fromages connus sous les marques Tartare, Saint-Môret, Chavroux, P'tit Louis et Ligne & Plaisir. Cl. Fromarsac.

tries agricoles et alimentaires l'élaboration de pâtisseries industrielles (Nontron), « l'élevage » du vin dans une dizaine de caves coopératives (Bergeracois), le travail du tabac dans des dépôts et centres de fermentation à Terrasson, Saint-Cyprien, Périgueux, Bergerac et Sarlat.

Les industries du bois et de l'ameublement emploient plus de 3 000 personnes. Plusieurs centaines d'exploitations forestières de tout type produisent annuellement un peu plus de 600 000 m^3 de bois ; les plus grandes entreprises sont au Bugue, à Corgnac-sur-l'Isle (près de Thiviers), à Bergerac et à Périgueux. A Thenon, on travaille le noyer (placage, crosses de fusil). Par ailleurs, de multiples entreprises fabriquent des meubles, font de la menuiserie industrielle.

Utilisant les qualités et l'abondance des eaux, parfois l'énergie des rivières (il existe quelques micro-centrales) tout en achetant dorénavant ailleurs la plupart de leurs matières premières, neuf entreprises papetières emploient environ 2 000 personnes. Le long de la Couze, en Bergeracois, on fabrique des papiers filtres à partir de chiffons de coton dans de petites entreprises ; à cette production, l'usine de Creysse ajoute celle des papiers enduits de type simili cuir. Aux portes de Lalinde, à Rottersac, la papeterie Sibille développe une gamme très diversifiée de papiers d'emballage (cristal), de reproduction photo, etc. Près de Thiviers, dans les gorges de l'Isle, à Nantheuil, les Papeteries

Papeterie de Condat, sur la commune du Lardin, dans la plaine alluviale de la Vézère. Cl. M. Genty.

de Guyenne se sont orientées vers les papiers couchés de grande qualité. Avec un peu moins de 1 000 employés, la papeterie de Condat-le-Lardin domine le lot : c'est un très gros fabricant de papier impression-écriture. Elle a supprimé son unité de fabrication de cellulose en septembre 1993 et, désormais, elle importe de la pâte à papier.

Les industries de « main-d'œuvre », il y a encore vingt ans, étaient les plus importantes en Dordogne par le volume des emplois offerts. L'ouverture des frontières, la concurrence des pays étrangers à coût de main-d'œuvre très faible (Afrique du Nord ou Asie du Sud-Est) les frappe de plein fouet. Au début des années 1980, on comptait plus de 5 000 personnes dans l'industrie de la chaussure et des articles chaussants et 2 000 dans les ateliers de bonneterie et de confection : les effectifs sont tombés de 3 046 en 1993 à 1 755 au début de 2003 ; et le déclin n'est certainement

Vue aérienne de l'usine du timbre à Boulazac. Cl. Centre pédagogique aéronautique de Périgueux.

pas fini. Ces manufactures d'articles chaussants qui confectionnent pantoufles et chaussures légères à partir de matières premières variées, surtout textiles, sont de petite taille ; la plupart sont installées à Nontron[1] ou dans les villages voisins, sur les rives de la Dronne (Tocane-Saint-Apre, Ribérac, Saint-Aulaye) et au nord-est du département dans des bourgs (Thiviers, Excideuil) ou des villages (Villars, Payzac).

Elles sont toutes très dépendantes des centrales d'achat parisiennes, de la mode et elles utilisent essentiellement un personnel féminin. Parmi les quelques usines travaillant surtout le cuir, la plus importante reste celle de Saint-Germain-du-Salembre[2].

Une industrie très particulière bénéficie de débouchés garantis : inaugurée en juin 1970, l'imprimerie du Timbre effectue le tirage des timbres poste de France et celui de certains pays africains d'expression française ; 800 personnes y travaillent.

1. La société Hermès a repris d'anciens locaux du groupe Adidas : une centaines d'ouvriers ont été reconvertis dans la fabrication de produits de luxe (cravates en soie, etc.).
2. La grosse usine Bata de Neuvic-sur-l'Isle qui comptait 2 000 salariés a disparu.

Parmi les autres industries, les industries métallurgiques occupent quelques milliers de personnes et sont fort disparates. Lointaines héritières des forges du Périgord, quelques usines de première transformation se maintiennent difficilement : ainsi une fonderie et une chaudronnerie à Bergerac, une tréfilerie à Périgueux. En revanche, la robinetterie de La Roche-Chalais (vannes en acier et béton), d'implantation récente connaît une expansion remarquable.

Les autres établissements travaillant le métal sont celui de Carnaud à Périgueux pour la fabrication des boîtes de conserves et celui de la Société Anonyme des Travaux Métalliques pour les fermetures du bâtiment, à Mussidan. On peut encore rattacher à cette branche industrielle deux établissements de la SNCF : à Périgueux, dans les installations du Toulon, quelques centaines d'ouvriers effectuent des réparations sur des véhicules et des pièces de parc tels que essieux, boggies de matériel remorqué, mais aussi manomètres, enregistreurs, indicateurs de vitesse ; les Ateliers de la Voie, de Chamiers, dans la banlieue ouest de Périgueux, produisent des aiguillages, des platelages de passage à niveau et reprofilent les rails usagés.

Les industries chimiques et para-chimiques utilisent plus de 1 500 personnes. Les plus importantes sont une société de Terrasson (300 salariés) qui fabrique des joints en caoutchouc pour l'industrie automobile et le matériel pétrolier, une entreprise de Sarlat qui fabrique des sondes chirurgicales en latex et plastique ainsi qu'une héritière de la SNPE (Société nationale des Poudres et Explosifs de Bergerac) qui élabore de la nitro-cellulose.

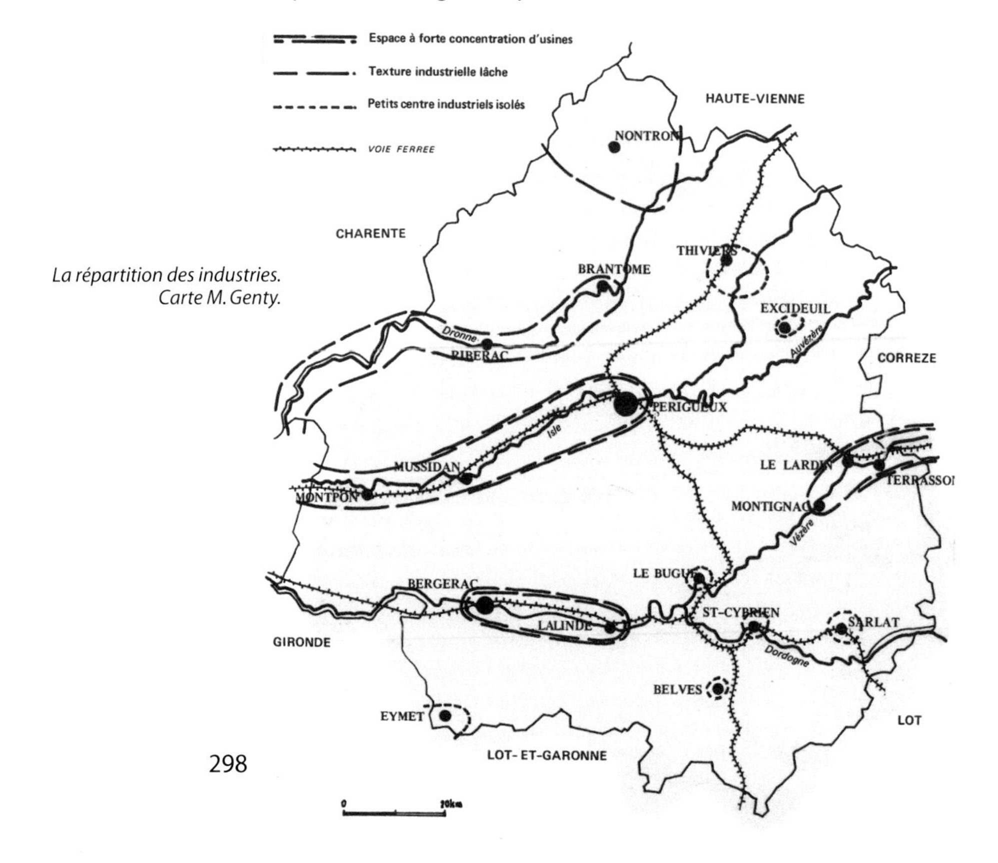

La répartition des industries.
Carte M. Genty.

La prédominance du secteur tertiaire

En termes d'emplois, le secteur tertiaire est, avec 67 % de la population active en 1999, devenu largement prédominant. Comme dans le reste de la France, il est concentré dans la ville et s'adresse essentiellement aux Périgourdins : il serait fastidieux et banal d'en détailler les diverses rubriques. On ne risquera que quelques observations : la Dordogne qui a perdu beaucoup de petits commerces dans ses campagnes est bien équipée en grandes surfaces de vente (supermarchés, hypermarchés). Elle a de grands lycées et, à Périgueux, un pôle d'enseignement supérieur (droit, commercialisation des produits agricoles, tourisme) ; le réseau bancaire, surtout celui du Crédit Agricole, quadrille bien tout le département ; il manque, bien sûr, des services de haut niveau qui ne peuvent être qu'à Bordeaux ou à Paris.

L'affermissement constant du flux touristique est une aubaine pour les commerces et les services, de même que localement, il peut aider les agriculteurs à accroître leurs revenus.

Des commerces et services stimulés par l'accueil de touristes

Un grand département touristique

Le charme du Périgord tient à la rencontre dans un même lieu, d'un cadre naturel harmonieux, du maintien de traditions agricoles et rurales marquées du charme discret de l'Occitanie ainsi que d'un patrimoine monumental préhistorique et historique particulièrement attractif.

Mais le Périgord est loin des grandes concentrations urbaines et les touristes n'y viennent qu'à la belle saison, d'avril à octobre et surtout pendant les mois d'été. Toutefois, la durée de fréquentation s'allonge avec la venue de gens du troisième âge, même tard dans l'arrière-saison.

Un premier flux est constitué de touristes occasionnels venus à la découverte de la Préhistoire et de la gastronomie ; selon les caprices du temps, les séjours, surtout en Périgord noir, sont plus ou moins longs. A ces vacanciers d'une saison, s'ajoute un deuxième flux d'estivants que chaque été ramène avec une belle régularité : ce sont les propriétaires de résidences secondaires ou des Périgourdins « exilés » à Paris qui viennent passer leurs « congés » dans leur famille. On vient en Périgord de toutes les régions de France mais surtout de l'agglomération parisienne.

Les statistiques de fréquentation des grands sites constituent une première approche de l'ampleur du phénomène touristique. Ainsi, on enregistre, dans les châteaux les plus visités, quelques dizaines de milliers de visiteurs, comme à Beynac ou Castelnaud ; les données sont du même ordre pour les grottes préhistoriques les plus recherchées : les Combarelles (10 000), Font-de-Gaume (50 000) aux Eyzies où l'on limite volontairement le contingent journalier de visiteurs, Rouffignac (plus de 50 000 aussi). Certaines grottes à concrétions naturelles ont une clientèle plus nombreuse[2]. L'affluence la plus forte est au musée national

La clientèle étrangère
Elle est fortement représentée : en Sarladais, il s'agit de 15 à 20 % des voyageurs qui descendent à l'hôtel[1], près de la moitié des campeurs, par ailleurs, de 15 à 20 % des résidences secondaires leur appartiennent. Les Néerlandais qui ont acquis des hameaux entiers dans le sud du pays ou qui séjournent dans des terrains de camping dirigés par leurs compatriotes sont les plus représentés. Viennent ensuite les Anglais qui descendent volontiers à l'hôtel mais qui acquièrent de plus en plus de maisons en Sarladais. Belges et Allemands fréquentent aussi le Périgord.

1. 60 % même dans les établissements des Eyzies.
2. 75 000 à Proumeyssac, environ 100 000 dans la caverne du Grand-Roc aux Eyzies.

Les gîtes ruraux
Désormais, la Dordogne est un des tout premiers départements de France pour les gîtes ruraux, après l'Isère, l'Ardèche et les deux Savoie. Disséminés dans tout le Périgord, présent surtout en Sarladais, ils connaissent un grand engouement de la part des enseignants, des cadres de l'industrie et du commerce, des employés qui pensent trouver, par ce séjour en gîte rural, l'occasion de pénétrer le monde rural et paysan en profondeur, bref de prendre d'autres vacances.

des Eyzies, installé dans de superbes nouveaux locaux et surtout, au fac-similé de Lascaux II ouvert depuis 1984, qui accueille plusieurs centaines de milliers de personnes, de l'ordre de 400 à 500 000. On estime que, dans l'ensemble, les flux touristiques ont doublé depuis le début des années 1970.

Les potentialités d'hébergement ont considérablement augmenté. En 2004, le Périgord offre 4 100 chambres dans 224 hôtels classés (la moitié au moins en Périgord noir). Les terrains de camping se sont aussi multipliés : 215 terrains disposent de 18 468 emplacements dont les 3/4 sont en Sarladais. Trois types de structures d'accueil touchent particulièrement le monde agricole : le camping à la ferme, les gîtes ruraux, les tables d'hôtes ou fermes-auberges. Par ailleurs, le nombre des résidences secondaires est considérable ; selon l'Insee, on en comptait 20 820 en 1982 et 27 863 en 1999.

La venue des touristes n'engendre qu'un volume d'emplois spécifiques très modeste mais elle apporte à l'économie du Périgord, surtout du Périgord noir, de précieux revenus complémentaires, principalement aux commerçants, aux prestataires de services, aux artisans, secondairement aux agriculteurs. En 2004, l'Insee chiffre à un million le nombre de nuitées dans ces hôtels et 2,5 millions les nuitées dans les campings.

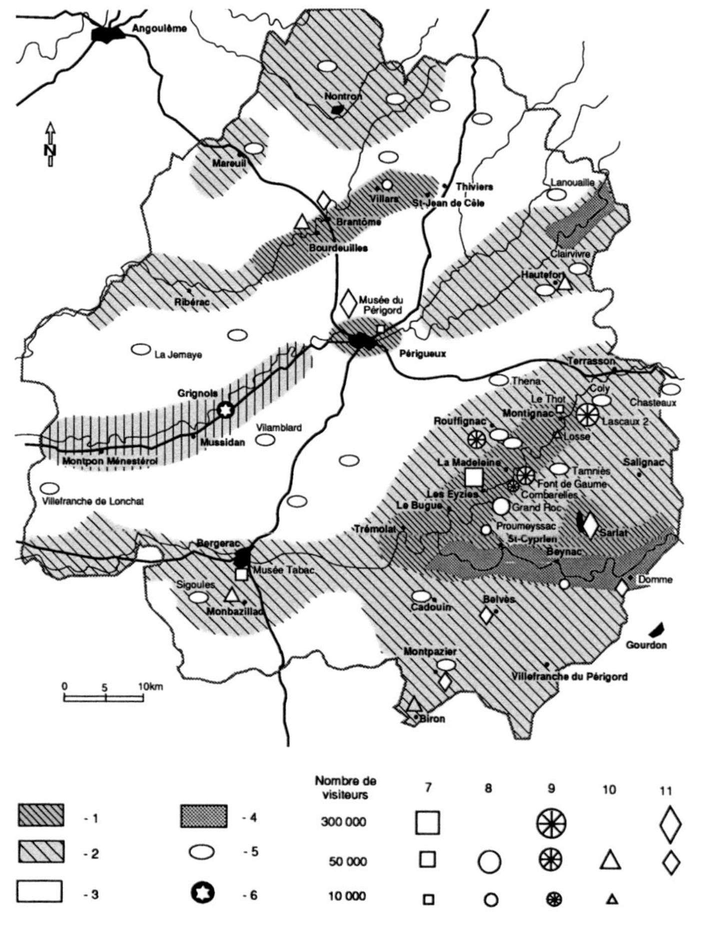

Lieux de prédilection des touristes en Périgord Noir et dans le reste du Périgord. Carte M. Genty.

1. Fréquentation forte - 2. Fréquentation moyenne - 3. Fréquentation faible
4. Rivière à plages (Dordogne) et parcours de canoe-kayak (Auvézère)
5. Principaux plans d'eau - 6. Futur Préhistoland - 7. Musées - 8. Grottes
9. Grottes préhistoriques - 10. Châteaux - 11. Noyaux urbains médiévaux

Le golf du Château des Vigiers à Monestier. Coll. CRTA.
En haut, canoë sur la Dordogne et randonnée pédestre.
Cl. CDT, E. Brenckle.

Les avantages que les agriculteurs tirent du tourisme sont très disparates d'une exploitation à l'autre et, pour nombre d'entre eux, il n'y en a pas. Ceux qui participent à l'accueil des visiteurs peuvent bénéficier d'appréciables rentrées d'argent par le biais de location de gîtes ruraux, par les redevances classiques perçues sur les terrains de camping (en Sarladais, 40 % des propriétaires sont des agriculteurs), par la vente de produits agricoles frais et surtout de conserves de foies gras, de confits, de cèpes parfois dégustées sur place dans les fermes-auberges. Combien d'agriculteurs sont-ils concernés ? Les estimations varient entre 10 et 20 %, un peu plus dans certains cantons. Certains vendent même leur savoir-faire en organisant des stages d'apprentissage de préparation traditionnelle des oies grasses : on peut venir en week-end faire ses propres conserves.

Le tourisme en Périgord est surtout marqué dans la basse vallée de la Vézère, le long de la Dordogne, de son entrée en Dordogne jusqu'à Trémolat, et dans les environs immédiats de Sarlat. Dans ces zones de prédilection, la population estivale est de 30 à 50 % supérieure à celle qui y vit en permanence et parfois l'augmentation peut atteindre 85 % comme aux Eyzies. Cependant, les centres urbains sont les plus grands bénéficiaires des dépenses de touristes : Montignac et Le Bugue accueillent une population supplémentaire de l'ordre de 30 % et leurs commerçants reçoivent la visite régulière des estivants du voisinage ; Sarlat, bien qu'assez riche en chambres d'hôtel, meublés et places de camping, n'héberge guère plus de 10 à 20 % de sa population habituelle (10 000 habitants), ce qui n'est pas négligeable en valeur absolue ; elle accueille aussi quotidiennement des milliers de visiteurs et de vacanciers qui assurent de bonnes recettes aux divers magasins d'alimentation, aux commerces de luxe saisonniers (foies gras, vins fins, antiquités, produits de l'artisanat...) ou encore à des boutiques de vêtements de mode.

En dehors de cette zone privilégiée, les touristes fréquentent aussi le Bergeracois (vignoble de Monbazillac et vieux Bergerac), la vallée de la Dronne, le Périgord vert et Périgueux qui abrite de beaux hôtels Renaissance dans le Secteur sauvegardé, etc.

L'avenir : une économie à consolider

En ce début de XXIe siècle, les bases économiques du Périgord montrent un dynamisme inégal.

L'agriculture peut paraître brillante par la diversité de ses productions dont certains produits de luxe (comme les foies gras) et laisse, l'été, l'impression d'un pays de cocagne ; mais les réalités sont plus prosaïques : les paysans qui ont beaucoup emprunté sont aux abois et vendent mal sur des marchés élargis par des frontières ouvertes. On pousse ce monde paysan à pratiquer la polyactivité ; certes, le tourisme vert apporte des revenus complémentaires mais il est loin de toucher toutes les exploitations. Quant aux emplois industriels pour les ouvriers paysans, ils se raréfient. Sauf à retourner à l'autarcie, l'agriculture périgourdine pénalisée encore par des structures foncières étroites souffre, comme tous les pays du Centre et du Sud de la France, des remises en cause des marchés et des politiques agricoles. A court terme, se dessine une nouvelle réduction de la population agricole et un rétrécissement des surfaces cultivées.

Tunnel en tranchées qui seront recouvertes pour l'achèvement de l'autoroute A89, Beauregard, près de Terrasson. Cl. M. Genty.

Le Périgord est loin des grands foyers industriels mais il a mis fin à l'enclavement avec la mise en service de l'autoroute A89 (printemps 2008). Des industries de main-d'œuvre comme la fabrication des articles chaussants ou la confection sont aujourd'hui gravement menacées par la mécanique ultra-libérale de la délocalisation vers les pays à main-d'œuvre très bon marché et la fermeture des usines laisse en plein désarroi économique des petites villes et des cantons ruraux. Par ailleurs, c'est aussi à la baisse que se sont restructurés certains établissements de grand poids économique comme la papeterie de Condat ou encore la Poudrerie de Bergerac.

Reste le tourisme. L'été, les dépenses des visiteurs stimulent sans aucun doute l'économie de certains cantons et de certaines villes. Mais qu'il soit vert ou culturel ou les deux à la fois, le tourisme ne peut fonder, à lui tout seul, le développement de tout le Périgord car c'est une activité temporaire, sélective et soumise aux aléas climatiques ou politiques.

Dernière base économique : celle de l'accueil des personnes âgées. Il s'agit de maisons de retraites mais plus encore de l'installation, dans les bourgs et villes, de retraités, souvent originaires de la région, qui reçoivent retraites et pensions qu'ils dépensent dans les commerces et les services, suscitant ainsi le maintien, voire le développement de l'encadrement tertiaire. Et convenons-en, à l'heure de la retraite, le Périgord est plus facile à vivre que les banlieues de très grandes villes, notamment de l'agglomération parisienne.

C'est par le maintien, à des degrés divers, de toutes ces activités économiques de base que le Périgord pourra conserver et développer les commerces et services (activités d'accompagnement, induites précisément par les précédentes). La persistance des activités agricoles est donc fondamentale ; et, en dépit des difficultés actuelles, il faut jouer aussi sur les autres tableaux : industries et tourisme, maisons de retraites.

Des musées en tous genres ouverts toute l'année

Bergerac (24100)
Musée de la batellerie et du vin
5, rue Conférences
Témoin des liens entre la viticulture et la batellerie.

Musée anthropologique du tabac
10, rue de l'Ancien Pont
Histoire sociale et culturelle du tabac.

Brantôme (24310)
Musée Fernand Desmoulins
Peintures classiques et portraits médiumniques.

Cadouin (24480)
Musée du vélocipède
Collection et histoire du vélocipède.

Castelnaud-la-Chapelle (24250)
Musée de la guerre au Moyen Age
Armes, mobiliers, machines de guerre…

Chourgnac-d'Ans (24640)
Musée des rois d'Araucanie
Maison natale d'Antoine de Thouneins.

Creysse (24100)
Musée préhistoire et espace Pécharmant de Bella Riva
Exposition de silex taillés du paléolithique et présentation du vignoble.

Les Eyzies (24620)
Musée national de la Préhistoire
La première collection mondiale d'objets paléolithiques.

L'entrée du Musée national de la Préhistoire
Cl. MNP-Les Eyzies

Nontron (24300)
Coutellerie nontronnaise
Présentation de la fabrication artisanale de couteaux et exposition-vente.

Périgueux (24000)
Musée Vesunna, musée gallo-romain
Parc de Vésone
20, rue du 26e R.I.
Vestiges d'une grande demeure gallo-romaine.

Musée militaire
26, rue Farges
Souvenirs militaires du Périgord.

Musée d'art et d'archéologie du Périgord
allée Tourny
Ethnologie, archéologie, art décoratif et beaux-arts.

Musée du trompe-l'œil et du décor peint
5, rue Emile Combe
Œuvres et ateliers.

Le Musée du Périgord est devenu le Musée d'art et d'archéologie du Périgord (MAAP). Cl. B. Dupuy.

Pomport (24240)
Musée des voitures anciennes
Collection privée du château de Sanxet.

Saint-Laurent-sur-Manoire (24330)
Musée Roland Dumas
Collection d'objets divers offerts par des chefs d'états étrangers.

Varaignes (24360)
Atelier musée des tisserands et de la charentaise
Histoire des métiers du textile et de l'industrie de la pantoufle.

Villefranche-de-Lonchat (24610)
Musée d'histoire locale de Villefranche de Lonchat
Des objets qui retracent différentes périodes d'occupation humaine.

Bibliographie sommaire

Ouvrages généraux

Bergerac et le Bergeracois, Actes du XLIIe congrès d'études régionales de la fédération historique du Sud-Ouest, Bordeaux, Fédération historique du Sud-Ouest, 1992.
Boisvert (T.), *Histoire des photographes en Dordogne,* La Thèque, 2006.
Carles (Abbé), *Dictionnaire des paroisses du Périgord*, 1884, rééd. Le Roc de Bourzac, 2004.
Chevé (J.), *La noblesse du Périgord,* Paris, Perrin, 1998.
Fayolle (G.), *Histoire du Périgord*, Périgueux, Fanlac, 1983.
Gaillard (H.), *« La Dordogne », Carte Archéologique de la Gaule*, sous la direction de M. Provost, Fondation Maison des Sciences de l'Homme, Paris, 1997.
Guide du Musée d'art et d'archéologie du Périgord, Périgueux, Musée d'art et d'archéologie du Périgord, 2004.
Higounet-Nadal (A.) *dir.*, *Histoire du Périgord,* Toulouse, Privat, 1983.
Lachaise (B.) *dir.*, *Histoire du Périgord,* Périgueux, Fanlac, 2000.
Lartet, Breuil, Peyrony et les autres. Une histoire de la Préhistoire en Aquitaine, Musée des Eyzies, Société des amis du Musée et de la Recherche archéologique, 1990.
Le Périgord et les rois de France, de l'avènement d'Hugues Capet à la Révolution, Périgueux, catalogue de l'exposition réalisée au Musée du Périgord en juin 1987, 1987.
Mandon (G.), *Périgueux ville occitane,* Périgueux, Comité de la Félibrée de Périgueux, 2001.
Penaud (G.), *Dictionnaire des châteaux du Périgord*, Bordeaux, Éditions Sud-Ouest, 1996.
Sarlat et le Périgord, Actes du XXXVIIIe congrès d'études régionales de la fédération historique du Sud-Ouest, Bordeaux, Fédération historique du Sud-Ouest, 1987.
Secret (J.), *L'art en Périgord,* Périgueux, Office Départemental du Tourisme de la Dordogne, 1976.

Histoire et art

La Bibliothèque des Archives départementales
Elle contient de nombreux ouvrages portant sur l'histoire, les sciences humaines ou l'histoire de l'art, d'intérêt général ou local. S'y ajoutent de nombreuses collections de presse et de périodiques. Au total, plus de 10 000 livres, 1 300 titres de revues, 450 titres de journaux. Des expositions tempo-raires destinées à un large public sont régu-lièrement organisées. Les Archives éditent des publications (répertoires, catalogues) ainsi que des reproductions de documents sous forme de cartes postales, fac-similés.

En haut, marchande de Paradis. Carte postale ancienne. Coll. La Thèque.

Préhistoire

Aujoulat (N.), *Grottes et abris ornés du Périgord,* Toulouse, Loubatières, 1988.
Aujoulat (N.), *Lascaux : Le geste, l'espace et le temps*, collection Arts rupestres, Paris, Seuil, 2004.
Aujoulat (N.), Geneste (J.-M.) et Rigaud (J.-P.), *La Vézère des origines,* collection Guides archéologiques de France, Imprimerie nationale, 1991.
Blanchet (J.-C.) et Cleyet-Merle (J.-J.), *Les Eyzies-de-Tayac et la vallée de la Vézère,* Paris, Monum, éditions du Patrimoine, 2005.
Chevillot (Ch.), *Sites et cultures de l'Age du Bronze en Périgord,* Périgueux, Vesuna, 1989.
Cleyet-Merle (J.-J.), *La province préhistorique des Eyzies*, CNRS, 1995.
Geneste (J.-M.), Hordé (T.), Tanet (C.), *Lascaux, une œuvre de mémoire,* Périgueux, Fanlac, 2004.
L'art des cavernes, Atlas des grottes ornées paléolithiques françaises, Paris, Imprimerie Nationale, Ministère de la Culture, 1984.
Plassard (J.), *Rouffignac, le sanctuaire des mammouths,* Paris, Seuil, 1999.

Antiquité et Moyen Âge

Architecture et vie privée. La domus des Bouquets futur musée gallo-romain, Périgueux, catalogue de l'exposition réalisée au Musée du Périgord du 1er juillet au 9 octobre 1995, 1995.
Beauroy (J.), *Vin et société à Bergerac du Moyen Age aux Temps modernes,* Université de Standford, Anma Libri, 1976.
Dotte-Mespoulède (I.), *Étude architecturale de l'habitat médiéval à Périgueux,* Mémoire de DEA de civilisation médiévale, Université de Poitiers, 1990.
Girardy-Caillat (C.), *Périgueux antique,* Paris, Imprimerie nationale, 1998.
Lauffray (J.) *dir.*, *La tour de Vésone à Périgueux,* Paris, CNRS, 1990.
Secret (J.), *Itinéraires romans en Périgord,* Saint-Léger-Vauban, Zodiaque, 1977.
Troubadours et cathares en Occitanie médiévale, Actes du colloque de Chancelade (24 et 25 août 2002), Cahors, L'Hydre, 2004.

Époque moderne et contemporaine

Arts plastiques Dordogne, Guide 88-89, Périgueux, ADDC-Médiapress, 1987.
Croquants et Jacobins. Aspects de la Révolution en Dordogne (1789-1799), Périgueux, Copédit, 1989.
Bois (J.-P.), *Bugeaud,* Paris, Fayard, 1997.
Brantôme, Paris, Albin Michel, 1986.
Combet (M.), *Jeux des familles et pouvoir, les élites municipales à Bergerac au XVIIIe siècle,* Bordeaux, Fédération historique du Sud-Ouest, 2002.
Corbin (A.), *Le village des Cannibales,* Pais, Aubier, 1990.
Delpont (H.), *La victoire des Croquants,* Nérac, Amis du Vieux Nérac, 2002.
Émotions, révoltes et guerres populaires en Aquitaine (XVIe-XVIIIe siècle), Actes du colloque de Périgueux, 30 octobre 2003. Contributions réunies par Richard Bordes, Ribérac, Novelum-IEO, 2006.
Éloi (J.-S.), *Le monde cheminot à Périgueux,* Périgueux, Fanlac, 2005.
Eugène Le Roy, fils de la Révolution et narrateur du XIXe siècle, Actes du colloque de Périgueux du 20 au 21 janvier 2000, Périgueux, La Lauze, 2002.
Favard (J.-L.), *Exemptions médicales, fraudes et mutilations chez les conscrits périgourdins au temps de Louis-Philippe,* Bordeaux, thèse de médecine, Bergeret, 1984.
Genty (M.), « Le désenclavement routier et ferroviaire des villes du Périgord et du Bas-Limousin au XIXe siècle », *Annales du Midi*, t. XCIII, 1981, p. 279 à 291.
Lacombe (C.), *Faïences et faïenciers de Bergerac au XVIIIe siècle,* Périgueux, Vesuna, 1989.

Lacombe (C.), « Le cahier de compte de livraison de bois entre 1767 et 1775 de Jean Babut, faïencier à Bergerac : analyses et commentaires », *Documents d'archéologie et d'histoire périgourdine,* Périgueux, n° 7, 1992, p. 85-104.
Le Périgord en Révolution. 1789-1795, Périgueux, catalogue de l'exposition réalisée au Musée du Périgord du 5 mai au 14 juillet 1989, 1989.
Mandon (G.), *La société périgorde au siècle des Lumières. Le clergé paroissial,* Périgueux, Médiapress, 1982.
Orélie-Antoine 1er, roi d'Araucanie et de Patagonie. Son avènement au trône et sa captivité au Chili. Relation écrite par lui-même, 1863, réimp. Bayonne, Libro-Liber, 1992.
Paul Abadie, architecte, 1812-1884, Paris, catalogue de l'exposition réalisée au Musée national des Monuments français, du 4 novembre 1988 au 16 janvier 1989.
Rocal (G.), *Croquants du Périgord,* Périgueux, Fanlac, 1971.

Habitat rural, coûtumes et vie domestique

Cauwet (B.), *Jeux de Cocagne,* Aurillac, Ostal del Libre, 2001.
Chadeuil (M.), *Beure e Minjar lo País / Boire et manger le Pays,* numéro spécial de la revue *Paraulas de Novelum,* 1987.
Chadeuil (M.), *Cuisine Paysanne en Périgord,* Aurillac, Ostal del Libre, 1994.
Chadeuil (M.), *La Ringueta à Sarlat,* numéro spécial de la revue *Paraulas de Novelum,* 1996.
Combet (M.), Moretti (A.-S.), *1835, la Dordogne de Cyprien Brard,* Périgueux, CDDP-ADD, 1995.
Combet (M.), Moretti (A.-S.), « Point de vue sur l'agriculture en Dordogne au XIXe siècle », *Insee-Vues sur l'économie d'Aquitaine,* Bordeaux, n° 45, mars 1992, pp. 14-20.
Durrens (J.) *dir., Médecines traditionnelles et populaires en Périgord (hier et aujourd'hui),* Le Bugue, P.L.B., 1991.
Fayolle (G.), *La vie quotidienne en Périgord, au temps de Jacquou le Croquant,* Paris, Hachette, 1977.
Guinaudeau-Franc (Z.), *Les secrets des fermes en Périgord,* Paris, SERG, 1978, rééd. 1995.
Higounet (C.), « Les bastides du Périgord », *Recherches sur l'histoire de l'occupation du sol en Périgord,* Paris, CNRS, 1978.
Ignace (J.-C.) et Laborie (Y.), « Les paroisses de la haute et moyenne vallée du Dropt : le Bergeracois », *La vallée du Dropt,* Archives Départementales du Lot-et-Garonne, 2007.
Laborie (Y.), « Auberoche : un castrum périgourdin de l'an Mil », *Résidences aristocratiques, résidences du pouvoir entre Loire et Pyrénées, Archéologie du Midi Médiéval,* supplément n° 4, CAML, Carcassonne, 2006, p. 167-193
La châtaigne en Périgord, fruit des temps et des hommes, Périgueux, La Lauze, 2007.
La Mazille, *La bonne cuisine du Périgord,* Paris, Flammarion, 1929, rééd. 1999.
Lassure (C.) et Veber (F.), « Bibliographie de l'architecture vernaculaire du Périgord », *L'Architecture vernaculaire,* t. X, Paris, 1986.

Publications périodiques

Bulletin de l'Association pour le développement de la recherche archéologique en Périgord, **depuis 1986.** ***Bulletin de la Société historique et archéologique du Périgord,*** **depuis 1974.**
Bulletin de la Société des amis de Sarlat et du Périgord noir, **depuis 1980.**
Cahiers Brantôme, **depuis 2003.**
Château et..., **Actes des Rencontres d'archéologie et d'histoire en Périgord, depuis 1995.**
Le journal du Périgord, **depuis 1890.**
Mémoire de la Dordogne, **Revue des Archives Départementales, depuis 1992.**

Ethnographie

Moretti (A.-S.), *Un savant en Périgord. L'enquête agricole de Cyprien Brard 1835-1838,* Université de Bordeaux, mémoire de DEA, 1992.
Poujardieu (F.), « La place des cabanes en pierre sèche dans l'écologie des coteaux de Belvès, Daglan et Saint-Pompon (Périgord noir) », *L'Architecture vernaculaire,* t. X, Paris, 1986.
Sadouillet-Perrin (A.) et Mandon (G.), *Pélerinages en Périgord,* Périgueux, Fanlac, 1985.
Simon (J.-P.) et Soulie (O.), *L'architecture paysanne en Périgord et sa restauration,* Périgueux, Fanlac, 1991.

Musiques populaires

Boisvert (T.), « *Chabrettes : mon Dieu, quelle histoire* ! », Actes du Symposium International sur la Cornemuse, p. 7-22, 1988 ; *Que sont vos kiosques devenus ?* ADAM 24 et ADAM 47, 1990 ; « La Marge en Marche », *Cahiers des Alpes-Maritimes,* n° 9, 1991.
Boisvert (T.), Roux (S.), *Impressions de Quadrilles,* ADAM 24 & AD 24, 1987.
Defrance (Y.), *Les concours de binious sous la IIIe République et la naissance du spectacle folklorique,* 1989.
De la Tombelle (F.), *Chansons patoises du Périgord,* 1910, réimp. Lo Bornat, 1989.
Mabru (L.), « *Vers une culture musicale du corps* », *Les Cahiers de musiques traditionnelles*, n° 14 : 95-110, 2001.
Souffler c'est jouer, Chabretaires et cornemuses à miroirs en Limousin, FAMDT, 1999.

Batellerie et viticulture

Cocula-Vaillières (A.-M.), *Un fleuve et des hommes. Les gens de la Dordogne au XVIIIe siècle,* Paris, Tallandier, 1981.
Couleaud (J.), Gontier (F.), Valérie (C.), *Dordogne. La rivière retrouvée*, Les Pesqueyroux, 2006.
Ducoudun (M.), « *Le passage du sel à Bergerac,* 1738-1777 », Actes du XLIIe congrès de la Fédération historique du Sud-Ouest, Bergerac, 1990, Bordeaux, 1992.
Gibert (L.F.), *L'Extraction au XVIIIe siècle des pierres meulières de la plaine de Bord,* Actes du 34e congrès de la Fédération historique du Sud-Ouest, Sarlat, 1987 ; Périgueux, 1987.
Gontier (F.), *Le canal de Lalinde*, Les Pesqueyroux, 2004.
Gontier (F.), *Le barrage de Tuilières*, Les Pesqueyroux, 2005.

Laborie (Y.), « Bergerac », *Atlas historique des villes de France,* CNRS, 1984.
Laborie (Y.) et Lapaquellerie (S. et J.), *Les cahiers de doléances de la ville de Bergerac,* Bergerac, 1989.
Laborie (Y.), « L'enquête de Le Masson du Parc (1727), une source majeure pour l'histoire des pêches littorales et fluviales dans le ressort de l'ancienne Amirauté de Bordeaux », *Procès verbaux des visites faites par ordre du roi concernant la pesche en mer. Amirautés de Bayonne & de Bordeaux, 1727*, CLEM, 2005, t. II, p. XXI-XXXIV.
Laborie (Y.), « La batellerie à bateaux perdus », *Le Festin* n° 47, Bordeaux, 2003, p. 101-107.
Laborie (Y.), « Le passage de la rivière Dordogne à Bergerac », *Bergerac et le Bergeracois*, Pilote 24, Périgueux, 2007.
Laborie (Y.), *La flotte batelière de la rivière Dordogne au XIXe siècle*, 10e Colloque de l'Entre-deux-Mers, 2005, CLEM (à paraître 2008).
Lamy (Y.), *Hommes de fer en Périgord au XIXe siècle,* Lyon, La Manufacture, 1987.
Mouillac (L.), « Contribution à l'étude des moulins sur bateaux de la rivière Dordogne », *Actes du XLIIe congrès de la Fédération historique du Sud-Ouest*, Bergerac 1990, Bordeaux, 1992.

Un film documentaire sur la batellerie
Laborie (Y.), Escurat (M.), *Courpet de Haute Dordogne. De l'enquête à la restitution*, film VHS-SECAM, 30 mm couleur, production (diffusion) Mairie d'Argentat, 1999.

Langue et littérature occitane

Astor (J.), *Dictionnaire des noms de lieux et de familles du Midi de la France*, Editions du Beffroi, 2002.
Laborie (Y.), Roux (J.), Lesfargues (B.), *Le livre de Vie de Bergerac, 1379-1382*, Gardonne, Fédérop, 2003.
Bec (P.), *Les Saluts d'amour du troubadour Arnaud de Mareuil,* Toulouse, Privat, 1961.
Cuneo de Osorio (E.), *Diversité de l'amour, exégèse de son invention,* trad. de l'espagnol par Bernard Lesfargues, Périgueux, Lo Bornat, 1991.
Dauzier (M.), *Le Mythe de Bertran de Born,* Université Paris IV, IEO, 1986.
Fénié (B.) et (J.-J.), *Toponymie occitane*, Editions Sud-Ouest, 1997.
Gouiran (G.), *L'Amour et la guerre, l'œuvre de Bertran de Born,* deux tomes, Aix-en-Provence, Publications de l'Université de Provence, 1985.
Lavalade (Y.), « D'ente venem ? Toponymie occitane du Limousin et de ses confins », *La Clau lemosina,* n° spécial 33 bis, Limoges, 1981.
Les Troubadours de Sarlat, Périgueux, Bibliothèque du Bournat du Périgord, 1912 ; reprint, Le Bournat, 1992.
Lesfargues (B.), *Florilège des poètes occitans du Bergeracois,* Ville de Bergerac, 1961.
Martel (P.), « Le Félibrige », *Les Lieux de Mémoire* (111-2) sous la direction de Pierre Nora, 1992.
Nègre (E.), *Toponymie générale de la France,* 2 tomes, Genève, Droz, 1990.
Nelli (R.), *L'Érotique des troubadours,* Toulouse, Privat, 1963 ; réédité en 1984.
Nouvel (A.), *Les noms de lieux témoins de notre histoire,* collection Connaissance de l'Occitanie, Tèrra d'Oc, 1981.
Pasquini (P.), « Le Félibrige et les traditions », *Ethnologie française,* n° 1988-3 : Régionalismes, 1988.
Peiregòrd tèrra daus trobadors, catalogue de l'exposition de juillet 2000.

Langue et littérature

Des livres de base
Alibert (L.), *Dictionnaire occitan-francais,* Toulouse, IEO, 1965.
Bec (P.), *Manuel pratique d'occitan moderne*, Paris, A. et J. Picard, 1973.
Benoit (R.) et Lavaud (R.), *Abrégé de grammaire périgordine*, Périgueux, éditions du Bournat du Périgord, 1932.
Daniel (J.), *Éléments de grammaire périgourdine*, Périgueux, Imprimerie Ribes, 1911.
Gourgues (A. de), *Dictionnaire topographique du département de la Dordogne*, Paris, 1874.
Guillaumie (G.), *Contribution à l'étude du glossaire périgourdin*, Paris, A. Picard, 1927.

Page de gauche, gabare à Ménesplet.
Coll. La Thèque.

Roux (J.) *Espinguelèbre et autre lieux, Elements de géographie linguistique et d'onomastique du Périgord,* 3e ed., Périgueux, Novelum, 2000. Tanet (C.) et Horde (T.), *Dictionnaire des noms de lieux du Périgord,* Périgueux, Fanlac, 1994.

Littérature d'expression française

Cendrars (B.), *Rhum,* Paris, Grasset, 1958 ; rééd. « Livre de poche », 1989.
Chevé (J.), Eugène Le Roy (1836-1907), Bordeaux, Éditions Sud Ouest, 2000.
Chevé (J.) et Combet (M.), *Eugène Le Roy. Regards sur le Périgord,* Bordeaux, Éditions Sud Ouest, 2000.
Cocula (A.-M.), *Etienne de la Boëtie*, Bordeaux, Éditions Sud Ouest, 1995.
Cocula-Vaillières (A.-M.), *Brantôme. Amour et gloire au temps des Valois,* Paris, Albin-Michel, 1986.
Dauphiné (C.), *Rachilde,* Paris, Mercure de France 1991.
Got (A.), « La Vie intellectuelle et littéraire en Guyenne », *Visages de la Guyenne,* « Provinciales », Paris, Horizons de France, 1953.
Lacoste (F.), *Eugène Le Roy périgourdin,* Presses universitaires de Bordeaux, 1985.
Lazard (M.), *Michel de Montaigne,* Paris, Fayard, 1992.
Magne (J.), *Jean Galmot, l'homme des tropiques,* Paris, éditions Caribéennes, 1990.
Marteilhe (J.), *Mémoires d'un galérien du Roi-Soleil,* édition établie par André Zysberg, « le Temps retrouvé », Paris, Mercure de France, 1982.
Placet (P.), *François Augiéras, un Barbare en Occident,* Périgueux, Fanlac, 1988.
Société historique et archéologique du Périgord, *Cent portraits périgourdins, Périgueux,* Fanlac, 1980.

Milieu naturel et économie

Broussaud-Le Srat (F.), *La Double, Un pays en Périgord*, Périgueux, Fanlac, 2006.
Constant (B.), *Éléments de réflexion pour un programme d'aménagement rural,* DDA de la Dordogne, 1973, 1978, 1985. Trois plaquettes de cartes commentées, de grand intérêt.
Delfaud (P.), *Economie du département de la Dordogne*, Bordeaux, Sud Ouest Université, 2000.
Fénelon (P.), *Le Périgord,* Toulouse, Privat, 1984.
Genty (M.), *Villes et bourgs du Périgord et du pays de Brive,* Bordeaux, PUB, 1980.
Le Périgord et l'industrie en Aquitaine, Actes du XXXe congrès d'études régionales de la fédération historique du Sud-Ouest, Bordeaux, Fédération historique du Sud-Ouest, 1981.
Marache (C.), *Les métamorphoses du rural,* Paris, CTHS, 2006.
Marty (C.), *Les campagnes du Périgord,* Bordeaux, PUB, 1993.
Melbeck (D.), *Balades nature dans le Parc naturel régional Périgord-Limousin,* Paris, Dakota, 2006.
Papy (L.), *Le Midi atlantique,* Paris, Flammarion, 1982.
Pustelnik (G.) *dir., Rivières et vallées de France. La Dordogne,* Toulouse, Privat, 1993.
Ranoux (P.), *Atlas de Dordogne-Périgord*, Montrem, 1996.

Index des noms de lieux et *des noms de personnes*

Table des matières

1

2 

3 

Ethnographie

Langue et littérature

4

5

Milieu naturel

Economie

Dans la même collection

*Allier-Bourbonnais, Alsace, Ardèche,
Ariège, Auvergne, Aveyron, Bourgogne, Bretagne,
Cantal, Champagne-Ardenne, Charente-Maritime,
Corrèze, Corse, Dauphiné, Finistère, Franche-Comté,
Gironde, Haute-Loire, Haute-Vienne, Hautes-Pyrénées,
Ille-et-Vilaine, Landes, Limousin, Loire, Loiret, Lorraine, Lot, Lozère,
Mayenne, Meurthe-et-Moselle, Morbihan, Nord Pas-de-Calais,
Normandie, Picardie, Provence, Pyrénées-Orientales,
Tarn, Vendée, Vosges.*

Photographie d'E. Boubat. Coll. Ville de Ribérac.

Maquette : Audrey Cormeray

Achevé d'imprimer par Corlet, Imprimeur, S.A. - 14110 Condé-sur-Noireau
N° d'Imprimeur : 104280 - Dépôt légal : avril 2007 - *Imprimé en France*